TERRITÓRIO GNAR

Envelhecer e continuar radical

Outras Obras de Steven Kotler

The Angle Quickest for Flight

West of Jesus

A Small Furry Prayer

Abundância: O Futuro é Melhor do que Você Imagina

Super-Humanos: Como os Atletas Radicais Redefinem os Limites do Possível

BOLD: Oportunidades Exponenciais: Um Manual Prático para Transformar os Maiores Problemas do Mundo nas Maiores Oportunidades de Negócio... e Causar Impacto Positivo na Vida de Bilhões

Tomorrowland

Roubando o Fogo: A Ciência por Trás dos Super-Humanos

Last Tango in Cyberspace

Mapping Cloud Nine

O Futuro é Mais Rápido do que Você Pensa: Como a Convergência Tecnológica Está Transformando as Empresas, a Economia e Nossas Vidas

A Arte do Impossível: Saia da Zona de Conforto, Desenvolva Habilidades, Estimule a Imaginação e Seja Extraordinário

The Devil's Dictionary

Gnar: adj. Qualquer ambiente ou situação com alto risco percebido e real.
Território: sm. Qualquer local, paisagem, ou terreno definido, fictício ou real.

TERRITÓRIO GNAR

Envelhecer e continuar radical

STEVEN KOTLER

ALTA BOOKS
GRUPO EDITORIAL
Rio de Janeiro, 2024

Território Gnar

Alta Life é um selo da editora Alta Books do Grupo Editorial Alta Books (Starlin Alta Editora e Consultoria LTDA.)

ISBN: 978-85-5082-219-8

Impresso no Brasil — 1ª Edição, 2024 — Edição revisada conforme o Acordo Ortográfico da Língua Portuguesa de 2009.

Dados Internacionais de Catalogação na Publicação (CIP)
(Câmara Brasileira do Livro, SP, Brasil)

Kotler, Steven
Território Gnar: envelhecer e continuar radical /Steven Kotler. -- 1. ed. -- Rio de Janeiro : Alta Books, 2024.

ISBN 978-85-508-2219-8

1. Autoajuda 2. Autoconhecimento 3. Desenvolvimento pessoal 4. Envelhecimento 5. Experiência de vida 6. Histórias de vida 7. Homens - Biografia 8. Relatos pessoais I. Título.

24-197609 CDD-920.71

Índices para catálogo sistemático:

1. Homens : Biografia 920.71

Aline Graziele Benitez - Bibliotecária - CRB-1/3129

Produção Editorial: Grupo Editorial Alta Books
Diretor Editorial: Anderson Vieira
Vendas Governamentais: Cristiane Mutüs
Gerência Comercial: Claudio Lima
Gerência Marketing: Andréa Guatiello

Produtor Editorial: Thales Silva
Tradução: Beatriz Bezerra
Copidesque: Alberto Gassul Streicher
Revisão: Renata Vettorazzi; Mariana Naime
Diagramação: Natalia Curupana

ALTA BOOKS
GRUPO EDITORIAL

Rua Viúva Cláudio, 291 — Bairro Industrial do Jacaré
CEP: 20.970-031 — Rio de Janeiro (RJ)
Tels.: (21) 3278-8069 / 3278-8419
www.altabooks.com.br — altabooks@altabooks.com.br
Ouvidoria: ouvidoria@altabooks.com.br

Editora **afiliada à:**

ASSOCIADO CBL Câmara Brasileira do Livro

Para as árvores

Fazer algo perigoso com estilo é o que eu chamo de arte.

— **CHARLES BUKOWSKI**

Prefácio

Segundo a Wikipédia,[1] o "punk rock (ou simplesmente 'punk') é um gênero musical que surgiu em meados dos anos 1970. Originado no rock de garagem dos anos 1960, as bandas de punk rejeitaram os excessos percebidos do rock *mainstream* da década de 1970. As músicas produzidas geralmente eram curtas e aceleradas, com melodias e estilos de canto intensos, instrumentação simplificada e frequentemente gritavam... letras antissistema. O punk adota uma ética 'faça você mesmo'[2]. [Por exemplo], muitas bandas produzem as próprias gravações e as distribuem por meio de gravadoras independentes."

A coisa mais punk rock sobre mim? Aprendi a esquiar em depósitos de lixo adaptados. Em Cleveland, Ohio. Isso foi nos anos 1970.

Muito tempo atrás.

Introdução

Este é um livro sobre objetivos, garra e progresso, especialmente na segunda metade da nossa vida. É um livro sobre o que é necessário para combater este estranho impulso humano de morrer um pouco a cada dia. É um antídoto para o cansaço.

Não pense que é um livro de instruções sobre o que fazer. Pense que é um livro de instruções sobre o que não fazer. Como não perder o fogo que arde dentro de você. Como não se entregar ao cobertor aconchegante da meia-idade. Como não adentrar graciosamente no sono profundo.

Em resumo, é um livro sobre envelhecer e continuar radical. Resumindo mais ainda, é um livro sobre esqui.

É claro, se você se perguntou qual a relação entre punk rock, esqui, envelhecer e continuar radical — bem, boa pergunta. Antes de responder, preciso lhe contar um pouco mais sobre a origem deste livro e, para isso, preciso lhe contar uma história sobre esqui.

Então, por enquanto, falaremos de esqui.

KIRKWOOD, 26 DE FEVEREIRO DE 2020

De acordo com *The Liftie Report*,[1] a Oops e Poops de Kirkwood é a décima descida mais íngreme em Tahoe. É claro, você não encontrará Oops e Poops em um mapa padrão de Kirkwood. No mapa, verá o diamante negro duplo[i] Chamoix, situado entre uma densa floresta, com o aviso "limite de avalanche" nas árvores.

Mas é possível diferenciar os turistas dos habitantes locais: se estiver em uma estação, andando de teleférico ou esquiando em uma

---

i Categoria de pista de esqui indicada para esquiadores especialistas. [N. da T.]

descida claramente identificável por uma placa — provavelmente é um turista. Se passar do topo da descida A para a pequena calha[ii] nas árvores que separa a descida A da descida B, depois atravessar a descida B para alcançar o pequeno penhasco que o lança para a descida C e continuar cruzando a montanha assim — é bem provável que você seja da região. Os nativos gostam de criar pistas incomuns ao longo de suas montanhas. Os turistas geralmente seguem as pistas já delimitadas na área de esqui.

A Oops e Poops é uma das pistas que os locais delinearam. Ela começa logo à direita de Chamoix, com uma face íngreme e rodeada por penhascos que lança os esquiadores em uma calha através da floresta e termina em um buraco de fechadura[iii] formado por uma grande pedra cunhada entre pinheiros altos. Saltar pelo buraco de fechadura o colocará em cima de um *halfpipe*[iv] natural de 3m de largura que desce por mais de 300m de possibilidades angulares malucas. Pense num pinball a 48km/h.

Esquiar bem pelo tubo exige uma quantidade significativa de criatividade. A escolha do turista é a linha do meio: esquiar apenas no meio do tubo e terminar de uma vez. Mas o meio do tubo, na verdade, possui pedregulhos espalhados que formam minipenhascos em momentos um tanto inconvenientes. Esses obstáculos podem resultar naquela familiar experiência de montanha conhecida como "cagar nas calças", por isso, o nome da descida é Oops e Poops.

Além disso, eu acho que o meio é uma droga. A maioria dos turistas não esquia com facilidade em corredores de 3m rodeados por penhascos, por isso suas tentativas irregulares, travadas e fracas nas curvas criam uma série embriagante de saliências assimétricas que não se misturam com minha abordagem fluida e destruidora no esqui.

Também gostaria de ressaltar que "turista" é o termo educado. No linguajar da cultura da montanha, um turista é um "Jerry" [ou Amador]. Como Thacher Stone,[2] criadora da série de vídeos Jerry do Dia, explicou para a revista *Freeskier:* "Dentro da indústria do esqui, um 'Jerry', também conhecido como um 'Gaper', um 'Joey', um 'Gorb' etc. é uma pessoa que faz um movimento estúpido. Minha definição de um Jerry é: 'um indivíduo que exibe uma verdadeira falta de conhecimento do esporte, ou da vida em geral.'"

---

ii Seção estreita de neve entre duas paredes de rocha. [N. da T.]

iii Característica do terreno, que começa largo e se afunila. [N. da T.]

iv Estrutura em forma de U na neve. [N. da T.]

Os nativos, por outro lado, abordam o esporte com uma criatividade em alta velocidade, uma forma de resolução intuitiva de problemas, que gosto de chamar de "geometria rápida". A Oops é um ótimo exemplo. Se quiser esquiar pela Oops com estilo e fluidez, cuidado com a sedução da linha central. Em vez disso, com desinibição alegre e devassa, lance sua carcaça nas paredes do tubo para uma rodada rápida de geometria.

As paredes são íngremes, com uma descida de 30° para um vertical mortal. Na maioria das áreas de esqui,[3] uma inclinação de 35° a 40° é uma descida diamante negro única da variedade "mais difícil". Diamante negro duplo — "exclusivo para especialistas" — desce de 40° a 55°, ou íngreme o suficiente que é possível esticar a mão e tocar a encosta. Acima de 45°, qualquer curva que fizer provavelmente incluirá uma queda livre de quase um metro até você reencontrar a superfície da Terra, o que explica a técnica "*hop-and-drop*" desenvolvida por pioneiros do esqui íngreme.[4]

O segredo para esquiar numa descida como a Oops de forma criativa é percorrer o tubo inteiro. Faça grandes curvas em arco na parede, salte de alguma coisa — geralmente um toco ou pedra — e caia na transição suave que une a parede e o fundo do tubo, com aceleração suficiente para subir no outro lado da parede e repetir o processo. É claro, em um *halfpipe* normal, as paredes não são revestidas de obstáculos, e o tubo não possui curvas abruptas de 45°, como a Oops possui em três ocasiões diferentes — mas tudo bem.

Quando você esquia em uma descida como a Oops com velocidade, que é a única forma de esquiar nessa pista com alguma fluidez, não dá para ver muita coisa. O cérebro tem apenas um milissegundo para identificar as características do terreno, os ângulos delas, a trajetória que o corpo humano fará com esses ângulos, e já tem que agir. Geometria rápida. Computar, e então, executar ou *tomahawk.* O que é "*tomahawk*"? Significa cair, dando cambalhotas e mais cambalhotas, montanha abaixo.

Em 26 de fevereiro de 2020, eu e Ryan Wickes,[5] meu parceiro de esqui, esquiávamos na Oops no último dia de neve fresca da temporada. Nós não sabíamos que era o último dia de neve fresca, mas também não havia muita. Talvez 5 cm de neve nova havia caído. Mas não víamos neve fresca desde janeiro, e o chão fofo nos deixou agitados.

Eu me lembro pouco do dia, a não ser descer por Chamoix esculpindo o penhasco e passar pelo buraco da fechadura para chegar ao *halfpipe* da Oops. Saltei sobre alguma coisa, pulei sobre outra, e então saltei bem alto na parede direita do tubo. Cerca de 3m a minha frente havia um pequeno travesseiro de neve fresca sobre uma pedra ao lado de um pinheiro enorme. Meu cérebro viu o travesseiro e teve uma ideia incomum: *sliding spin 360°*.

O problema da geometria rápida é que não há tempo para debate interno. Quando o seu cérebro tem determinada ideia,[6] ou você a executa imediatamente ou abandona o fluxo porque você está desajeitado e caindo de forma desengonçada. Ou, você está desajeitado, caindo de forma desengonçada, e prestes a passar uma noite nada agradável no pronto-socorro mais próximo.

Ainda assim, uma sugestão como o "*sliding spin 360°*" era o tipo de ideia que merecia uma discussão. Para começar, eu nunca havia feito um *sliding spin 360°* na parede de um *halfpipe*, muito menos em uma parede cheia de obstáculos. Além disso, estava a cerca de 48km/h e essa parte da parede tinha uma inclinação de 40°. Se errasse o ângulo do giro, bateria na árvore. Se errasse a velocidade do giro, haveria uma longa queda até o fundo plano e mortal do tubo.

O que é um *sliding spin 360°*? Chegaremos lá. Por enquanto, saiba que é uma manobra que qualquer esquiador talentoso de 10 anos consegue fazer, e a maioria para de fazê-la antes de chegar aos 11 anos. Mas eu não tinha 10 anos. Eu tinha 53.

Dane-se. No século XXI, 53 anos equivale a 10 anos. Eu fiz o giro. Território *Gnar* para Homens Velhos. Que comece o jogo.

NORTE DE NEVADA, 27 DE FEVEREIRO DE 2020

Quase consegui fazer o giro. Consegui três quartos antes de a neve roubar minha velocidade. Em vez de fazer um *sliding spin 360°*, girei 270°. Mas consegui um bom ângulo para me livrar do travesseiro, então pulei para longe do perigo e para dentro do *halfpipe* e, de algum lugar atrás de mim, Ryan comemorou.

Em quase uma década em que esquiamos juntos, nunca tinha ouvido o Ryan levantar a voz, nem quando coisas perigosas davam errado. Ouvi-lo comemorar foi, no mínimo, incomum.

Saí de Kirkwood e cheguei em casa exausto, mas dormi sonhando com as possibilidades. Acordei com uma possibilidade inteiramente diferente. Estava com febre alta, ainda mais exausto do que antes e, estranhamente, sem conseguir sentir o gosto da comida.

No momento em que pude respirar de novo...

KIRKWOOD, 14 DE MARÇO DE 2020

O dia em que a temporada morreu oficialmente.[7] As taxas de infecção de covid eram trinta vezes mais altas em cidades de esqui. Nesse dia, o governador do Colorado fechou as estações. Todos os estados do país fizeram o mesmo. Minha alma de esquiador foi lançada sobre as rochas, estraçalhada em um milhão de pedaços, e nada poderia juntá-la novamente.

NORTE DE NEVADA, 15 DE MARÇO DE 2020

Primeiros dias do *lockdown*. Eu assisti a vídeos de SLVSH[8] no YouTube. Nada mais fazia sentido.

NORTE DE NEVADA, 18 DE MARÇO DE 2020

Mais vídeos de SLVSH — isso exige certa explicação.

SLVSH — pronunciado "*slush*" — é a versão de esqui *freestyle* do jogo de basquete *HORSE*.[v] Dois esquiadores competem entre si. Decide-se quem começa com pedra, papel e tesoura. O vencedor fala uma manobra — completa, com o nome da manobra, o nome da pegada que executará durante a manobra e o lugar onde irá começá-la. Por exemplo, "um *rodeo 540° safety* no primeiro *kicker* ".[vi]

Nesse caso, um "*rodeo*" é um giro fora do eixo feito para trás. Se estiver no solo plano, salte e jogue ambos os pés acima do ombro esquerdo — gire, assim, para o lado e para trás. Isso seria um *rodeo*. O "540°" se refere aos graus de rotação. Um 540° significa que você pula de frente, gira uma volta e meia — ou 540° de rotação — e aterrissa virado para trás. O "*safety*" se refere ao tipo de pegada que o esquiador executa enquanto salta e gira, ao segurar a parte do esqui diretamente abaixo da bota.

No SLVSH, depois de falar o nome da manobra, o primeiro esquiador tenta executá-la. Se conseguir, o segundo deve fazer o mes-

---

v Brincadeira em que se imita o lance do outro jogador. Quem errar recebe uma letra da palavra "horse". O vencedor é quem tiver menos letras. [N. da T.]

vi Rampas na neve feitas pelos próprios esquiadores para ganhar altura e fazer manobras. [N. da T.]

mo. Ao errar uma manobra, ganha uma letra. As letras soletram SLVSH porque, na primavera e no verão, quando os esquiadores disputam esse jogo, as aterrissagens são macias e lamacentas,[vii] e eles podem arriscar manobras mais perigosas e ambiciosas.

Todas as partidas são filmadas e, então, postadas em SLVSH.com. Qualquer pessoa pode assistir. O que faz valer a pena assistir é que os competidores estão entre os melhores esquiadores *freestyle* do mundo. É como se as estrelas do NBA Steph Curry e James Harden se enfrentassem em um jogo de *HORSE,* mas, em vez de lançar a bola do meio da quadra, eles dessem giros frontais duplos em pulos de mais de 18m de altura.

MONTANHAS *PINE NUT*, 20 DE MARÇO DE 2020

Levei os cachorros para passear. Subimos um pouco as montanhas, depois descemos. Em algum lugar, perdi o meu juízo.

Estava obcecado com meu *sliding spin 360°*. Estava obcecado com vídeos de SLVSH. À medida que caminhávamos, considerei uma ideia seriamente idiota — aprender *park skiing.*[viii]

Eu não sabia quase nada sobre *park skiing*. Meu histórico era composto de esquiar em grandes montanhas. É como a diferença entre patinação de velocidade e patinação artística. Patinação de velocidade acontece em duas dimensões; patinação artística acontece em três.

Como um esquiador de grandes montanhas, eu era um patinador de velocidade. A maioria das coisas que eu fazia acontecia enquanto me movia em uma única direção e me mantinha em contato com a superfície da neve. Mas não é assim que o *park skiing* funciona.

"*Freestyle*" — que é o termo técnico da disciplina que inclui o *park skiing* — geralmente acontece acima da superfície da Terra. Isso significa esquiar para trás, de lado e de cabeça para baixo. Mais crucialmente, isso envolve manobras.

Como eu não era um esquiador de *park skiing*, não sabia como fazer manobras. Na verdade, depois de quase cinquenta anos esquiando, as manobras que conseguia fazer eram um *spread eagle* ,[ix] um *ba-*

vii *Slushy* em inglês. [N. da T.]

viii Modalidade de esqui que se concentra em manobras e truques realizados em um ambiente de parque de neve (também conhecido como *terrain park*) em uma estação de esqui. [N. da T.]

ix Manobra em que o esquiador estica braços e pernas durante um salto. [N. da T.]

ckscratcher,[x] um *mule kick*,[xi] e aquele *sliding spin 360°* que fiz em Kirkwood. Como eu disse, um *sliding spin* é uma manobra aprendida aos 10 anos e rapidamente esquecida. Um *spread eagle, backscratcher* ou *mule kick?* A menos que queira ser *retro chic,* eles já eram. Ninguém mais faz essas manobras. Há décadas.

Nem mesmo eu conseguia fazer essas manobras. Tive mais lesões no final da temporada do que podia contar. Sabe qual é a pior parte da cirurgia? As luzes. Quando o levam do pré-operatório para a sala de operação, você fica deitado sobre uma maca olhando para aquelas porcarias de luzes fluorescentes enfileiradas no teto dos hospitais. A questão sobre a dor é que o cérebro se lembra de todo detalhe que a precede e crava o momento na sua memória para que, na próxima vez que a situação ocorrer, você fuja antes que a dor o cumprimente. Cara, não quero ver aquelas luzes nunca mais.

Mas aquele *sliding spin 360°* havia destrancado uma porta, e aqueles vídeos de SLVSH me deixaram muito curioso sobre o que estava do outro lado.

x Manobra em que o esquiador toca as costas com as partes traseiras dos esquis durante um salto. [N. da T.]

xi Manobra em que o esquiador joga os pés para o lado durante o salto. [N. da T.]

Capítulo 1

É claro, eu precisava entrar por aquela porta. É claro, o Território *Gnar* foi o que encontrei do outro lado. É claro, uma das principais coisas encontradas no Território *Gnar* foi o esqui. Mais especificamente, o esqui *freestyle*, também conhecido como *park skiing*, ou o ramo do esporte dedicado às manobras como o *sliding spin 360°* e o *rodeo 540°*.

Entretanto, isso levanta a questão: por que acompanhar um homem de 53 anos em sua jornada para aprender *park skiing* — especialmente se você não se interessa por esqui?

Primeiro, há o fator comédia.

De acordo com teorias de aprendizado tradicionais,[1] seria impossível para alguém da minha idade aprender *park skiing*. E não me refiro a alcançar o nível de um especialista do X Games. Devido a meia dúzia de fatores biológicos que explicarei mais tarde, é altamente improvável que alguém com mais de 35 anos possa se tornar até mesmo um esquiador de *park skiing* intermediário.

Mas não tão rápido.

Descobertas recentes em cognição incorporada,[2] ciência de estado de fluxo,[3, i] e *network neuroscience*[4, ii] revolucionaram a forma como pensamos sobre o aprendizado humano. Na teoria, essas descobertas "deveriam" permitir que atletas mais velhos progridam em atividades supostamente "impossíveis" como o *park skiing*. Para ver se essa

---

i Estado mental que ocorre quando uma pessoa realiza uma atividade em imersão, sentindo maior energia, prazer e foco durante a execução. [N. da T.]

ii Abordagem para entender a estrutura e a função do cérebro humano por meio da ciência de rede, uma conexão de muitas regiões do cérebro que interagem umas com as outras para dar origem a uma função específica. [N. da T.]

teoria funcionava na prática, coloquei as ideias à prova na pista de esqui e conduzi meu próprio experimento em neurociência aplicada e aquisição tardia de habilidades — ou seja, tentei ensinar algumas novas manobras a um cachorro velho (que sou eu mesmo).

Foi assim que este livro começou.

No início, montei um diário de desempenho — um registro do que funcionava, do que não funcionava e por quê. Dez meses após o início do experimento, conversei com meu grande amigo e editor de longa data, Michael Wharton.[5] Eu havia aprendido uma nova manobra de esqui. Michael tinha algumas dúvidas sobre o meu processo. Eu não conseguia me lembrar dos detalhes exatos, mas contei para ele sobre o diário de desempenho. Nós mergulhamos nele para encontrá-los.

Michael leu um registro, depois mais alguns e depois outros. "Isso deveria ser um livro", disse ele em seguida.

Ninguém estava mais surpreso do que eu. Até então, eu achava que apenas tivera uma conversa muito particular comigo mesmo. Ele ressaltou que minha conversa também era um relato detalhado do que acontece quando uma pessoa comum usa as ferramentas de desempenho máximo[iii] para enfrentar um desafio extraordinário. Em outras palavras, como Michael disse, "É um registro escrito de como o truque de mágica é feito."

Encerramos a ligação. Li o diário novamente e percebi que Michael tinha razão. E já que ele é meu editor há 25 anos, deve saber como me dói admitir isso.

Ainda assim, mesmo depois de escrever seis livros sobre estado de fluxo e desempenho máximo, todos eles eram, essencialmente, textos introdutórios. Essa era a opinião de Michael — já que não havia outra forma de escrevê-los. Devido à natureza complicada da ciência do estado de fluxo e meu desejo que os leitores entendam essa ciência, os livros conseguiram captar apenas uma pequena porção do que realmente significa aplicar essas ideias diariamente.

O que não era o caso do meu diário. Na verdade, o registro grosseiro e bruto da minha temporada conseguiu fazer uma coisa que eu não consegui no meu último livro, *A Arte do Impossível* — o que é irônico, pois o que não consegui fazer naquele livro foi explicar o

---

iii Quando um atleta consegue executar sua melhor performance tanto física quanto psicologicamente, sem nenhum erro, de uma maneira excepcional e natural. [N. da T.]

título apropriadamente. *A Arte do Impossível* fala sobre a ciência do desempenho máximo e como usá-la para enfrentar desafios difíceis. Então porque a palavra "arte" está no título?

A ciência do desempenho máximo é uma ciência. A aplicação dela no nosso dia a dia é uma arte. É um ato incrivelmente criativo que é diferente para todo mundo. Diante das porcarias assustadoras do mundo real, o uso de todo o conjunto das ferramentas de desempenho máximo para enfrentar aquele desafio — e sem precisar parar para definir cada uma dessas ferramentas — foi o que meu diário capturou.

Como resultado, este livro vai além do básico do desempenho máximo. É uma visão detalhada a nível de especialista. Tem menos ciência do que meus outros livros — ela foi guardada para o apêndice e as notas finais — e muito mais prática.

Entretanto, a única forma de comunicar essa visão é focar um único desafio "impossível" em uma área em que tenho habilidades a nível de especialista — ou seja, esquiar — para que eu possa explicar o que quero dizer. Mas, para que exista algo para aprender, tenho que mudar para uma atividade adjacente — do esqui em montanhas para o *park skiing* —, que é um domínio no qual sou um iniciante, com zero experiência e, sejamos sinceros, dá muito medo.

E outro destaque do Michael: essa situação — tentar aprender *park skiing*, na meia-idade, em plena pandemia, com todas as responsabilidades e fragilidades do mundo real que vieram junto dessas realidades, usando todas as ferramentas de desempenho máximo à minha disposição — não acontece todos os dias.

Entretanto, a menos que esteja disposto a aprender mais sobre esqui do que deseja, elas não podem acontecer.

Se estiver lendo este livro, há muitas chances de você ter mais de 50 anos ou de estar chegando lá. Este livro é do tipo boa notícia/má notícia. A boa notícia é que ter mais de 50 anos não significa o que costumava significar. A má notícia é que, para entender o porquê, terá que ler sobre esqui.

Vamos começar com uma visão geral.

Na última década, cientistas aprenderam muito sobre manter a vitalidade durante nossos últimos anos. Pesquisas em comunidades com longevidade excepcional — tecnicamente conhecidas como Zonas Azuis[6] — revelaram cinco chaves para uma vida longa e feliz: movimentar-se bastante, relaxar regularmente, ter laços sociais robustos, comer bem — o que significa comer principalmente plantas e nada em excesso — e tentar viver com paixão, propósito e acesso regular ao estado de fluxo. Em outras palavras, agora nós sabemos os requisitos básicos para uma saúde duradoura e para o bem-estar.

Este não é um livro sobre esses requisitos básicos. Também não é um livro sobre sua prima, a ciência da longevidade.[7] Entretanto, aqui as notícias também são boas. Nos últimos anos, cientistas descobriram as nove maiores causas do envelhecimento. Agora, há bilhões de dólares e dúzias de empresas de biotecnologia focadas em eliminar cada uma delas. De fato, graças aos avanços contínuos dessa ciência, a cada dia que permanecemos vivos, ganhamos mais cinco horas de expectativa de vida.[8]

A conclusão disso tudo?

A maioria de nós será "velho" — seja lá o que isso significa — por mais tempo do que os nossos ancestrais e, provavelmente, mais do que jamais esperávamos. Então, como deseja gastar esse tempo extra? Esse é o assunto deste livro.

Em outras palavras, se acha que já fez o "suficiente", este livro não é para você. Se está satisfeito com a sua vida e disposto a andar em direção ao crepúsculo sem buscar mais um sonho magnífico, este livro não é para você. Se estiver bem com longos dias de segurança, proteção, mediocridade, média, golfe, tênis, Top 40, abrir uma cerveja e assistir a um jogo, este livro não é para você.

Mas se você já se perguntou: "E se?"

Sim, provavelmente este livro é para você.

Então, mesmo que não goste de esqui, o esporte é a melhor maneira que conheço para o ensinar como aplicar a ciência do desempenho máximo ao problema adulto do "e se?"

E "adulto" é mais do que um modo de dizer. Mais tarde na vida é quando a maioria de nós tem o tempo e os recursos para o "e se?" Além disso, é só depois de termos vivido o suficiente para saber de alguma coisa que os nossos maiores sonhos se tornam mais claros.

Essa é a melhor notícia.

Cada vez mais pesquisas mostram que conseguimos sustentar o desempenho máximo por mais tempo na vida do que qualquer pessoa poderia imaginar. É claro, as habilidades físicas começam a diminuir[9] aos 30 anos. É claro, ela cai cerca de 1% por ano depois disso. É o que a biologia sabe hoje. Mas também estamos começando a entender como compensar esse declínio sem uma perda significativa de performance. E há oportunidade para um enorme ganho de desempenho.

Conforme entramos na casa dos 50, ao entendermos isso corretamente, ganhamos acesso a um conjunto de superpoderes.

No curso dessa década, há mudanças fundamentais em como o cérebro processa informações. Em termos simples, nosso ego começa a se aquietar e nossa perspectiva começa a se ampliar. Alcançamos novos níveis de inteligência, criatividade, empatia e sabedoria. Como resultado, habilidades essenciais derivadas, como pensamento crítico, resolução de problemas, criatividade, comunicação, cooperação e colaboração têm o potencial — se cultivadas apropriadamente — de disparar nos nossos últimos anos.

E qual é a importância disso? Eu acabei de listar as seis habilidades que especialistas concordam serem as mais cruciais para prosperar no século XXI. Elas também são as seis habilidades que podem tornar a resposta do "e se?" muito mais fácil do que o esperado.

No entanto, o acesso aos nossos superpoderes não é automático.

Para produzir as mudanças cerebrais necessárias, primeiro precisamos passar por uma série de portais.[10] O trabalho da psicologia do desenvolvimento mostra que é necessário passar por essas barreiras para manter a felicidade e o bem-estar nas décadas solenes. Ainda mais importante, se o objetivo é envelhecer em desempenho máximo, passar por essas barreiras e destravar nossos superpoderes de forma significativa nos ajuda a compensar o declínio natural que vem com o tempo.

Quais são esses portais?

Aos 30 anos, precisamos entender quem somos neste mundo e solucionar a crise de identidade. Aos 40, precisamos descobrir como ganhar a vida com algo que esteja seriamente alinhado com nossos cinco grandes motivadores intrínsecos: curiosidade, paixão, propósito, autonomia e domínio. Aos 50, precisamos esquecer ressentimentos passados, perdoar aqueles que erraram conosco e limpar nossos registros emocionais. Finalmente, em algum lugar ao longo do caminho, precisamos neutralizar a crescente aversão ao risco e a fragilidade que acompanha o envelhecimento.

Como usar as ferramentas de desempenho máximo para passar por esses portais, destravar nossos superpoderes e enfrentar alegremente grandes desafios nos nossos últimos anos — esse é o assunto deste livro.

E isso nos leva ao título do livro: Território *Gnar*.

A palavra "*gnar*" é um diminutivo de "*gnarly*", que é uma gíria dos esportes radicais para um tipo de perigo muito específico. Quando atletas usam essa palavra, referem-se a situações de alto risco percebido e alto risco real. Se eu descrever uma pista de esqui como "*gnar*" quero dizer que, se quiser tentar esquiar nela, precisa das habilidades físicas para passar pelo terreno e das habilidades mentais para enfrentar o terror que surge ao esquiar nesse terreno.

"Território", da forma que utilizo, é qualquer território ou paisagem definido. Por exemplo, nossos últimos anos são um "território". São um território desconhecido, cheio de perigo e de surpresas, e — conforme veremos neste livro — cheio de noções desatualizadas sobre o que é possível para nós durante esses anos.

"Território *Gnar*", então, descreve tanto o terreno dos nossos últimos anos — com alto risco percebido e real — e o *mindset* corajoso que é necessário para prosperar durante esse tempo. Entretanto, não há uma forma de ensiná-lo a prosperar nesses anos sem exemplos concretos, e essa é outra razão pela qual o esqui é útil.

Nas últimas três décadas, o esqui em montanha foi meu laboratório pessoal. É nele que testo inicialmente minhas ideias de desempenho máximo. Se houver uma teoria interessante em uma pesquisa, eu a coloco em prática no esqui. Se alguma coisa funciona para mim na pista, levo para o Coletivo de Pesquisa de Estado de Fluxo,[11] lanço uma iniciativa de pesquisa e descubro se isso funciona para outras pessoas.

Neste livro, quero convidá-lo para dentro do meu laboratório para um experimento de alto risco em busca de sonhos. É uma jornada pessoal em direção ao lado prático do ainda desconhecido domínio do envelhecimento em desempenho máximo. Por isso, *Território Gnar* é parte história de aventura, parte experimento de vida e parte cartilha de desempenho máximo no fim da vida. E isso significa que, se estiver disposto a ler algo sobre esqui, estou disposto a garantir que você chegará do outro lado sabendo arrasar até morrer.

Além disso, se você não conhece o básico da ciência de estado de fluxo e desempenho máximo — isto é, assuntos abordados nos meus outros livros —, *A Arte do Impossível* é o melhor lugar para começar. Se não estiver interessado em ler outro livro, poderá acessar www.gnarcountry.com [conteúdo em inglês] e encontrar uma série de vídeos que abordam ideias importantes. Também encontrará vídeos que abordam o básico do esqui *freestyle* e, se não estiver familiarizado com o esporte, eles lhe darão recursos visuais para entender do que eu estou falando.

Uma rápida observação sobre a estrutura do livro. Meu objetivo é mostrar, não falar. Para realmente explorar a prática do desempenho máximo e do envelhecimento em desempenho máximo, passaremos pelo dia a dia da minha temporada de esqui, desde o treinamento de pré-temporada até o meu último dia na neve. Nessas seções, explicarei princípios básicos e detalhes fundamentais. No fim da jornada, reexaminarei essas ideias, passando-as do esqui para um conjunto de princípios gerais que você poderá usar para enfrentar os desafios difíceis do fim da vida.

Neste livro, você também aprenderá um pouco sobre punk rock. Por quê? Dois motivos. Primeiro, o punk influenciou muito os esportes radicais. Segundo, o punk me influenciou muito. Mas tudo isso se tornará mais claro conforme avançamos.

Por enquanto, falaremos sobre esqui.

NORTE DE NEVADA, 22 DE MARÇO DE 2020

Nada de esquiar. As estações permaneciam fechadas por causa da covid, e eu não estava lidando bem com isso.

Por razões que podemos classificar como "vida real", eu trabalhava há nove anos sem nenhuma pausa. Estava exausto. Mas tinha um plano para lidar com minha exaustão — e essa foi a fonte da minha ira.

Nos dois anos anteriores, vinha me preparando para a glória de abril de 2020. Aquele mês seria minha pausa: trinta dias dedicados a esquiar nas montanhas de *Sierra Nevada*. Vivi nessas montanhas na década de 1990, no lado da Califórnia. Agora, na década de 2020, voltei a morar nessas montanhas, no lado de Nevada. Entretanto, eu havia acabado de chegar.

Só consegui aproveitar a neve por poucos dias antes do fechamento das estações. Foi um rápido beijo na bochecha; eu queria o relacionamento inteiro. Além disso, o inverno havia sido seco, tanto para a neve quanto para o estado de fluxo. Só nevou em dois dias, incluindo o dia em que tentei o *sliding spin 360°*. De fato, assim que a tensão de aprender a esquiar em uma nova montanha passou, eles fecharam as montanhas. Depois disso, não houve nenhum estado de fluxo.

Eu não estava preparado para aquela tristeza esmagadora. Não estava preparado para a ira ardente. Entendia que não havia nada de saudável nesses sentimentos. Nós estávamos no meio de uma pandemia e o planeta inteiro estava sofrendo, e minha preocupação eram as montanhas de esqui fechadas?

Mas era verdade.

NORTE DE NEVADA, 23 DE MARÇO DE 2020

Liguei para o Ryan e disse que não conseguia fazer nada além de assistir aos vídeos SLVSH. Também falei que ninguém naqueles vídeos esquiava como eu. Como a posição corporal está estreitamente ligada à cognição incorporada,[12] se não conseguia encontrar ninguém que esquiava como eu, não havia uma forma prática para que eu modelasse o jeito em que a pessoa esquia.

Ryan disse que, em relação ao estilo, eu esquiava como um homem chamado Adam Delorme.[13]

Eu disse: "Sério? Na escala profissional?"

Na escala profissional, Ryan explicou, se Delorme era um dez em um dia bom, eu era "talvez um três".

Um três? *Talvez* um três? "Talvez um três" é a melhor coisa que qualquer pessoa já falou para mim. Eu podia aceitar "talvez um três".

Depois, passei o resto da tarde na internet tentando descobrir quem era Adam Delorme.

ÁREA DE ESQUI DA SKY TAVERN, 25 DE MARÇO DE 2020

O março mágico cumpriu sua promessa. Os céus se abriram e abençoaram a terra com 60 cm de neve.

Com as estações ainda fechadas por causa da covid, Ryan e eu decidimos subir a Sky Tavern, a pequena montanha pública de esqui fora de Reno. Não era tão pequena quanto os depósitos de lixo adaptados para estações de esqui que marcaram minha infância em Cleveland, mas tinha a mesma vizinhança. Ainda assim, havia uma descida diamante negro duplo que levava direto ao estacionamento. Eu até trouxe os esquis novos, os Line Pescados.

Mas as boas intenções foram à toa. Nós subimos até o topo e eu tentei fazer um *sliding spin* com o Pescados. Sem sucesso.

A neve me pegou de jeito e caí de traseiro no chão. A partir daí, tudo piorou. Eu ainda me recuperava da covid e mal conseguia respirar. As três voltas que demos quase me mataram. Além disso, detesto ter que subir a montanha para descer esquiando. Estou na montanha para esquiar. Até tenho uma blusa que diz: "A vida é muito curta para subir a montanha".

Eu também gostaria de dizer que minha blusa é uma blasfêmia em alguns círculos. Na cultura moderna da montanha, esquiadores de estação mal são considerados esquiadores de verdade. Hoje, os esquiadores de verdade ganham seu mérito no esqui fora de pista. "*Skin* [iv] para cima, esqui para baixo" é o mantra do atleta de aventura moderno.

Eu não tenho nada contra esse mantra. Não tenho nada contra o esqui fora de pista. Passo uma boa parte do meu tempo nesses lugares com meus cachorros. Mas o único momento em que subo as montanhas para descer esquiando é depois que as estações fecham e não consigo subir de outra forma mais rápida.

Parte do motivo é a praticidade. Para mim, esquiar é geralmente uma missão solo, e "suicídio" é a palavra que os esquiadores usam para descrever missões solo no esqui fora de pista. Para ser claro: para mim o esqui é, na verdade, uma missão.

A primeira vez que segui esquiadores profissionais pela montanha foi em 1994. Eu era jornalista e esportes radicais eram a minha área. Antes disso, achava que era um esquiador especialista. Comecei a esquiar aos 8 anos, frequentei estações de esqui no Colorado depois da faculdade e geralmente conseguia descer qualquer pista diamante negro duplo "exclusiva para especialistas" sem fazer bagunça.

Em resumo, antes de esquiar com profissionais, eu achava que conseguia acompanhá-los.

Só que não. Nem de perto. Os fatos falam por si mesmos: foi em 1994 que comecei a seguir esquiadores profissionais pelas montanhas. Isso foi em Chamonix, França.

Em 2013, eu estava em Jackson Hole, Wyoming. Esquiava com um grupo de estrelas a todo vapor quando percebi algo incomum: todos nós chegamos ao teleférico ao mesmo tempo. Ninguém esperava por mim. Depois de tentar por dezenove anos, finalmente consegui acompanhá-los.

Mas eu queria poder fazer mais do que acompanhar. Queria o que aqueles profissionais tinham: a capacidade de usar o esporte para se expressar com estilo. Queria usar a geometria rápida com talento. Se eu visse uma característica na montanha que parecia interessante,

---

iv Faixas de tecido coladas no comprimento e na largura da parte de baixo dos esquis para dar maior aderência na neve. [N. da T.]

queria ter a capacidade de fazer alguma coisa interessante com aquela característica. Arte dentro, arte fora — da forma que deve ser.

O meu desejo exigia prática. No esqui fora de pista, eu não conseguia as voltas suficientes para o tipo de prática de que precisava. Três ou quatro voltas são um bom resultado no esqui fora de pista. Na estação, são de 25 a 30.

Eu precisava da prática porque tenho pouco talento natural. Quando criança, era magrelo, desajeitado, geralmente devagar e sempre assustado. No ensino fundamental, era o último a ser escolhido em quase todas as competições atléticas nas quais era necessário escolher times. Eu também era a primeira pessoa que os atletas da escola gostavam de atormentar, o que significa que passei muito tempo da minha infância apanhando deles. Por que me interessei por punk rock? Um dos motivos: os punks odiavam os atletas.

Também não sou um atleta natural de esportes radicais. Naturalmente, sou um acrofóbico, o que significa que tenho fobia de lugares altos. Altura me provoca terror, e terror provoca paralisia. Passei uma década escalando na esperança de que, de exposição em exposição, meu medo seria curado. Não deu certo.

Então, uma longa luta contra a doença de Lyme estragou meus ouvidos e me deixou propenso à vertigem.[14] Atualmente, quando me deparo com uma altura — a não ser que esteja me deparando com ela regularmente — primeiro vem o medo, depois a paralisia, em seguida a tontura e finalmente a fuga. Primeiro, a coragem abandona a cena, com a coordenação não muito atrás. O controle muscular e a destreza motora partem depois, com a autoestima logo em seguida.

No fim, tudo o que me resta é a vergonha.

"*Steazy*" é a palavra que bons esquiadores usam para descrever um bom esqui. É um termo que mistura "*stylish*"[1] e "*easy*"[2] como quando falam: "Aquele cara é *steazy* no *gnar*." Se meu objetivo era ser *steazy* no *gnar*, pode acreditar que eu precisava praticar.

Cara, eu estava com saudade das estações.

NORTE DE NEVADA, 28 DE MARÇO DE 2020

Minha ira ardente por causa das estações de esqui fechadas estava piorando de forma perigosa. Eu estava com raiva do mundo. Com raiva de Deus. O que faria isso passar? Era isso que eu ficava me perguntando.

O que, além de escalar a montanha atrás da minha casa e gritar para o céu: "Como você soletra 'Deus'? É I-D-I-O-T-A."

Porque eu tentei isso hoje — e não funcionou.

NORTE DE NEVADA, 29 DE MARÇO DE 2020

Acordei para a realidade. A covid nunca passaria. As estações de esqui nunca reabririam. E nunca nevaria de novo, em nenhum lugar, por toda a eternidade.

O que faria isso passar? Ainda estava me perguntando. Ainda não tinha a resposta.

Iv jIH ghotvam?

Não, nem quando traduzi a pergunta para Klingon.[15]

NORTE DE NEVADA, 30 DE MARÇO DE 2020

O que faria isso passar? Uma questão diferente surgiu: o que roubaram de mim? Eu já sabia a resposta: o progresso.

Perdi os últimos dois meses e meio da temporada de esqui, e sabe qual foi a pior parte? Ter consciência disso. Eu sabia que estava envelhecendo. Sabia que a janela para fazer um progresso significativo estava se fechando. E sabia que ainda havia muito a fazer.

Por que havia muito a fazer? Em resumo: os atletas da escola. O bullying. A ressaca psicológica causada pelos atletas da escola e pelo bullying. Para simplificar: não se passa a infância sendo a última pessoa a ser escolhida na escola, e depois, a juventude atrás de atletas profissionais pelas montanhas, chegando por último no teleférico — que, nos esportes com neve, é o equivalente a ser o último a ser escolhido na escola — sem que isso deixe uma marca.

Por que havia muito a fazer?

Porque "vergonha" é o termo técnico dessa marca, e foi no esqui que decidi acertar as contas e apagar essa marca.

Na noite passada, fui para a cama com todo essas questões na cabeça. A resposta esperava por mim quando acordei de manhã. Se eu começasse a próxima temporada como um esquiador melhor do que terminei a última — isso poderia passar. Se, de alguma forma, com a neve derretida, as estações fechadas e uma pandemia furiosa, eu pudesse fazer um progresso significativo na minha habilidade de esqui sem poder esquiar — sim, essa resposta parecia acalmar minha fúria.

Próxima pergunta: Como progredir na sua habilidade de esqui se não puder esquiar?

MONTANHAS *PINE NUT*, 1º DE ABRIL DE 2020

Nos vídeos SLVSH, os esquiadores estavam deslizando em *rails*.[v] Eu nunca havia deslizado em um *rail* na minha vida. Nunca havia pensado nisso. Todo o fenômeno dessa atividade eclodiu quando eu tinha 30 e poucos, uma década em que vivi perto do mar e passei meu tempo surfando. Então me mudei para o Novo México, onde os melhores parques não eram onde eu gostava de esquiar.

A área de esqui de Santa Fé era mais perto da minha casa e tinha uma das melhores áreas dos Estados Unidos para esquiar entre árvores, então era isso que eu fazia quando estava lá. Em Taos, nós geralmente subíamos a West Basin para esquiar nas calhas que ficam no topo ou nos 1.600m de ondulações que é a Al's Run. E depois a Wolf Creek, no sul do Colorado, que era minha outra parada costumeira e que combina declives e árvores de uma forma que não acontece em nenhuma outra área de esqui. Não é para todo mundo, mas foi bom para mim.

Além de escrever alguns livros, foi assim que vivi como quarentão. Em nenhum momento dessa época a ideia de aprender *park skiing* passou pela minha cabeça. Por que passaria? Todo mundo sabe que *park skiing*, também conhecido como esqui *freestyle* e como o tipo de esqui que envolve fazer manobras de saltos e em *rails*, é para jovens, no mínimo. Depois dos 30, aprender *park skiing* é considerado "extremamente difícil". Depois dos 40, passa a ser "completamente maluco". Ao atingir os 50, "isso é impossível" se torna a resposta padrão.

Fatos são fatos. Você se estatela feio no chão enquanto aprende *park skiing*, isso é um fato. Outro fato é que atletas mais velhos levam muito mais tempo para se recuperar[16] do que os atletas mais novos. Além disso, *park skiing* exige um ótimo desempenho de habilidades motoras finas[17] e respostas musculares de contração rápida, e ambas atrofiam conforme envelhecemos. Finalmente, a aquisição de padrões motores, da mesma forma que a aquisição de linguagem, é um processo inato nas crianças, mas essa janela de oportunidades se fecha muito antes da meia-idade. Como resultado, a maioria dos

---

v Paredes baixas com corrimão ou canos grossos fincados na neve para que os esquiadores deslizem sobre eles. [N. da T.]

atletas mais velhos não acredita que é capaz de ingressar na linguagem completamente nova dos padrões motores exigidos para o *park skiing*. Por essas razões, para outras pessoas, há uma filosofia geral entre atletas de esportes radicais: se você não aprendeu *park skiing* até os 30 anos — nem tente.

Mas assistir aos vídeos SLVSH me ensinou algumas coisas — o nome das manobras, para começar. Agora consigo diferenciar um "*back swap, front two*" de um "*disaster on, four out*" de um "*50-50 on, nollie 180° out*". E se nenhuma dessas palavras faz algum sentido para você, bem, você não está sozinho. A maioria dos esquiadores não faz ideia do que elas querem dizer. Mas o importante aqui é a cognição incorporada. Enquanto assistia a esses vídeos, percebi que o mesmo movimento que usei ao fazer o *sliding spin 360°* era usado por esquiadores de *park skiing* em *rails*, em uma manobra conhecida como "*surface swap*[vi] *360°*". E não percebi isso intelectualmente. Meu corpo percebeu isso somaticamente. Será que essa percepção se aplica no mundo real? Era uma pergunta interessante.

No entanto, há um espaço entre "interessante, isso despertou minha curiosidade" e "interessante, eu deveria tentar isso". Normalmente, o medo preenche esse espaço. *Rails* são feitos de aço polido, mais escorregadio do que gelo, e possuem um longo histórico de fazerem até os melhores esquiadores caírem sobre os seus traseiros. Infelizmente, ao envelhecer, a distância entre o seu traseiro e o pronto-socorro se aproxima — ou assim dizia a voz na minha cabeça.

Tudo isso mudou no primeiro dia de abril. Eu estava caminhando com Kiko, que é meu melhor amigo e também um pastor-maremano-abruzês de 54 kg, e passamos por uma mina de ouro abandonada nas Montanhas Pine Nut. A mina estava entranhada em um pequeno platô entre três montes pequenos. Os mineiros deixaram dúzias de montes de rejeitos, pilhas enormes de pedras finamente trituradas e terra, tão lisos e íngremes que pareciam esquiáveis.

Seriam esquiáveis?

O maior monte de lá tinha uma inclinação de 35° e talvez 15m de altura. Era íngreme o suficiente para deslizar e alto o suficiente para descer algumas vezes, mas apenas isso não me levaria ao progresso que eu buscava.

Um salto era uma história diferente. Havia muitos lugares com ângulos altos para saltar, e muitas manobras de salto que eu queria

---

vi Quando o esquiador gira sem tirar o esqui da superfície. [N. da T.]

aprender. Entretanto, aterrissar na terra ainda era aterrissar na terra, e eu aprendi essa lição da forma difícil enquanto fazia *mountain bike*.

Talvez não um salto. Que tal um *rail*?

É necessário muita velocidade para um pulo, mas muito menos velocidade para um *rail*. Imaginei que tudo do que precisava era uma pilha de rejeitos de 3m que descia sobre o terreno plano. Olhei em volta, à direita, à esquerda, para cima, para baixo — as pilhas necessárias estavam em todo o lugar.

É claro, eu sabia que não poderia esquiar na terra. Haveria muito atrito, a não ser que eu estivesse em alta velocidade. Mas e se eu colocasse papelão sobre ela? Poderia esquiar sobre papelão?

Uma viagem ao passado me ajudou.

Anos atrás, havia escrito uma história sobre acampamentos de esquiadores profissionais *moguls*[vii] que aconteciam em Monte Hood nos meses de verão. Eles tinham tobogãs lá — monstruosidades que o lançavam em piscinas. A descida para esse salto era revestida de grama sintética e mantida molhada, uma combinação que gerava uma superfície escorregadia o suficiente para esquiar. É claro, não era possível virar ali, mas contanto que você não movesse um músculo do momento em que entrasse na descida até o momento em que fosse lançado para fora, tudo correria bem.

Próxima questão: seria possível colocar grama sintética sobre essas pilhas de rejeitos, construir uma pequena aba na parte inferior, e montar um *rail*?

Kiko e eu voltamos para casa. Ele tirou um cochilo. Eu entrei no Google. Acontece que não fui a primeira pessoa a tentar montar um *rail* no quintal. Na maioria dos vídeos que vi, uma descida de 2m e 35° gerava velocidade mais do que suficiente para um esquiador deslizar sobre um *rail*. Como suspeitei, havia grama sintética envolvida. Mas, ao contrário dos tobogãs em Hood, essas versões de quintal usavam o tipo de grama sintética vendida na Home Depot. Melhor ainda: nos vídeos, as pessoas deslizavam sobre canos de PVC, que são baratos, leves e, quando a inevitável queda acontecesse, com certeza mais macios do que o aço.

Então, tive uma segunda ideia — Monte Hood. Ainda fariam o acampamento de esqui de verão durante a pandemia? Geralmente, os acampamentos eram voltados para esquiadores profissionais ou

---

vii Esquiadores especializados em terrenos íngremes com muitas saliências. [N. da T.]

aspirantes. A idade média dos campistas era cerca de 17 anos. Os técnicos tinham 23 anos, talvez. Será que havia um acampamento de esqui *freestyle* para pessoas com 50 anos?

Passei mais tempo no Google e encontrei uma resposta positiva para todas essas perguntas. Havia acampamentos de esqui *freestyle* em Monte Hood. Durante a maior parte do verão, o acampamento era voltado para crianças, mas havia duas sessões voltadas para adultos. O acampamento de junho havia sido cancelado por causa da covid, mas o de julho ainda aconteceria.

E se eu construísse *rails* de terra no quintal da minha casa e começasse a treinar agora, e depois levasse minhas habilidades recém-conquistadas para Monte Hood para um aperfeiçoamento? Deslizar sobre o *rail* definitivamente conta como progresso. Não importa se era uma forma de progresso que nunca havia considerado antes, e uma que a maioria das pessoas considerava impossível para alguém da minha idade. Se eu aprendesse algumas manobras no verão, isso com certeza me faria um esquiador melhor antes do próximo inverno.

Sem pensar muito sobre isso, reservei uma vaga no acampamento de esqui, notando, enquanto digitava o número do meu cartão de crédito, a política de não reembolso.

E isso nos leva a uma Divagação Punk Rock.

Estando fora, o movimento punk me parecia tratar de sexo, drogas, ira e cortes de cabelo engraçados. Mas isso é apenas uma fachada. O movimento trata de igualdade e criatividade. Os punks não se importam com a sua aparência, de onde veio ou com quem você transa.

O que nos importa é a criatividade do DIY [do it yourself: faça você mesmo] — ênfase no *DIY*.

O punk é sobre "fazer você mesmo". É sobre transformar a ira em criatividade, e a criatividade em salvação. O punk é sobre começar uma banda antes de saber tocar uma guitarra. Sobre dizer "dane-se" para a indústria musical e dar vida à sua própria indústria. Os punks criaram suas próprias gravadoras, lançavam seus próprios discos, agendavam as próprias turnês, faziam o design das capas dos seus álbuns e publicavam suas próprias revistas para contar para as pessoas sobre a cena. A primeira revista para a qual trabalhei era chamada *Penumbra*, que é um termo que descreve a porção mais clara da sombra, e é um fato que sei porque fundei essa revista. Eu tinha 22 anos na época, e precisei fundar minha própria revista para entrar no mercado editorial. Na época, meus dreads chegavam até a metade das minhas costas. Com essa aparência, nenhuma outra revista nos Estados Unidos me contrataria.

O que quero dizer é o seguinte: aprendi a esquiar em depósitos de lixo adaptados. E estava prestes a aprender a deslizar em *rails* em uma mina de ouro abandonada. Isso era, no mínimo, punk para cacete.

MONTANHAS PINE NUT, 2 DE ABRIL DE 2021

E se nunca mais houvesse uma próxima temporada? No meio do *lockdown*, essa era uma preocupação real. E se as estações de esqui nunca se recuperassem; e se os teleféricos nunca funcionassem novamente; qual é o som dos esquis tocando uns nos outros?

Sem dúvida alguma, se eu fosse me preparar para essas possibilidades, teria que aprender a gostar de subir montanhas.

No entanto, como mencionei, eu subia montanhas o tempo todo quando levava os cachorros para passear praticamente todos os dias. São, quase sempre, subidas difíceis em ritmo acelerado. Não há escolha. Após muitos testes, posso dizer de forma conclusiva: se quiser cansar um pastor-maremano-abruzês de 54 kg, três subidas com cerca de 600m em ganho de elevação total é o requisito mínimo.

Eu amava essas subidas. Amava subir montanhas — exceto quando esquiava.

Primeiro, subir montanhas na neve é muito mais difícil do que subir montanhas sobre o solo firme. Além de o terreno ser mais cansativo, você precisa caminhar com botas de esqui e carregar todo o seu equipamento em subidas que costumam ser muito íngremes. Tenho que lutar com a vertigem para subir, mas mesmo que eu lide com isso, o problema real é a descida.

Eu buscava o progresso, o que significava me forçar a fazer coisas mais difíceis. No entanto, me forçar a esquiar quando estava exausto da subida era um jeito fácil de me machucar. Se eu queria me forçar a subir montanhas, teria que atingir um nível de condicionamento físico que nunca consegui atingir antes.

Eu me exercitava de três a quatro vezes por semana desde o meu primeiro ano da faculdade. Levantava pesos para desenvolver força, fazia yoga para desenvolver flexibilidade e levava meus cachorros para subir as montanhas com terreno irregular para desenvolver equilíbrio, agilidade e resistência. Eu não tinha tempo para mais nada, minha agenda estava cheia. Meu dia de trabalho começava às 4h e terminava depois das 17h. Em outras palavras, mais tempo para treino era inviável.

Mas esse não é um novo problema, e também não era o único.

Acontece que, quando não estou esquiando, escrevendo ou passando tempo com cachorros, também sou o diretor-executivo do Coletivo de Pesquisa de Estado de Fluxo. Nós somos uma organização de pesquisa e treinamento em desempenho máximo com respaldo da neurociência. Na parte da pesquisa, colaboramos com cientistas em lugares como a Universidade do Sul da Califórnia e Stanford para tentar entender o que acontece no cérebro e no corpo quando as pessoas experimentam o máximo da sua performance. Na parte do treinamento, nós aplicamos o que aprendemos na ciência para treinar os outros, desde empresas da Fortune 500 a membros da comunidade das Forças Especiais dos EUA e ao público geral. Mas há algo comum entre a maioria das pessoas que treinamos — todas elas são ocupadas.

Por isso, no Coletivo, nós buscamos *soluções multiferramentas*, ou soluções que resolvem mais de um problema de uma só vez. Por exemplo, a meditação é uma solução multiferramenta. Ela treina o foco, que ajuda a produzir o estado de fluxo, e reduz o nível de estresse, que geralmente bloqueia o estado de fluxo. Dois problemas resolvidos com uma única solução.

Além disso, nós buscamos formas de *empilhar práticas*, ou juntar múltiplos requisitos de treinamento em uma única atividade. Subir montanhas com meus cachorros com ritmo e sobre o solo irregular é um exemplo. Os cachorros precisam caminhar de qualquer jeito, e subidas mais difíceis significam passar menos tempo na academia. Subir a montanha rápido treina a resistência, e descer rápido, em solo irregular, treina a força, o equilíbrio, a agilidade e a resposta muscular de contração rápida.

Essa última parte é importante. Tanto força quanto resposta muscular de contração rápida diminuem ao longo do tempo. Esse é um dos principais motivos que leva as pessoas a pensarem que aprender *park skiing* é impossível para alguém da minha idade. Entretanto, como muitas histórias de performance humana, essa conta apenas uma parte da verdade.

A verdade é que força e resposta muscular de contração rápida realmente diminuem conforme envelhecemos, mas somente se não as treinarmos. É uma questão de uso ou perda.[18]

Isso não quer dizer que essas capacidades não se deterioram ao longo do tempo. As fibras musculares começam a diminuir em número quando atingimos 50 anos, entretanto — se treinadas apropriadamente —, essas fibras musculares perdidas são compensadas pelo superdesenvolvimento das que permanecem, ou, como o fisiologista da Universidade de Michigan, John Faulkner,[19] escreveu em 2008 em uma metanálise do assunto: "Mesmo com grandes perdas de capacidade física e de massa de gordura, a performance de atletas *masters* e de elite é extraordinária."

E hoje, enquanto contemplava as montanhas na minha varanda, me ocorreu: eu não precisava acrescentar nada na minha agenda. Havia um treino adicional que eu poderia acrescentar à minha pilha atual: coletes de peso. Ao usar um colete de peso enquanto subia as montanhas com meus cachorros, treinaria os mesmos músculos necessários para subir a montanha com uma mochila no esqui fora de pista sem precisar fazer mudanças na minha agenda. Tudo o que eu precisava era força mental: disposição para deixar minhas subidas normais se tornarem mais difíceis. Em outras palavras, precisaria fazer o que sempre falo para outras pessoas fazerem se quiserem mais estado de fluxo na vida: ficar confortável em ficar desconfortável.

NORTE DE NEVADA, 3 DE ABRIL DE 2020

Caíram 60 cm de neve nova durante a noite. Saber que eu não esquiaria nela partiu meu coração. É claro, a não ser que seja um esquiador, nesse momento você provavelmente está se perguntando: o que há de tão especial no esqui?

Boa pergunta. Vamos falar de números.

Há uma matemática silenciosa nesta vida, um conjunto de números sobre os quais poucos de nós querem falar e menos ainda se importam em calcular. Isso não é uma surpresa — a matemática é impiedosa. Os números não são o problema, mas a verdade do outro lado desses números é.

Para mim, essa matemática começa com o esqui. Para simplificar, o esqui é o meu *hack* máximo de vida. Por quê? Porque esquiar é o momento em que mais me sinto feliz neste planeta. Em termos psicológicos, o esqui representa o meu motivador intrínseco máximo, o limite mais alto do meu espaço de possibilidade emocional.

É ou não é um fato impiedoso?

É claro, eu testei outras opções. Testei uma lista infindável de outras opções. Fiz todos os experimentos exigidos sobre sexo, drogas e rock and roll. Já dei mais importância ao esqui do que ao sucesso, ao amor e a todas as outras coisas que me falaram que deveriam ser mais importantes...

A verdade? Não importa o que eu compare ao esqui, nele, sempre me sinto mais feliz.

A questão aqui não é o prazer. Se fosse apenas sobre prazer, bem, *her name was Lola,*[20] *she was a showgirl.* Não, é sobre significado. Quando estou esquiando, quando me forço além dos limites das minhas capacidades, a vida ganha mais significado.

Ela simplesmente ganha mais significado.

Visto que a matemática é muito precisa, para sentir esse significado de verdade, devo esquiar em condições exatas: em neve funda, em velocidades malucas, fones de ouvido explodindo com Wu-Tang Clan, geralmente sozinho, geralmente entre as árvores, geralmente em lugares onde nunca encontrarão meu corpo se essa porcaria der errado.

É ou não é outro fato impiedoso?

No entanto, sob um ponto de vista de desempenho máximo, há um poder especial nessa matemática. Se conseguirmos descobrir o que nos faz nos sentirmos mais felizes neste planeta, podemos usar essa informação para nos orientarmos. Podemos usá-la para solucionar o maior quebra-cabeça da vida — o fato de que a vida é muito curta e, como Pablo Neruda diz: tão longo o esquecimento.

E não quero dizer "solucionar" num sentido metafórico. Quero dizer no único sentido que importa: nossos sins e nossos nãos. As coisas para as quais dizemos sim; as coisas para as quais dizemos não; o algoritmo que determina a qualidade dos nossos dias.

No meu caso, eu digo sim para o esqui e digo não para qualquer coisa que se coloca entre mim e o esqui — algo que, sei muito bem, me faz parecer psicótico. Vamos desenvolver mais esse ponto. Sim, também faço todas as coisas psicóticas exigidas para maximizar o esqui. Treino igual a um louco fora da temporada. Também tenho que praticar um sério protocolo de recuperação — saunas, yoga restaurativa, banhos de sal de Epsom — o que me permite ser louco.

Tudo isso parece um pouco exagerado, mas saber que me sinto assim com o esqui permite que nunca desperdice tempo com atividades menos importantes. O esqui é o meu primeiro filtro: se uma oportunidade aparece, ela me ajudará a esquiar com mais frequência? É sério, eu realmente penso assim.

É claro, tenho alguns outros filtros: escrever, pesquisa de estado de fluxo, minha família, meus amigos, fazer do mundo um lugar melhor para os animais — mas é aí que a história acaba. Além do esqui, esses são meus seis filtros. Eles determinam todos os meus sins e meus nãos.

Sob um ponto de vista de desempenho máximo, filtros como esses economizam quantidades enormes do nosso tempo. Eles nos permitem evitar uma quantidade considerável de fadiga de decisão e alinhar verdadeiramente nossas vidas com os três pilares do bem-estar: paixão, propósito e significado. Entretanto, mais do que tudo isso — há a matemática.

Neste momento eu tenho um pouco mais de 53 anos. Se as tabelas atuais forem confiáveis, talvez eu tenha mais 30 anos neste planeta. Esses são os números básicos.

Venho de uma família em que as pessoas vivem muito, cuido da minha saúde razoavelmente bem e tenho alguns amigos cientistas trabalhando em tecnologias de longevidade estrondosas, então, talvez eu tenha sorte e consiga mais 10 anos nesta jornada.

Portanto, vamos estabelecer o número de outros 40 anos neste planeta, mais ou menos. Como escrevi este livro em 2021, meu fim será por volta de 2061.

Detalhemos os números. Se o momento em que me sinto mais feliz neste planeta é quando esquio em neve profunda, veja, os dias de neve realmente profunda ocorrem apenas cerca de sete vezes numa temporada. E 7 x 40 — meus anos restantes — resulta em 280.

É isso. Mais 280 chances de me sentir da melhor forma que consigo neste planeta, para realizar aquilo que faz com que a vida valha a pena ser vivida. O que eu quero dizer é — 280 não é um número muito grande.

Quando esquio, tento deixar tudo na montanha. Quero esquiar até cair toda vez que tenho uma chance de esquiar.

Por quê? Porque a vida é curta, eu fiz os cálculos.

Capítulo 2

NORTE DE NEVADA, 5 DE ABRIL DE 2020

Eu não sabia se conseguia fazer subidas difíceis com um colete de peso — isso ainda era uma incógnita.

Machuquei minhas costas há cerca de uma década e elas continuam propensas a colapsar. Quanto peso eu conseguiria carregar para subir montanhas sem machucar minhas costas novamente? Isso eu ainda não sabia. Mas se fosse levar meu progresso no esqui a sério, teria que descobrir a resposta.

Decidi estabelecer algumas regras. Meu plano era uma inversão da maioria dos planos de exercícios. Não estava interessado na abordagem jovem: progresso e ganhos rápidos. Em vez disso, meus objetivos eram lentos, constantes e seguros. No entanto, o lento, constante e seguro alongaria minhas curvas de aprendizado, então precisaria fazer tudo o que podia para preservar a motivação intrínseca ao longo do caminho.

Para esse fim, eu amava as minhas caminhadas matinais com os cachorros, especialmente a forma em que minha mente vagueava, solucionando problemas difíceis ao longo do caminho. Mas meu cérebro apenas entra nesse modo quando está calmo e relaxado. Se estivesse estressado, meus músculos usariam mais energia para minha mente vaguear. Isso significa que eu poderia usar a vagueação da mente como uma medida de condicionamento.[1] Uma vez que conseguisse fazer uma subida inteira vagueando, seria o momento de aumentar a intensidade da subida.

Assim, o plano seria: começar com um peso de 4 kg e uma subida de meia hora, e então me exercitar em intervalos de 10 minutos. Uma vez que eu conseguisse subir uma montanha com 4 kg por 30 minutos com minha mente vagueando ao longo do percurso, aumentaria o tempo em 10 minutos. Quando a subida alcançasse 90 minutos, eu aumentaria o peso em 2 kg.

Em seguida, estabeleci alguns objetivos de condicionamento.

Normalmente, para ter os níveis de condicionamento exigidos pela geometria rápida, preciso conseguir esquiar um mínimo de vinte voltas em um dia. Normalmente, são necessários cerca de doze dias para que eu consiga esquiar esse número de voltas. Como a geometria rápida é o meu caminho mais veloz para o estado de fluxo e o estado de fluxo é o caminho mais rápido[2] para o progresso, esses doze dias são um limite máximo para a qualidade da minha temporada de esqui. Mas se eu estivesse condicionado o suficiente para usar a geometria rápida no terceiro dia, meu total de estado de fluxo aumentaria em nove dias, e isso com certeza aumentaria minhas chances de fazer um progresso real.

Além disso, eu queria estar pronto para esquiar diariamente. Mesmo se as estações abrissem de novo, uma nova explosão de covid poderia fechá-las muito rápido. Somado a isso, meu recorde de dias na neve durante uma temporada de esqui era 43 e queria desesperadamente bater esse recorde em, pelo menos, uma semana. Meu objetivo mínimo aceitável para a temporada eram cinquenta dias na neve.

Infelizmente, seria difícil conseguir cinquenta dias na neve. Aquela luta contra a doença de Lyme roubou as minhas habilidades de recuperação. Desde que fiquei doente, quando consigo esquiar muito em um dia, geralmente preciso do dia seguinte inteiro para me recuperar. Ocasionalmente consigo esquiar dois dias seguidos, mas minha performance diminui consideravelmente na segunda tarde. Três dias seguidos é uma façanha que eu não tentava há vinte anos. Na verdade, para acumular os 43 dias da minha temporada recorde, comecei a esquiar no início de dezembro e parei no fim de maio. Para a temporada que eu queria, teria que estar pronto para esquiar muito todos os dias por cinquenta dias.

"Você já pensou em orar?", perguntou a voz da minha cabeça.

Eu não fazia ideia do que seria necessário para alcançar esse nível milagroso de condicionamento, mas sabia que se eu continuasse com minha rotina de exercícios e levantamento de peso ou yoga três dias na semana; se continuasse com as subidas com colete de peso até que o peso atingisse 13 kg e as subidas durassem 90 minutos; se conseguisse manter essa rotina de exercícios e essas subidas de 90 minutos com 13 kg por 5 dias ininterruptos, então eu estaria perto.

Hora de chegar perto. Estabeleci minhas regras, defini meus objetivos, coloquei um peso de 4 kg na minha mochila e saí de casa. Acontece que uma subida de 30 minutos com um peso de 4 kg foi fácil. O difícil foi me controlar. Cheguei aos trinta minutos e pensei: *Isso não foi nada, vamos continuar.*

Normalmente, eu me entrego a essa voz. De fato, sempre me entrego a essa voz. Mas minha regra era ser lento, constante e seguro — então, nada de decisões rápidas desta vez. Desta vez, não se tratava da minha constante necessidade de provar minha masculinidade para mim mesmo. Não, desta vez se tratava da minha constante necessidade de provar minha masculinidade para aqueles atletas da escola que me atormentaram durante a minha infância, que é a razão pela qual eu tenho a constante necessidade de prová-la mesmo sendo um adulto. Espere, não, desta vez se trata de…

Como eu disse: Que. Droga.

MONTANHAS PINE NUT, 7 DE ABRIL DE 2020

Hoje era para ter sido uma subida de 1 hora com um peso de 4 kg, mas minha mente estava tão ocupada vagueando que me perdi. No fim, subi por duas horas. Minhas pernas ficaram bem depois.

Viu, voz da minha cabeça? Milagres acontecem.

MONTANHAS PINE NUT, 10 DE ABRIL DE 2020

Seis quilos por cinquenta minutos e minhas pernas estavam inteiras — mas os pesos soltos na minha mochila têm atrapalhado meu equilíbrio. Mais cedo ou mais tarde, torceria um tornozelo. Era hora de aprimorar minha tecnologia.

Então, tive sorte. Eu estava pesquisando no Google quando encontrei o Aduro Sport.[3] Diferente do colete padrão de peso, que cobre todo o tronco, o Aduro Sport apenas cobre um pouco da metade de cima do peito e das costas. Muitos coletes de peso são geringonças volumosas que servem para segurar tijolos de metal, dos quais você pode adicionar ou retirar para aumentar ou reduzir o peso. O Aduro é extremamente discreto — apenas tiras de Neoprene cheias de ferro.

Não é possível adicionar mais peso. Se eu quisesse aumentar ou reduzir o peso, teria que comprar outro colete. Entretanto, segurar o peso na parte superior das minhas costas protegeria a parte inferior delas, ou assim eu esperava.

Comecei com o colete de 9 kg. Nada mal. Bem confortável, e minhas costas concordaram. Melhor ainda, devido ao colete ficar na parte superior do meu tronco, toda vez que eu dava um passo, tinha que usar todos os meus músculos centrais para estabilizar o peso. Era como se estivesse fazendo levantamentos de perna, abdominais e microagachamentos com pesos de uma só vez — um protocolo de empilhamento perfeito.

Eu ainda não sabia, mas, lá na frente da temporada, esse protocolo de empilhamento perfeito — e os músculos centrais que ele fortaleceu — salvaria a minha vida em várias ocasiões.

MONTANHAS PINE NUT, 25 DE ABRIL DE 2020

Meu caso de amor com os coletes de peso continuou, mas minha taxa de progresso não. Com um colete de 9 kg, uma subida de 20 minutos era tranquila. Trinta minutos era excelente. Mas quarenta minutos tornaram-se um tipo de limiar psicológico. Travei nele por mais de uma semana, sem nenhum progresso à vista. Hoje, estava ofegante o tempo todo. Em vez do modo de vagueação, minha mente estava no modo ridículo.

Não, pode esquecer, não darei ouvidos...

NORTE DE NEVADA, 27 DE ABRIL DE 2020

Lynsey Dyer[4] ligou — foi por acaso.

Uma das melhores esquiadoras de grandes montanhas da história, Lynsey, era integrante do meu grupo de desempenho cerebral máximo. Em sua maioria, os integrantes eram mulheres e atletas profissionais.

Prefiro ter mulheres a homens no meu grupo de desempenho cerebral máximo porque elas geralmente são melhores[5] em detectar os sinais emocionais sutis do corpo, ou o que é tecnicamente chamado "interocepção". Tal habilidade significa maior autoconsciência e regulação emocional, crucial para o desempenho máximo. Além disso, as mulheres não surtam quando você as pergunta sobre suas emoções.

Pergunte a um atleta como ele lidou com o medo ao esquiar uma pista grande, e ele negará a emoção ou dará uma resposta masculinizada. As mulheres conseguem separar essas experiências. Pergunte a Lynsey como ela pulou o Fat Bastard — um penhasco de 22m em Jackson Hole, Wyoming, uma façanha considerada impossível para uma mulher realizar até que ela provou o contrário — e ela falará sobre sua preparação física, mental *e* emocional. Ela detalhará o programa de condicionamento realizado fora da temporada que fortaleceu suas pernas o suficiente para que conseguisse aguentar o impacto do salto, o programa de visualização realizado fora da temporada que deixou seu cérebro pronto para a grande invasão de medo que a acompanharia quando visse o penhasco, e o programa de fortalecimento emocional realizado fora da temporada, que a permitiu vencer aquele medo e se comprometer completamente com a pista.

Eu contei para Lyndsey que considerava aprender *park skiing*. "Tenho uma teoria para fazer isso de forma segura", falei, como se isso explicasse. Lynsey tinha dúvidas. Expus minhas ideias, começando pelo fato fundamental: o *sliding spin* que fiz na Oops.

Como um *sliding spin* envolve nada mais do que girar 360° com seus esquis na neve, é uma manobra relativamente segura. Não exige tempo no ar. De fato, uma vez aprendido a manter os esquis perfeitamente retos — para evitar bater numa borda —, é difícil errar a manobra. Os esquiadores param de fazê-la por causa do fator "maneiro" ou, melhor dizendo, pela falta dele. *Sliding spins* são muito fáceis para serem *steazy*.

No entanto, o giro, mesmo na neve, é uma sensação incomum — nova, imprevisível e levemente arriscada. Todas essas experiências liberam dopamina no cérebro. A dopamina aumenta[6] o foco, o reconhecimento de padrões, a resposta muscular de contração rápida e nos prepara para o estado de fluxo. Por quê? Porque elas são habilidades que nos ajudam a sobreviver em situações novas, imprevisíveis e arriscadas.

Assim, apesar de a maioria dos esquiadores parar de fazer o *sliding spin* na adolescência, a dopamina é a razão pela qual eu nunca parei. Sempre fiz um giro algumas vezes no início de qualquer sessão de esqui para me preparar para a ação. Também foi por isso que, quando vi aquele travesseiro de neve na Oops, meu cérebro sugeriu o *sliding spin*. A ideia não foi tão maluca assim; meu cérebro simplesmente viu um novo lugar para fazer uma manobra antiga.

Contei isso para Lynsey, e logo em seguida, meu plano.

O *sliding spin* é a minha base: um padrão de movimento estabelecido que posso executar com pouco medo e grande chance de sucesso. Se eu construir sobre essa base aos poucos, nunca tentando mais do que uma melhoria microscópica em um padrão motor existente, e então praticar esse novo padrão até que ele esteja condicionado de forma que eu possa executá-lo com zero interferência da consciência, o resultado será um progresso seguro e gradual.[7]

"É como invadir um país estrangeiro", falei. "Entretanto, em vez de entrar pela porta principal do castelo, entrarei sutilmente pela porta dos fundos, um centímetro de cada vez."

"Essa é a sua teoria?", perguntou ela.

Não é apenas a minha teoria, expliquei. É o que a ciência do movimento diz há alguns anos. Nós não vemos isso sendo usado com frequência porque a escada de progresso é muito lenta para a maioria dos técnicos. Esse sistema é projetado para transformar atletas ruins em atletas bons. Nos dias atuais, a maioria dos técnicos não tem esse tempo, por isso, tiram os atletas ruins do time.

Mas as limitações que fazem com que uma pessoa seja um "atleta ruim" são as mesmas que fazem com que alguém seja um "atleta mais velho". Tanto os atletas ruins quanto os mais velhos têm os mesmos problemas: menos força, tempos de reação limitados e dificuldade de integrar novos padrões motores. Como resultado, atletas ruins e mais velhos também têm menos apetite para o risco e mais medo ao se arriscarem. Frente ao desafio físico, todos esses fatores impulsionam a produção de hormônios de estresse, como noradrenalina e cortisol. Infelizmente, esses hormônios[8] impedem o aprendizado, bloqueiam o desempenho e tornam a entrada no estado de fluxo quase impossível — é por isso que a maioria dos atletas de esportes radicais, quando atinge a meia idade, desiste do progresso e começa a jogar golfe.

"Qual é o primeiro passo?", perguntou Lynsey. "Se o *sliding spin* é a sua base, quais manobras você aprenderá primeiro?"

Eu também tinha essa resposta. Henrick Harlaut[9] deu-a para mim.

Um dos melhores esquiadores *freestyle* da história, Henrick Harlaut ajudou a criar uma manobra conhecida como "*nose butter*". Para executá-la, à medida que se aproxima de um salto, você se inclina sobre as pontas dianteiras dos esquis, pressionando-as contra a neve. Enquanto você está no ar, depois de saltar, as pontas dianteiras dos esquis ficam em linha reta, e a força adicional do recuo impulsiona o esquiador ainda mais longe no ar. A manobra é chamada "*nose butter*" porque as pontas dianteiras[i] dos esquis realizam o mesmo movimento de pressionar e espalhar usado ao passarmos manteiga[ii] no pão.

Quando assisti aos vídeos em que Harlaut executava o *nose butter* 360°, meu corpo reconheceu o movimento, e eu reconheci o reconhecimento. Mas de onde veio esse reconhecimento?

Quase nenhuma outra manobra que aqueles atletas SLVSH executavam fazia algum sentido. Um *cork* 1080° com um *octo grab* — ou seja, três giros laterais enquanto você segura a ponta traseira do seu esqui direito com a mão direita e a ponta dianteira do esqui esquerdo com a mão esquerda — em qual universo isso é possível?

Mas ver Harlaut executar um *nose butter* parecia diferente. Parecia familiar. E foi essa familiaridade que chamou minha atenção.

Depois de rever o vídeo em câmera lenta, descobri o porquê. A primeira parte de qualquer *nose butter* de Harlaut era um *sliding spin*. Harlaut fazia um *sliding spin* 180°, se inclinava sobre as pontas dianteiras dos esquis, então se lançava no salto e continuava a girar. Mas eu já sabia executar um *sliding spin* 180°. Aquele movimento estava desbloqueado. Então, precisaria treinar a inclinação sobre as pontas dianteiras dos meus esquis durante um giro — esse era o meu próximo pequeno passo. Minha invasão de um centímetro no mundo do *park skiing*.

"*Nose butter* 360°", informei. "É onde começarei."

NORTE DE NEVADA, 4 DE MAIO DE 2020

Lynsey fizera uma pergunta interessante — quais manobras eu queria aprender? Se fosse aprender *park skiing*, precisaria saber mais do que um *nose butter* 360°. Também precisaria aprender a esquiar para trás e dar meias-voltas, pois esses eram os pré-requisitos padrão para a manobra. Mas o que mais estava chamando a minha atenção?

Eu queria progredir apenas no *park skiing*? Depois de catorze anos no Novo México esquiando entre árvores apertadas, calhas íngremes, e outros desafios padrão de esqui, eu abandonaria minhas ambições em grandes montanhas? Sem chance.

No entanto, a minha decisão de esquiar em uma pista durante uma dada temporada era arriscada. Era como se eu decidisse executar um 360° durante uma dada temporada. Ou, aliás, como se decidisse

i *Noses*, em inglês. [N. da T.]
ii *Butter*, em inglês. [N. da T.]

estabelecer qualquer outro tipo de objetivo físico desafiador — isto é, historicamente problemático.

Só o ato de estabelecer objetivos de esqui já poderia arruinar a minha temporada.[10] Se estabelecesse o objetivo de esquiar uma pista, toda vez que visse a pista, lembraria do meu objetivo ainda não alcançado. O resultado seria medo. Ao longo da temporada, isso poderia mexer com a minha cabeça e bloquear o meu progresso. Entretanto, se me entregasse ao medo e abandonasse o objetivo, toda vez que olhasse para aquela pista, tudo que sentiria seria vergonha. Que. Droga. Você sabe como é.

Não havia outra escolha. Para o desempenho máximo, a definição de objetivos é crucial para o progresso. Os humanos são criaturas movidas por objetivos, por isso que a pesquisa feita pelos psicólogos Edwin Locke e Gary Lathan,[11] os padrinhos da teoria da fixação de objetivos, mostra que um objetivo apropriadamente definido pode impulsionar a motivação em 25%. Se eu fosse aprender a fazer algo tão difícil como o *park skiing*, precisaria dessa motivação extra. Além disso, quando lutamos contra o medo, os objetivos são a melhor arma para a luta.

Nossos medos e objetivos são os primeiros filtros do cérebro frente à realidade.[12] Como resultado, essas experiências geralmente são binárias. Se estou em uma pista com o objetivo de esquiar rápido, o meu cérebro filtra a realidade para alcançar esse objetivo, destacando especificamente lugares da montanha onde encontrarei a maior velocidade enquanto produz a experiência emocional conhecida como "curiosidade animada".

Além disso, já que os humanos também são criaturas direcionadas pela visão e movidas por objetivos, estamos condicionados a ir aonde olhamos. Quando olho para um lugar com curiosidade animada, meu cérebro conduz meu corpo em direção àquele lugar e executa um plano de ação motora de dois passos conhecido por todas as criancinhas como "Olha! Uma coisa brilhante! Devo colocar na minha boca para investigar mais."

Usar em nosso favor a natureza direcionada pela visão e movida por objetivos é outro segredo para executar a geometria rápida. Não conduzimos nosso corpo com os músculos; conduzimos com os olhos — que é a razão pela qual conseguimos conduzir nosso corpo em alta velocidade.

O oposto também é verdade. Se esquio uma pista com medo dela, meu cérebro filtra a realidade e foca em todas as coisas assustadoras que quero evitar — pedras, árvores, o *gnar* — e a ansiedade aumenta. Uma vez que somos criaturas direcionadas pela visão e movidas por objetivos, quando olhamos para aquilo que nos assusta, somos conduzidos diretamente para isso. Em um momento percebemos o *gnar* e sentimos um pouco de ansiedade, depois esquiamos o *gnar*, nos sentindo apavorados e nos perguntamos como as coisas pioraram tão rápido.

Bom, agora você sabe.

Isso significava que, para a minha incursão em direção ao Território *Gnar*, precisaria estabelecer sérios objetivos de esqui para gerar a motivação necessária para alcançá-los. Ao mesmo tempo, todos esses objetivos teriam que ser construídos aos poucos sobre planos motores preexistentes — lento o suficiente para manter o medo longe.

Eu precisaria escolher minhas pistas com cuidado. Não poderia me exceder. No entanto, havia grandes zonas em Kirkwood que ainda não havia explorado: o Palisades, o West Shore, Devil's Corral, Thunder Saddle, para citar alguns. Como não me exceder se não sabia para onde estava indo? Essa era a questão.

Além disso, havia pistas das quais eu queria me vingar. Pistas onde havia esquiado mal no ano anterior, mas que nunca consegui esquiar de novo porque a covid abreviou a minha temporada. Como manter o medo longe se a pista já acabou comigo? Essa era outra questão.

Finalmente, havia algumas pistas novas-velhas ou, essencialmente, todos os lugares onde já me excedi. Eram pistas que decidi tentar durante a temporada de 2020, mas minhas tentativas foram frustradas devido à minha propensão à vertigem ou a desistir por causa do medo. Como tentar de novo quando já havia me excedido e estava com medo da pista? Essa era mais uma questão.

Mais importante, eu não podia vacilar. Se parasse de trabalhar em busca dos meus objetivos e começasse a ter medo deles, arruinaria a temporada. O medo entraria em meu subconsciente, dominaria meu humor e faria com que fosse quase impossível entrar no estado de fluxo. Para combater isso, eu precisaria fazer um progresso real toda vez que fosse esquiar, o tipo de progresso que a voz em minha cabeça não poderia negar.

Fiz certo? Minha motivação melhoraria como nunca e minha curva de aprendizado subiria, e isso estava bom para mim. Poderia acontecer o estranho milagre de eu conseguir uma manobra de primeira. Mas se conseguisse manter o medo longe, poderia haver quedas, contratempos e lesões incômodas, e ainda assim eu terminaria a temporada como um esquiador bem melhor do que quando comecei.

Fiz errado? Se eu começasse a perder os objetivos e ter medo deles, então esse medo atrapalharia seriamente o meu desempenho — o que seria um jeito fácil de terminar minha temporada de esqui no abraço aconchegante de uma injeção de morfina.

Fiz minha lista de manobras[13] e de pistas. As manobras chamavam minha atenção esteticamente; as pistas eram todos os rancores que precisavam ser resolvidos. Ambos aumentariam a minha motivação e acelerariam o meu progresso.

É claro, o verdadeiro objetivo era aprender manobras do *park skiing*, levá-las para a montanha e transformar a montanha inteira em percurso estiloso.[14] Mas esse era um objetivo de longo prazo.

O objetivo de curto prazo era mais simples: eu queria uma pista *steazy*. Mais especificamente, como as pistas de *park skiing* são divididas em tamanhos — para crianças, pequena, média, grande e extragrande — meu objetivo para a temporada era tentar aprender manobras suficientes para executar uma manobra *steazy* em todos os recursos das três primeiras opções: para crianças, pequena e média.

Se eu conseguisse fazer isso, passaria de um iniciante absoluto para um intermediário de nível baixo em uma única temporada. Isso seria significativo. Eu seria um esquiador totalmente diferente.

Era pedir demais?

Comecei minha lista com onze palavras que colocam medo no coração de qualquer homem, ou, pelo menos, no coração deste quem vos fala: "Aprender toda manobra e esquiar em toda pista da lista abaixo."

Lista de manobras

Aprender esqui *switch*
(*"switch"* é o termo técnico para esquiar de costas)

180°

Snow slide 180° para frente e esquiar de costas

Nollie 180°

Ollie 180°

Nose butter 360°

360°

Daffy butter

Lazy boy hand drag 180° e/ou 360°

Deslizar na caixa de frente e de costas

Surface swap 360° em caixa *dancer*

Deslizar *em rail*

Shifty

Safety grab

Tail tap/tail drag

Nose tap/nose drag

Lista de pistas

Calha Ski School

Calha Cliff

Calha Main Finger

Calha Eeny

Calha Miny

Calha Moe

Upper Norm's Nose

Main Nostril

Calha Nostril lateral da esquerda

Calha Nostril lateral da direita

Notch (do topo)

Penhasco Oops

Palisades

Devil's Corral

A zona entre All the Way e Notch

A zona entre a Calha Pencil e All the Way

Calha Pencil

Lightning de penhascos (saltar o maldito penhasco)

Terminei minha lista. Respirei fundo. Li a minha lista. Enrolei um baseado. Fumei o baseado. Respirei fundo novamente. Reli a lista. Enrolei outro baseado. Fumei o outro baseado. Respirei fundo novamente…

"Ei, fracote", disse a voz da minha cabeça. "Você consegue."

MONTANHAS PINE NUT, 20 DE MAIO DE 2020

Ryan e eu montamos uma oficina perto da velha mina de ouro nas Montanhas Pine Nut. Era a nossa primeira tentativa de esquiar na terra.

Uma pilha de rejeitos de 6m se tornou nosso tobogã. Tiramos as pedras, varremos a sujeira e colocamos caixas de papelão grossas sobre o declive. Colocamos grama sintética sobre essas caixas e usamos estacas de metal para prender tudo ao chão.

A pilha de rejeitos desembocava em um platô arenoso, que foi onde construímos a plataforma de onde pularíamos. Ela tinha 60 cm de altura, era feita de terra, coberta com papelão e revestida de plástico. Finalmente, colocamos o cano de PVC a 30 cm da plataforma, prendendo-o ao chão com mais estacas de metal.

Depois disso, analisamos os resultados. Havia uma única linha de grama sintética verde passando pelo deserto. Parecia que alguém tinha construído um miniburaco de golfe solitário no lugar mais aleatório da Terra. Não parecia esquiável.

"Ghetto", disse Ryan.

"Ghetto", concordei.

Depois de subir o monte, colocamos nossos esquis e olhamos da borda da rampa.

"Ghetto Um para o Controle da Missão", disse Ryan. "Nós temos um problema."

A pilha de rejeitos que escolhemos como tobogã era muito mais íngreme do que imaginávamos. Do topo, nossos esquis se projetavam para fora do penhasco. Para que isso funcionasse, teríamos que saltar, aterrissar perfeitamente retos na grama sintética e diretamente entre as estacas de metal, e então não mover um músculo conforme descíamos em *linha reta* pelo tobogã e partir para o salto.

A “linha reta” foi um problema.

Como mencionado, quando os esquiadores vão em “linha reta”, eles literalmente esquiam em uma pista reta. Há calhas retas entre enormes paredões de pedras, onde a descida se estreita ao ponto de ser impossível se virar. Tobogãs para saltos também podem exigir uma linha reta. Às vezes você precisa da velocidade extra que vem com a linha reta para evitar um buraco; às vezes você precisa da velocidade extra para ter mais tempo no ar e executar uma manobra audaciosa; às vezes — como essa vez — não havia outra escolha.

Poucos metros à direita do nosso tobogã havia um penhasco. Como você não consegue virar em grama sintética, se nos apavorássemos e tentássemos desacelerar durante a descida — que geralmente é como o corpo responde ao sentimento de aceleração rápida —, cairíamos daquele penhasco.

Ryan era a nossa cobaia. Ele é um atleta talentoso e, mesmo que afirme sentir medo, seu semblante raramente demonstra isso. Quando sinto medo, eu tremo como uma marionete. Quando ele fica com medo, fica parado.

Ryan ficou parado por um minuto, ajustou a alça do queixo, abaixou os óculos, acenou uma vez com a cabeça e saltou. Ele arrasou, como todos os atletas talentosos. Esquiou declive abaixo e deslizou para cima do papelão, suave como uma seda. Não tentou deslizar no *rail*, apenas testou a rampa e sentiu a descida.

Agora era a minha vez. Eu fiquei parado no topo pensando: *Você não pode gastar duzentos dólares na Home Depot, passar duas horas cavando debaixo de sol quente e nem testar essa porcaria, né? Há um código de conduta.*

A primeira descida foi boa, e com “boa” não quero dizer elegante. Ryan fez com que parecesse fácil, eu não. Mas a prática leva à perfeição, e eu estava disposto a fazer uma segunda tentativa.

Ryan liderou a segunda rodada. Dessa vez, esquiou rampa abaixo, alcançou o salto, pulou de lado sobre o *rail*, deslizou de lado sobre ele e saltou dele com um *switch* — isso significa que aterrissou de costas — antes de deslizar até parar no papelão.

“Incrível”, disse Ryan. “Funcionou mesmo.”

Eu parei no topo para minha segunda tentativa, pensando que, mais cedo ou mais tarde, precisaria deslizar sobre o *rail*, pensando na minha lista de manobras, de pistas e em meu compromisso com o progresso, só pensando — chega de pensar. Pulei, deslizei rampa abaixo, saltei sobre o *lip,*[iii] aterrissei de lado no *rail* e comecei uma tendência que continuaria pela maior parte do ano seguinte: eu caí, em alta velocidade, no chão duro.

"Proteção corporal", disse a voz da minha cabeça. "É por isso que você trouxe proteção corporal. Agora coloque-a."

Vesti a proteção, mas cair na terra ainda é cair na terra, e foi isso que fiz a tarde inteira. Doze tentativas, onze fracassos e um pouco de progresso: consegui, em uma tentativa, executar um 50–50[15] no *rail.* Em outras palavras, pulei sobre o *rail* com meus esquis paralelos, e então esquiei sobre ele. É chamado de 50–50 porque os *rails* são finos, e raramente os esquiadores conseguem colocar mais de 50% de qualquer esqui sobre o *rail.*

Embora executar um 50–50 no *rail* possa ser difícil, sob um ponto de vista mais amplo, como uma caixa, é bem direto — um fato que posso compartilhar com confiança porque executar um 50–50 sobre uma caixa era a única manobra de *park skiing* que eu sabia fazer.

E isso nos leva para: Uma Breve História da Carreira do Steven no *Park Skiing.*

Anteriormente, já havia esquiado em parques em apenas quatro ocasiões. A primeira vez foi em Whistler, em meados de 1990, e muito antes de qualquer pessoa descobrir como construir parques para esqui. Tudo que me lembro era um salto de um platô de 36m de altura que absolutamente ninguém conseguia fazer.

A segunda vez foi em Squaw Valley — que hoje é conhecida como Palisades Tahoe[iv] — e também foi nos anos 1990. Não me lembro se realmente esquiei no parque, entretanto — visto que a cultura de *snowboard,* naquela época, estava obcecada por *gangster rap* — eu me lembro de ver um *snowboarder* fazendo um *backflip*[v] em um salto gigante e uma arma cair do seu cós enquanto eu subia o teleférico. O *snowboarder* aterrissou no pé do monte. A arma aterrissou no topo — e quicou.

---

iii Última parte da rampa onde o ângulo muda e de onde o esquiador pula. [N. da T.]

iv No fim da temporada de 2021, Squaw Valley e uma estação próxima, Alpine Meadows, foram ligadas por uma gôndola e ganharam o nome de Palisades Tahoe. Como tudo neste livro aconteceu antes disso, e para evitar a confusão de ter um nome para dois lugares, eu mantive os nomes antigos. Além disso, Palisades Tahoe é um nome ruim. Parece uma subdivisão fechada no condado de Orange.

v Salto de costas. [N. da T.]

Minha próxima incursão no *park skiing* foi apenas depois de duas décadas. Passei esse meio-tempo tentando aperfeiçoar minhas habilidades na montanha e não me aventurei em nenhum outro parque até visitar a área de esqui de Red River no Novo México, no inverno horrível de 2017. Os níveis de neve estavam baixos, as montanhas estavam duras e não havia nada a fazer senão explorar o parque. Eu me lembro de uma tentativa miserável na pista grande, uma tentativa dolorosa na pista média e, então, na pista pequena, na minha quarta tentativa, consegui saltar bem em todos os seus três pequenos platôs.

Minha última visita a um parque de esqui foi na área de esqui de Santa Fé, onde construíram um dos piores parques possíveis. Saltos eram proibidos. Caixas — isto é, retângulos de madeira finos e longos revestidos de plástico escorregadio — eram permitidos. Dessa forma, em 2019, no último dia da minha última temporada no parque, consegui uma façanha que a maioria dos esquiadores de *park skiing* consegue antes dos13 anos: executei um 50–50 na minha primeira caixa.

E hoje, na glória enfraquecida de uma mina de ouro abandonada, no final da primavera de 2020, na tenra idade de 53 anos, consegui executar um 50–50 no meu primeiro *rail*. Usei um padrão motor já existente — minha habilidade de manter meus esquis juntos ao me mover em linha reta — e a transferi para um lugar novo: o *rail* de terra que construímos.

"Incrível", expressei depois. "Essa porcaria funciona mesmo."

"Ghetto Um para o Controle da Missão", respondeu Ryan. "Nós decolamos."

NORTE DE NEVADA, 1º DE JUNHO DE 2020

A covid fechou as academias em maio, mas elas reabriram em junho. Como estava em uma missão, decidi que valia a pena me arriscar em nome dos meus exercícios. Mas mudei de abordagem.

Minha agenda de exercícios antiga consistia em três vezes na semana, três séries de dez repetições, quinze séries no total, treino de ombros, costas, pernas, peitoral e abdômen de uma só vez. Minha nova agenda havia passado para quatro dias focados em treinos divididos por grupos musculares. Eu treinava os músculos centrais e as pernas em toda sessão, mas dividi costas e ombros em um dia, e peitoral e braços no dia seguinte, cinco séries de dez exercícios por parte do corpo.

Além disso, eu queria dados concretos, por isso, peguei algumas métricas básicas. Peso: 65 kg. Tensão muscular máxima: 90 kg, cinco repetições. Tensão muscular máxima de perna: 158 kg, dez repetições. Escrevi tudo em um caderno. Esses números eram muito grandes?

Para a temporada de esqui que havia planejado, não eram grandes o suficiente.

MONTANHAS PINE NUT, 5 DE JUNHO DE 2020

Meu objetivo era uma subida de 90 minutos com o colete de peso de 4 kg. A voz da minha cabeça tinha muito a dizer sobre isso. Nos primeiros 10 minutos da subida, recebi o relatório detalhado: "Suas costas doem, suas pernas doem, seu abdômen está cansado, está muito quente, está muito cedo e você se lembra de como os atletas da escola socavam seu braço durante a aula de matemática — seu covarde, você ficou sentado e aceitou."

E repetia.

No entanto, uma vez que superamos a estética, envelhecer tem os seus benefícios. Ao longo do tempo, nós acumulamos décadas de prática em ignorar a voz da nossa cabeça.

Eu terminei a subida: 4 kg, 90 minutos, tranquilo. Então repeti essa façanha todos os dias por uma semana para ter certeza de que ela se consolidaria.

NORTE DE NEVADA, 9 DE JUNHO DE 2020

Recebi a mensagem de um antigo amigo que vivia perto de Squaw Valley. Isso desencadeou muitas memórias, mais conhecidas como Histórico do Steven em Cidades de Esqui.

Nos anos 1990, logo depois da faculdade, me mudei para Aspen, Colorado. Eu não sabia muito sobre Aspen, e me mudei para lá por apenas uma razão: havia uma livraria excepcionalmente bem abastecida na cidade.

Naquela época, eu tinha dois desejos: terminar meu primeiro romance e esquiar melhor. O romance exigia pesquisa, e isso foi antes da internet, quando muitas das cidades de esqui eram lugares no meio do nada sem bibliotecas decentes. Mas aquela livraria em Aspen era enorme, e havia uma cafeteria ao lado. Pensei em usar a livraria como um lugar para pesquisa, a cafeteria como um lugar para escrever e a montanha como um lugar para esquiar — então tudo estaria certo no meu mundo.

Nada estava certo no meu mundo. Aspen era uma cidade cheia de jovens com estilo de vida alternativo sustentados por pais ricos, e que tinham problemas com cocaína; jovens atrizes de Hollywood que aspiravam ser grandes estrelas e que tinham problemas com cocaína; corretores irritados da bolsa de Nova York que tinham problemas com cocaína; você entendeu a situação e, sim, a situação envolvia problemas com cocaína. Na minha busca por uma boa livraria, eu havia ignorado o fato de que Aspen era, bem, Aspen — que é a razão pela qual me mudei para São Francisco depois de apenas uma temporada.

Minha próxima tentativa de viver em uma cidade de esqui foi alguns anos depois. Eu ainda morava em São Francisco, mas finalmente havia ganhado dinheiro suficiente para ter uma caminhonete velha com tração nas quatro rodas. Será que a caminhonete teria energia o suficiente para uma viagem de quatro horas para Squaw Valley, aquela lendária meca de esqui com cachorro-quente? Eu descobriria.

Conseguir pagar as passagens de teleférico era o meu próximo problema, mas a sorte sorriu para mim. Descobri como consegui-las de graça, bem como os equipamentos de esqui. E isso nos leva à revista *Freeze*.[16]

Até o início dos anos 1990, a mídia de esqui era dominada por veículos robustos como *Ski* e *Skiing*. Essas revistas serviam a uma função específica: atrair o orçamento de férias dos ricos da costa leste para as caixas registradoras das cidades de esqui do oeste. Em sua maioria, elas continham artigos como: "As Cinco Melhores Descidas Intermediárias em Vail" ou "Os Cinco Melhores Lugares Para Comer Pizza em Park City". Também havia a revista *Powder*, mas eu era um roqueiro punk cheio de ira e a *vibe* hippie não combinava comigo. E eu não estava sozinho — um fato que parcialmente explica a revista *Freeze*.

Só que nada explica a revista *Freeze*, embora ela possa precisar de um pouco de explicação.

Antes de 1984, as revistas de esqui não foram as únicas prejudicadas pela cultura. A mídia pertencia a três grandes canais, meia dúzia de jornais e uma variedade bem limpinha de duas dúzias de revistas. A TV a cabo, exceto em poucos grandes mercados, não existia. Se você fosse um esquisitão preso em Tulsa, Oklahoma, Fargo, Dakota do Norte, Cleveland ou Ohio — bem, as revistas independentes de punk rock[17] que começaram a surgir no final dos anos 1970 e início dos anos 1980 eram a sua única salvação para saber sobre o mundo exterior e manter a sanidade.

Tudo isso mudou no início dos anos 1980, quando quatro tendências não relacionadas entre si colidiram. Primeiro, o punk se espalhou. Quando o termo surgiu pela primeira vez no final dos anos 1970, era um guarda-chuva depreciativo para uma variedade de estilos musicais. É claro, havia bandas "punk" tradicionais como os *Ramones*, mas naqueles primeiros anos, *Blondie* — ou o que hoje pode ser considerado como *disco* sueco — era considerada uma banda punk, assim como a *Talking Heads*. A *Television* geralmente é considerada a primeira banda punk, mas que hoje parece a *Allman Brothers* de mau humor. Ainda assim, apesar dessa diversidade sônica, a população *mainstream* odiava[18] o punk como uma categoria — assim ninguém comprava álbuns dessas bandas.

Então alguns executivos de gravadoras tiveram uma brilhante ideia: renomear o tipo de punk mais suave[19] e artístico como "*new wave*". Talvez assim, pensaram, os jovens comprarão o produto.

Funcionou. O produto começou a decolar. *Flock of Seagulls*, *Culture Club*, *Wham*, *Billy Idol*, *Thompson Twins*, *The Smiths*, *The Cure*, *New Order* — todas essas bandas começaram a ganhar fãs e dinheiro. Só faltava uma maneira de fazer a grana preta da publicidade alcançar essa nova geração de consumidores da "*new wave*".

A tecnologia veio para ajudar. Em 1984, a Apple apresentou o *MacPublisher*, o primeiro programa de editoração eletrônica do mundo. Do dia para a noite, aquelas pessoas sortudas o suficiente para ter um computador podiam fazer gráficos coloridos, organizar texto em colunas e, o milagre dos milagres, verificar a ortografia. As primeiras pessoas que aproveitaram essa novidade foram as que já trabalhavam com isso — os punks que escreviam revistas independentes há anos.

Os punks tinham toda aquela experiência do "faça você mesmo", por isso, foram os primeiros a colonizar esse novo território. Dentro de cinco anos, se você fosse contracultural e tivesse acesso ao dinheiro, começar a sua própria revista era a melhor coisa a fazer. No início dos anos 1990, às vésperas do Nirvana, quando o mundo inteiro estava prestes a ter o cheiro de espírito de adolescente,[vi] em um esforço para alcançar esse mercado estranho da *new wave*, as corporações começaram a investir na publicidade nessas novas revistas. É por isso que, por um pequeno período que começou no início dos anos 1990

vi Trocadilho com a música *Smells Like Teen Spirit* do Nirvana. [N. da T.]

e terminou com o estouro da bolha das PontoCom no início dos anos 2000, os esquisitões do punk rock dominaram o mundo da mídia.

Finalmente, o movimento dos "esportes radicais", que na época era uma pequena subcultura dominada pelos roqueiros punk da classe trabalhadora, geralmente da Califórnia, chamou a atenção do *mainstream*. O X Games e os Gravity Games começaram. Pela primeira vez, esquiadores que *não eram* competidores poderiam ser pagos para esquiar. Tudo que era exigido era uma disposição para subir grandes penhascos em zonas de quedas mortais para serem filmados. Mais uma vez, os punks, que não tinham nada a perder, e outros poucos interessados, foram os primeiros a se aventurar.

Foi a confluência de todas essas tendências que deu origem à *Freeze*, a primeira revista de esqui extremo do mundo e a primeira revista a me dar um título no corpo editorial — correspondente de Squaw Valley.

Squaw era o centro desse novo universo. O terreno era feroz e fotogênico. Os esquiadores eram ferozes e fotogênicos. "Squallywood"[20] não era para todo mundo, mas era o lar para um certo tipo do "faça você mesmo" criativo com inclinações para o punk rock e uma personalidade viciada em adrenalina.

No centro do fascínio de Squaw havia o KT-22,[21] também conhecido como "a nave-mãe", ou como o teleférico mais famoso no esqui. Pistas enormes partem para todos os lugares a partir do topo. Penhascos gigantes se assentam diretamente abaixo do teleférico. Em um dia bom, um esquiador consegue dar 25 voltas no KT, um nível de prática no terreno de especialista que não é alcançável em muitos lugares, e explica a razão pela qual Squaw Valley produz esquiadores especialistas de maneira consistente.

A Calha 75 é a descida mais famosa no KT-22. Classificada como a "Quinta Descida Mais Íngreme de Tahoe" pelo *The Liftie Report*, ela exige um pulo gigante em um declive de 45° que se afunila em uma trilha estreita antes de se tornar uma das descidas mais longas e turbulentas do esqui. Embora eu houvesse me mudado de Squaw em 1997, tentava voltar todos os anos, no fim de maio, para poder passar meu aniversário esquiando em solavancos de neve lamacenta na Calha 75.

Na verdade, a temporada de 2020, interrompida pela covid, foi o primeiro ano em que deixei de ir ao KT em muito tempo. Foi por isso que, enquanto estava sentado na minha mesa, ansiando para que as estações de esqui reabrissem, a mensagem do meu amigo chamou minha atenção. Ele queria falar comigo sobre uma missão secreta. Ele subia o lado de trás do KT, entrava sorrateiramente em Squaw Valley e esquiava a Calha 75 — a qual, sim, ainda tinha neve em junho — e perguntou se eu queria acompanhá-lo nessa aventura clandestina.

Eu estava desesperado para esquiar, mas a ideia de subir a parte de trás do KT me assustou. Não queria chegar ao topo e estar muito cansado para esquiar de novo. Mas se meus exercícios com colete de peso estivessem funcionando mesmo — isso não serviria como o teste perfeito do meu condicionamento?

Além disso, se eu não estivesse resistente o suficiente para subir o KT, então não estaria resistente o suficiente para aprender *park skiing* e nem para provar meu valor a todas aquelas pessoas que duvidaram de mim…

"Estou dentro", respondi. "Levarei meus cachorros para nos dar apoio moral."

NORTE DE NEVADA, 10 DE JUNHO DE 2020

Era fim de tarde quando começamos a nossa subida. Dois cachorros, dois caras e uma longa escalada para o topo. Na verdade, não era assim tão longa. Havia algumas seções íngremes no início, mas as subidas com colete de peso me acostumaram com a queima ácida que vinha com a subida. Uma vez que meu cérebro percebeu que meu corpo estava forte o suficiente para aguentar o tranco, minha mente se tranquilizou e pude observar a paisagem.

Picos escarpados cobertos de neve e pinheiros antigos — isto é, majestosos, em todas as direções.

Então, fizemos uma curva e meu amigo — que permanecerá anônimo pois o que está prestes a acontecer é tecnicamente ilegal — sugeriu um atalho. Se subíssemos algumas dezenas de metros de pedregulhos, saltaríamos a nossa subida em 40 minutos. Os pedregulhos não eram tão íngremes, mas estavam seriamente expostos, e isso me preocupou. Espaços vazios em qualquer direção, principalmente em território desconhecido, era uma receita para a vertigem.

Não durou muito tempo.

Eu estava na metade do primeiro pedregulho quando minha visão ficou turva e o mundo começou a girar. Aqueles pinheiros antigos viraram dervixes rodopiantes. Senti minha pulsação acelerar. Comecei a perder controle muscular. Fiquei parado, tentando recuperar meu fôlego e acalmar os nervos. Quando isso não funcionou, comecei a suar.

"Merda!", gritei.

"Você consegue", gritou meu amigo de volta.

"Maricas", disse a voz da minha cabeça.

"Essa palavra é ofensiva para algumas pessoas", respondi.

"Que palavra?", perguntou meu amigo.

Em resumo: a vertigem passou, o atalho economizou nosso tempo, e nós chegamos ao cume em cerca de 90 minutos. Mas o cume não era o objetivo. Eu não estava treinando para chegar ao cume. Estava treinando para subir a montanha rápido, esquiar mais rápido ainda e me sentir forte ao longo do caminho.

Ao chegarmos ao cume, caminhávamos em direção ao topo da Calha 75 quando descobrimos que a neve da entrada da calha havia derretido. Em vez de esquiar sobre a rocha pura para chegar ao terreno esquiável, saímos da entrada principal e fomos até a "Primeira Alternativa" — ou seja, a primeira alternativa de entrada da Calha 75 se a entrada principal estivesse bloqueada. Como a Primeira Alternativa fica na sombra, ainda havia neve no declive, de cima até embaixo.

Nós colocamos o equipamento. Meu amigo desceu primeiro. Normalmente, ele é um esquiador incrivelmente potente, mas conforme eu o assistia descer, mesmo que suas curvas fossem suaves, estavam muito mais lentas que o normal.

"Estranho", disse a voz da minha cabeça.

Antes de ter tempo para perguntar o que aquilo significava, meu amigo já havia esquiado dois terços do caminho e estava fora do alcance da minha voz.

Agora era a minha vez. Dei o impulso, esculpi a montanha e descobri o problema. O que parecia uma camada de neve lamacenta de 5 cm era, na verdade, uma camada de 20 cm. A minha vez desencadeou um rio de lama. Bolas de neve molhada e pedras de granito do tamanho de um punho rolavam montanha abaixo ao meu lado. Já tentou jogar queimada em uma piscina cheia de lama? Conforme os cachorros também me seguiam montanha abaixo — e chegavam perigosamente perto das lâminas presas aos meus pés —, entendi por que meu amigo tinha esquiado tão devagar.

Mas não esquiei mal e não fiquei muito cansado depois. Na verdade, ao sairmos da montanha, eu me sentia muito bem. Se chegasse ao

Monte Hood com esse condicionamento, com certeza estaria pronto para esquiar. E se eu também chegasse ao Monte Hood capaz de deslizar em *rails*?

Isso seria progresso de verdade.

MONTANHAS PINE NUT, 20 DE JUNHO DE 2020

Rails de Terra e a Mina de Ouro: Segunda Rodada, também conhecida como A Mina de Ouro Ataca Novamente.

Para melhorar o design do nosso terreno, escolhemos uma pilha mais suave de rejeitos. O menor ângulo do declive fez com que o tobogã para o nosso salto fosse bem menos assustador. Também encontramos uma forma de fixar a grama sintética ao chão que não envolvia colocar estacas de metal diretamente no nosso percurso de voo. Isso tornou a decolagem bem menos perigosa.

Minha primeira tentativa terminou com a minha próxima queda. O chão parecia ainda mais duro do que antes. Então, na minha segunda tentativa, um milagre aconteceu: deslizei o meu primeiro *rail*. Foi feio e vacilante. Mas havia conseguido fazer uma coisa que não consegui no fim da última temporada, e que era meu objetivo inicial.

Agora, tudo o que eu precisava fazer era aperfeiçoar a manobra.

Não tão rápido. Caí duas vezes seguidas. Na minha quinta tentativa, tentei girar na minha direção não natural;[22] ou seja, na direção que meu corpo geralmente não quer girar. Isso também não funcionou — a não ser que, é claro, meu objetivo fosse cair sobre pedras e sangrar.

Houve mais sangramento nas minhas duas tentativas seguintes, ambas na minha direção não natural. Voltei para a minha direção natural para mais duas tentativas. O resultado: mais sangramento. Então, na tentativa número onze, fiz o que estudiosos do esqui chamam de "*backslide* negligente", isto é, enquanto mantive o esqui de trás sobre o *rail*, levantei o da frente — o que seria muito *steazy* se eu aprendesse a fazer isso de propósito.

Mas hoje não.

Hoje, meu *backslide* negligente e meu *rail* vacilante foram o mais próximo que consegui chegar da vitória. Ryan teve sucesso em toda manobra que tentou fazer. Eu obtive sucesso no chão, de novo e de novo.

Tudo estava ferido, principalmente meu orgulho.

MONTE HOOD, 3 DE JULHO DE 2020

Ryan e eu fomos para Monte Hood em carros separados para seguir os protocolos da covid. Chegamos a tempo em Bend, e depois pegamos engarrafamentos por todo o resto do caminho. A viagem deveria durar nove horas, mas durou treze.

Na chegada, fizemos o check-in no acampamento de esqui. Logo percebi meu erro. Eu sou introvertido. Estranhos me deixam desconfortável. Multidões de estranhos me deixam extremamente desconfortável.

O acampamento estava lotado. Fiquei nervoso. Eu conseguia lidar com a ansiedade nos primeiros dias, enquanto Ryan estava lá como um apoio moral, mas ele voltaria a trabalhar na terça-feira, e eu ficaria até sábado. Quando Ryan partisse, seria apenas eu e estranhos.

Direi apenas que a reunião de boas-vindas ao acampamento não fez com que eu me sentisse bem-vindo, mas esquisito e sozinho, como as multidões sempre me fazem sentir. O acampamento era uma atmosfera muito social para uma pessoa introvertida como eu.

Ainda assim, havia neve nas montanhas e eu não tirava férias há nove anos...

MONTE HOOD, 4 DE JULHO DE 2020

Fomos para a montanha cedo e encontramos uma natureza de cair o queixo em todas as direções. Monte Hood é um vulcão ainda ativo em formato de cone com um cume ladeado por penhascos, parecido com os portões de Mordor, e possui uma geleira extensa abaixo. O nome do monte vem do cume, que costuma estar coberto de neve.[vii]

Ver o Monte Hood novamente fez com que eu viajasse no tempo instantaneamente. Na última vez que esquiei aqui, eu tinha 26 ou 27 anos, ou uma daquelas idades impossíveis que pareciam muito velhas na época, mas que parecem muito jovens quando olho para trás. Eu estava com o esquiador Glen Plake, com seu moicano imponente, sua gargalhada colossal e suas habilidades incríveis. No documentário icônico de esqui *Blizzard of Ahhhs,*[23] a descida de Plake em um corredor robusto de Chamonix — uma linha reta de 12m em um declive de 50° em direção a um penhasco de 12m que exigia uma curva para a esquerda no ar para evitar se estatelar na pedra e uma precisão per-

vii *Hooded with snow*, em inglês. [N. da T.]

feita, conforme uma fenda absurda se estendia na parte inferior da descida — mudou a história.

Plake arrasou na pista, não cometeu nenhum erro, deu cambalhotas com o impacto e terminou dando um *back handspring* [viii] acidental sobre a fenda — e essa é outra diferença entre turistas e locais. Os turistas veem essa história como um conto que adverte a não pular de penhascos. Os locais entendem essa saga como o início da era do *freeskiing*.[ix]

A questão sobre essa história é que há mais coisa para contar.

Antes de Plake fazer sua descida, Scott Schmidt havia tentado. Schmidt era um atleta descontraído, ex-competidor com grandes habilidades e uma calma anormal. Ele esquiou a pista, não cometeu nenhum erro e explodiu. Também saltou sobre a fenda. Foi uma façanha tão insana que a equipe de filmagem começou a guardar o equipamento para deixar o local. Mas então, Plake colocou seus esquis, deslizou sobre o corredor e pareceu pronto para fazer uma tentativa.

As câmeras foram ligadas novamente.

Plake escolheu uma pista mais turbulenta do que a de Schmidt no penhasco, adicionando mais 3m de tempo no ar. O que tinha de tão especial nisso? Plake superou Schmidt, o amplamente conhecido melhor esquiador "radical" do planeta. No entanto, ele não era um atleta.[24] Ele era um de nós: um punk zé-ninguém de Tahoe. De repente, o alto escalão do esqui não pertencia mais apenas aos esquiadores profissionais. Pertencia a qualquer um com as habilidades e atitudes necessárias para alcançá-lo. E sim, no cenário punk, isso acontecia muito.

De volta a 2020, Ryan e eu encontramos a fila do teleférico do Monte Hood cheia de criancinhas competidoras com muita atitude. Uma delas esquiou sobre a parte de trás dos meus esquis e bateu no meu traseiro. Quase fiquei com raiva, mas então lembrei que era igual a elas, uma "minipartícula" na montanha. Quando eu era uma minipartícula, aterrorizar adultos ajudou a me tornar o adulto que sou hoje.

É difícil ficar com raiva disso.

Fiquei com raiva do parque de esqui de Hood, que era do tamanho de um selo de cartas, todo apertado em um único canto da geleira. A

viii Movimento parecido com uma estrela, como os ginastas fazem. [N. da T.]

ix Estilo de esqui com manobras, saltos e características do terreno, como calhas, caixas, lanças e outros obstáculos. [N. da T.]

fila para o teleférico J-Bar estava longa. A descida era curta. E eu estava nervoso. Havia muitas pessoas assistindo, e no que eu pensava? Pulos em parques, com seus grandes *lips* e partidas cegas me faziam tremer. Deslizar sobre *rails*, principalmente depois de levar uma surra dos *rails* de cano de PVC, fez com que aquela tremedeira virasse um terremoto.

Minha luta com o nervosismo me prejudicou. Mal consegui executar um bom primeiro salto na pista para crianças e não consegui compensar a velocidade perdida, e esse foi meu primeiro passeio pelo parque.

Nós tentamos de novo, mas a segunda rodada não foi muito melhor. Depois da terceira, ficou claro que isso não estava funcionando. Sem contar a minha aventura na Calha 75, eu não esquiava há meses. Ryan se sentia da mesma forma. Eram experiências atípicas, e não do tipo bom.

Saímos do parque e fomos para o topo da geleira. Demos poucas voltas embaixo do teleférico para nos acostumar a esquiar com velocidade, e então fomos explorar o lugar. Caçávamos dopamina.[25] Depois dos declives onde os competidores treinam, descobrimos um *quarterpipe*[x] gigante que levava a uma pista de saliências esculpidas por máquinas usadas nos acampamentos de profissionais.

Essa era a solução que procurávamos.

Ryan é um míssil de caça aérea no esqui, ou seja, quando ele passou pelas saliências, encontrou cerca de cinco saltos bons. Nós passamos por todos eles com velocidade. No fim de nossa segunda rodada pelas saliências, comecei a sentir algo que não sentia desde que as estações fecharam. Eu estava esquiando. Ainda me encontrava entre os vivos. Era um milagre.

Depois de mais duas voltas, meus quadris estavam frouxos, minha postura estava baixa e meu movimento estava de volta. Eu me sentia enérgico. Ponha-me para jogar, Treinador, estou pronto para arrasar.

Ryan concordou.

Nós esquiamos em direção ao parque superior — uma variedade de recursos menores destinados a servir como aquecimento para o que virá. Talvez sete voltas no total: um pequeno *hip jump*[xi] à direita para uma descida numa parede de tamanho médio, para um salto de quase 2m em um platô, para duas caixas *dance floor* e um *rail* para iniciantes.

---

x Estrutura usada para fazer manobras com o formato de um quarto de um tubo. [N. da T.]

xi Rampa construída para os esquiadores e *snowboarders* pularem. [N. da T.]

Ryan esquiou em direção ao primeiro *hip*. Presumi que ele saltaria reto para ganhar velocidade nos recursos abaixo. Ryan tinha uma ideia diferente. Ele foi para o *hip* e virou para a esquerda, fazendo um elegante 270° e olhando para mim enquanto aterrissava. Eu conhecia aquele olhar. Ryan estava se perguntando se eu tentaria a manobra.

Era uma boa pergunta.

Eu nunca havia executado um 270° antes. Na verdade, mesmo desesperado para aprender a executar um 360° por trinta anos, eu nunca havia tentado um 270°, o amplamente conhecido primeiro passo para o progresso em direção ao 360°. Esse é o problema do medo — ele pode roubar décadas da sua vida se não prestar atenção.

Mas não dirigi por treze horas para ficar só assistindo. Além disso, não colocaria minha vergonha velha e suja[26] no meu plano novo e brilhante. Em vez disso, apenas fiz com o meu corpo o que Ryan havia feito com dele, e meu corpo fez um 270°. Foi o início de uma compreensão que moldaria minha temporada: se Ryan consegue fazer isso, eu também consigo, por isso, eu deveria fazer.

Essa ideia não se baseava em ousadia.

Ryan e eu somos esquiadores especialistas com tipos parecidos de corpo, estilos de esqui e preferências de terreno. Além disso, temos um passado cheio de lesões que nos deu um incentivo considerável para evitar hospitais no futuro.

Eu sou esguio e tenho uma queda por árvores estreitas — isto é, gosto de passar por pequenas aberturas entre objetos duros. Mas se eu saltar entre duas árvores e aterrissar entre outras duas, Ryan sabe — porque ele tem um tipo de corpo parecido, e seu corpo responde a variações do terreno da mesma forma que o meu — que consegue fazer isso também. E vice-versa.

Eu também criei três exceções para a minha nova regra, todas destinadas a me salvar de mim mesmo.

Primeira, se eu sentisse muito medo — se a emoção interferisse no meu desempenho —, daria um passo para trás e voltaria depois.

Segunda, prestar atenção aos níveis de exaustão. Uma vez que eu começasse a saltar abaixo do esperado e fizesse curvas fracas, mais uma vez, é hora de parar.

Terceira, Ryan é um ex-atleta patrocinado com experiência em *park skiing*. Apesar de sermos igualmente competentes na montanha, quando estamos no parque, ele consegue fazer coisas que não consigo

— como executar um 540° em um *kicker* extragrande — então, por enquanto, algumas coisas estavam fora dos limites.

Mas se Ryan fizesse um movimento que estivesse ao meu alcance, se tornava obrigatório. Essa foi a segunda compreensão que moldou minha temporada: sempre siga as regras.

Eu tinha objetivos. Tinha regras para alcançar esses objetivos. E a parte que fazia a maior diferença: eu trabalhava para o chefe.

Quem é o chefe? É a versão de mim mesmo que cria os objetivos e define as regras. Em alguns momentos, principalmente quando as coisas estão difíceis, a versão de mim que toma decisões geralmente escolhe o caminho mais fácil, a solução mais rápida. Mas o chefe prioriza meus interesses no longo prazo em relação aos meus prazeres no curto prazo. Aprender *park skiing* era meu interesse no longo prazo, logo, se Ryan consegue, eu consigo.

Ryan viu o meu 270° e reduziu a velocidade para oferecer um "toca aqui". Eu estava prestes a reduzir a velocidade também, mas vi o próximo recurso — a corrida na parede — e meu cérebro me deu uma sugestão diferente.

Para entender essa sugestão é necessária uma breve introdução.

James Jerome Gibson,[27] psicólogo do século XX, estudou a percepção visual durante toda a sua carreira. Ele descobriu que quando os animais olham para o mundo, não veem objetos, mas possibilidades (*affordances*), ou seja, o que o objeto oferece ao animal.

Se um sapo e um peixe olham para um nenúfar, o sapo vê um lugar para se sentar, o peixe vê um lugar para se esconder — essas "opções de interação com um objeto" são *affordances*. Ao trabalhar com geometria rápida, percebendo como uma característica particular do terreno lançará meu corpo em uma direção específica, estou fazendo um jogo de *affordances*. Mais importante, as *affordances* não são estáticas; elas se desenvolvem à medida que nos desenvolvemos, o que nos leva de volta para a corrida na parede.

Uma corrida na parede é exatamente o que parece: uma grande parede de plástico ressaltado da neve. Essa parede em particular tinha 3m de altura e 6m de comprimento. A opção fácil é pular da beirada da parede, e essencialmente usar o recurso como um *hip jump* um pouco mais vertical.

Esse foi o meu plano também, e era ambicioso, pois seria a primeira parede sobre a qual tentaria esquiar. Mas eu estava muito animado depois de executar o 270°. Mais importante, aquele *sliding spin* 360° na Oops havia alterado minhas *affordances*. Por isso, quando vi a parede, o meu cérebro reconheceu um padrão e, de repente, quis trabalhar com a geometria rápida. A parede parecia muito com a parede do *halfpipe* da Oops — o lugar onde eu havia tentado aquele *sliding spin* 360° — então por que não tentar evoluir?

O meu cérebro sugeriu um *sliding spin* 540° — esquiar de frente para a parede, girar 180° e esquiar de costas na parede, então executar outro giro de 360° no salto da volta. Mas as regras da geometria rápida nunca mudam: calcule, e depois execute.

Funcionou perfeitamente. Dei um giro de 180°, deslizei de costas sobre a parede, então girei 360° no salto da volta. Todos os movimentos eram conhecidos. Talvez tenha sido a coisa mais *steazy* que fiz sobre esquis. Mais importante, era uma prova de conceito. Adicionar um pequeno movimento novo em um plano de ação motor condicionado há muito tempo era a forma mais rápida e segura para evoluir.

Conforme eu saía da parede, Ryan comemorava. Parecia que um centímetro de cada vez poderia realmente me levar aonde eu queria ir.

MONTE HOOD, 5 DE JULHO DE 2020

Ontem, a combinação do meu terror inicial de *park skiing* e meu triunfo na corrida na parede esgotou todas as minhas forças. Quando voltei para o hotel, desliguei meu celular e apaguei na cama.

Hoje, acordei com uma dúzia de mensagens da minha esposa, cada uma mais apavorada do que a anterior. O maior incêndio da história de Nevada alcançou as Montanhas Pine Nut, a menos de 8 km da nossa casa nova. Meia-noite, quando eu estava em um sono profundo, minha esposa foi evacuada de lá. Dois dos nossos cachorros sumiram durante a evacuação. Imaginaram que eles estavam mortos e nossa casa nova, incendiada.

A última mensagem continha uma foto tirada durante a evacuação, da janela de um carro em alta velocidade. Ela mostrava o céu pegando fogo, uma cortina de chamas de 800m de comprimento e 30m de altura.

Eu fui até o carro e comecei a dirigir.

Capítulo 3

NORTE DE NEVADA, 13 DE JULHO DE 2020

A nossa casa nova não foi queimada. O incêndio estava na nossa rua quando uma mudança na direção do vento o mandou de volta para as montanhas. Ainda assim, o perigo não havia acabado, e o Corpo de Bombeiros não nos deixou voltar para o nosso bairro por alguns dias. Depois que a ordem de evacuação foi suspensa, nós encontramos os nossos cachorros perdidos, mas as chamas ainda não estavam controladas, por isso passamos a semana seguinte em alerta e sem conseguir dormir direito.

Enquanto estava sob prisão domiciliar imposta pelo incêndio, exercícios de alta intensidade eram a única maneira de permanecer são. Assim que voltou a ser seguro estar nas montanhas, vesti o meu colete de peso e fui até lá fazer um levantamento dos danos. Pude ver o caminho do incêndio conforme subia a montanha: enormes trechos de natureza selvagem intocada agora carbonizados e pretos.

A longa viagem de Monte Hood para casa, meu medo pelos meus cachorros, o terror do alerta de incêndio, aquelas noites longas sem dormir — tudo isso prejudicou meu progresso. Meus esforços no *park skiing* não estavam indo de acordo com o meu plano. Os *rails* de cano de PVC produziam mais dor do que progresso. O acampamento de esqui foi um fracasso, e minhas primeiras férias depois de nove anos foram interrompidas por um desastre natural.

Depois de ficar à beira do desespero por alguns dias, surpreendi a mim mesmo e decidi seguir uma direção diferente. Em vez de não fazer nada para mudar a situação, entrei na internet, encomendei um colete de peso de 13 kg no site da Aduro e decidi dobrar o meu treino.

Isso era garra? Resiliência? Ou era o início de uma obsessão doentia?[1] E, sério, qual é a diferença entre elas?

MONTANHAS PINE NUT, 18 DE JULHO DE 2020

A primeira subida com o colete de peso de 13 kg — trinta minutos em terreno fácil só para sentir como era o peso extra. E como senti.

Pesado. Pesado demais.

STATELINE, NEVADA, 25 DE JULHO DE 2020

Seu nome verdadeiro é Buck Brown[2], mas o chamam de "o Mago". Buck é um *boot fitter* [i] especialista, um rebelde, um artista, um inventor, um empreendedor e, tecnicamente, o dono do Olympic Boot Works, localizado no Olympic Valley, Califórnia e Stateline, Nevada.

Entender o ofício de Buck é entender a tortura de botas de esqui que machucam os pés. É um sofrimento que transforma adultos amadurecidos em crianças chorosas, rouba as habilidades mais básicas de esquiadores especialistas e continua a frustrar toda a indústria do esqui, pois esta continua incapaz de criar uma tecnologia que pega toda a força gerada pela perna e a transfere para o esqui, sem muita perda de energia ou o sentimento de ter um membro enfiado dentro de um moedor de carne.

Buck acredita na "primazia do calcanhar". Ele vai contra a correnteza. Há uma filosofia na podologia que diz que o arco do pé é a fonte da sua força. Quase todas as órteses, incluindo a maioria dos revestimentos personalizados para botas de esqui, surgiram dessa filosofia.

Não tão rápido, diz Buck Brown.

A filosofia dele começa com o calcanhar. Ele acredita que uma boa bota de esqui deve prender o calcanhar no lugar, o que aumentaria sua estabilidade natural, melhoraria seus padrões de movimento básicos e o alinharia com a cadeia cinética do corpo. Mas o que eu sei? Eu só perguntei por aí. Quem é o melhor *boot fitter* de Tahoe? Todo mundo disse a mesma coisa: procure o Mago.

Então, é claro, eu fui ver o Mago.

---

i Profissional que ajusta e personaliza botas de esqui para proporcionar mais conforto aos esquiadores. [N. da T.]

O Mago personalizou um par de revestimento de botas para mim, dois *power straps,*[ii] dois pares de botas de esqui Technica — o Mach 1 para o esqui alpino, o Zero G para o esqui *backcountry* — e três pares de meias.

Voltando para o meu carro no estacionamento, senti algo que não sentia desde que voltei de Monte Hood — esperança.

Precisava de novas botas de esqui há anos. Agora eu as tinha. Talvez eu sobreviva.

NORTE DE NEVADA, 8 DE AGOSTO DE 2020

A compra de botas de esqui fez com que eu me sentisse melhor. Fez com que a temporada de esqui parecesse estar um passo mais perto. Mais importante, fez agosto — o mês que menos gosto: quente, seco, sem neve, sem esperança, sem fim, e muito pior neste ano por causa dos incêndios que aconteceram nos estados do oeste — um pouco mais tolerável. Por isso, a partir de hoje e cerca de uma vez por semana pelos próximos três meses, eu me apoiaria na terapia das compras.

Primeiro, a Armada me vendeu uma jaqueta de esqui. Depois, a Armada me vendeu um par de calças pesadas de esqui. Finalmente, a Flylow me vendeu um par de calças leves de esqui. Então eu me lembrei que, no acampamento de esqui, os técnicos estavam aos delírios por causa do desempenho *freestyle* do novo CT 2.0, um esqui feito pela Faction Collective.

Eu não tinha um par de esquis *freestyle*, então comprei um.

É claro, eu precisava comprar um par de *bindings*[iii] Look Pivot 15 para combinar com os novos esquis. E bastões. O que acha de esquis *powder*?[iv] Eu tinha os meus Pescados, mas eles eram "superlargos", feitos para a British Columbia ou Japão, ou para aqueles dias que só acontecem em um ano, com 91 cm de neve fresca e leve. Funcionariam bem em 30 cm de neve mais dura? E na *chop*[v] e na *crud*?[vi] E na *Sierra cement*?[vii]

ii Faixa presa com velcro que fecha o esqui na altura da canela da perna. [N. da T.]

iii Estruturas que conectam a bota de esqui ao esqui. [N. da T.]

iv Esquis mais largos, para esquiar nas montanhas. [N. da T.]

v Neve já esquiada por outros esquiadores. [N. da T.]

vi Neve com bolas duras formadas pelo aquecimento do sol e pelo posterior resfriamento da noite. [N. da T.]

vii Neve que se misturou com água e se tornou gelo. [N. da T.]

Talvez um par de esquis Prodigy 4.0 da Faction? Eles são inteiramente pretos e combinam com a minha nova jaqueta da Armada. Além disso, os desenhos personalizados legais no esqui — o contorno sombrio de um cachorro. Quer dizer, é um Cachorro Fantasma — você entende o simbolismo, não é?

Voltaremos ao simbolismo. Por enquanto, vamos entender o cenário: o leste inteiro dos Estados Unidos estava incendiado, mais a covid, mais uma eleição presidencial caótica, mais a falta do esqui, mais o estresse do trabalho, mais outras coisas. Além disso, minhas tentativas de fumar toda a maconha de Nevada não estavam ajudando.

Talvez fosse a hora de uma bebida forte? Ou drogas mais fortes? Acontece que a terapia das compras[3] era exatamente o que eu precisava.

Aqueles Prodigy 4.0 — sim, *baby*, eles eram meus.

MONTANHAS PINE NUT, 13 DE AGOSTO DE 2020

Rails de cano de PVC na Mina de Ouro, Terceira Rodada, também conhecido como o Show de Ryan Wickes.

Na nossa terceira tentativa de deslizar sobre *rails*, caí feio no chão cerca de oito vezes seguidas. Ao longo desse tempo, me senti de várias formas: aborrecido, irritado, frustrado, furioso, deprimido, desanimado, e então, finalmente, com muita dor para me importar. Pouparei você da narração. Apenas falarei que a voz da minha cabeça tinha muito a dizer.

Enquanto isso, Ryan arrasou deslizando de frente dez vezes no *rail*, e então decidiu tentar de costas. Uma descida na rampa para praticar e se acostumar a esquiar de costas, uma deslizada de costas no *rail* feito de cano de PVC em uma mina de ouro abandonada debaixo do crepúsculo suave de uma tarde desvanecida de agosto.

Isso me lembra de outra diferença entre turistas e locais. Ryan é vinte anos mais novo do que eu. Ele era um atleta estrela no ensino médio, um *quarterback* estadual que decidiu não praticar esportes na faculdade, mas como um esquiador, nos anos seguintes, entrou no time de esqui *freestyle* Tomahawk Apparel. Os turistas acham que o intervalo entre conseguir esquiar em uma pista sinalizada com "apenas especialistas" e ser um especialista de verdade não é muito grande. Os locais sabem que é gigantesco. A realidade é que consegui um deslize de frente bem-sucedido no *rail* depois de 35 tentativas. Ryan conseguiu 40 vezes em 40 tentativas de frente, e então conseguiu uma vez de costas na segunda tentativa.

Tentei não pensar muito na nossa diferença de idade e talento. O que Nietzsche falou?[4] "Quando você olha muito tempo para o abismo, o abismo olha para você."

É, ele tinha razão.

NORTE DE NEVADA, 20 DE AGOSTO DE 2020

É claro que, para os Prodigy 4.0s, eu precisava de novos *bindings*. Look Pivot 15s, aí vou eu. Freios extralargos, por favor, para que eles se encaixem nos meus novos esquis largos.

É claro que, como moro no meio do nada, nós não recebemos nossa correspondência em casa. Em vez disso, temos uma caixa postal na agência dos correios. Normalmente, minha esposa vai até a cidade pegar nossa correspondência alguns dias durante a semana, quando volta do parque para cachorros. Hoje eu percebi que precisava começar a executar missões secretas de "interceptação de encomendas".

Ou isso, ou teria que explicar para ela por que tenho esvaziado nossa aposentadoria para financiar o meu vício em esqui.

NORTE DE NEVADA, 5 DE SETEMBRO DE 2020

Em setembro, a vida real começou a invadir a fantasia do esqui. Eu não esperava por isso.

Durante o tempo em que todo esse treinamento de esqui acontecia, também lançava um livro, editava um segundo, escrevia um terceiro, tentava conduzir minha empresa em meio à pandemia, tentava ser um bom marido, um bom pai de cachorro... a lista continua.

Historicamente, quando a vida real invade a fantasia do esqui, a vida real ganha. Dessa vez, decidi ser proativo.

Apesar de sempre acordar cedo, há uns dias decidi acordar mais cedo ainda. Em vez do meu horário usual de acordar às 4h, 3h se tornou o novo normal, com o ocasional horário das 2h se houvesse muita coisa acontecendo.

Comecei a testar esse cronograma hoje. Precisava reiniciar meu relógio biológico antes da temporada de esqui começar. Precisava me acostumar a acordar cedo, escrever por cinco horas, depois fazer uma subida na montanha de noventa minutos com colete de peso, depois mais três horas de trabalho, um cochilo, outras três horas de trabalho, uma ida à academia, uma atividade de recuperação pós-academia, então ler, assistir aos vídeos SLVSH para preparar meu subconsciente e dormir por volta das 20h.

No entanto, essa era apenas a rodada de aquecimento. Pelos próximos onze meses, eu manteria esses horários absurdos e um pouco mais. As subidas com colete de peso e idas à academia desapareceriam e seriam substituídas por cinco dias de esqui e uma agenda ainda mais incomum.

Duas vezes por semana, eu me levantaria às 3h e trabalharia até às 19h.

Duas vezes por semana, eu acordaria às 3h e trabalharia até 11h, então iria para a montanha de esqui, fazendo ligações de trabalho ao longo do caminho. Eu esquiaria até os teleféricos fecharem às 16h, faria mais ligações de trabalho no caminho de volta, chegaria em casa e iria direto para o tapete para uma sessão de yoga, seguido por uma sauna ou banho, depois gelo, depois jantar, leitura, vídeos de esqui, dormir.

Três vezes por semana, eu acordaria às 3h e trabalharia até 7h30, então iria para a montanha de esqui para passar o dia lá — das 9h às 16h — seguido de ligações de trabalho no caminho de volta, e o mesmo protocolo de recuperação quando chegasse em casa.

Por quê? Estado de fluxo.

O *equilíbrio desafio-habilidade* é o gatilho mais importante do estado de fluxo. O estado de fluxo segue o foco. O estado só consegue aparecer quando toda a nossa atenção está voltada para a tarefa que realizamos, e nós prestamos a maior atenção possível em uma tarefa quando o nível de desafio é *um pouco* maior do que as habilidades que temos para realizá-la.

Mas uma das minhas ideias principais sobre o envelhecimento em desempenho máximo é que o equilíbrio desafio-habilidade encolhe com o passar do tempo. A vida deixa cicatrizes. Como resultado, adultos mais velhos tendem a ter mais medos subconscientes do que os adultos mais novos. Esses medos, creio eu, diminuem o tamanho desse ponto ideal de desafio-habilidade.[5]

É por isso que "um centímetro de cada vez" se tornou o meu lema. Decidi trabalhar segundo a ideia de que a bagagem emocional que eu levo para o esporte, em conjunto com o meu passado cheio de lesões, encolheu o tamanho do meu equilíbrio desafio-habilidade para algo muito menor. Também é por isso que comecei uma nova agenda. Ela foi projetada para minimizar os medos subconscientes[6] e maximizar o tamanho desse ponto ideal.

Mais especificamente, minha agenda priorizou o condicionamento e a recuperação, para que os níveis de energia nunca sejam um problema na montanha. Energia baixa leva a uma maior ansiedade, e não posso arriscar.

Mais importante, minhas sessões de escrita bem cedo nas manhãs sempre ocorreram antes de qualquer esforço físico.

Eu não escrevo bem depois de me exercitar, e, já que a escrita é como pago as minhas contas, não havia outra escolha. O cérebro trata preocupações financeiras como uma necessidade básica de segurança e proteção. Se eu chegasse na montanha de esqui preocupado com escrita ruim ou, como consequência, problemas financeiros, então esses medos primitivos murchariam o meu já encolhido equilíbrio desafio-habilidade.

Em outras palavras, na batalha de quarenta anos entre sonhos de esqui e vida real, a vida real sempre ganhou. Sempre. Mas não desta vez.

Desta vez, bem, esta era a questão: tempo.

O tempo estava passando. O tempo venceria esta guerra. A única questão era quando. Ele venceria antes ou depois de eu ter ido atrás dos meus sonhos de esqui? *Tic tac.*

Desta vez, eu estava determinado a manter minhas prioridades.

MONTANHAS PINE NUT, 22 DE SETEMBRO DE 2020

Fazia seis meses desde o meu novo regime de treinamento. Estava muito feliz com meu progresso. Mas essa não foi a primeira vez que eu treinei duro para uma temporada de esqui. Houve muitas situações em que meu programa de condicionamento fora da temporada produziu resultados que pareciam bons no espelho, mas eram ruins na montanha.

Era hora de tomar algumas medidas. Fui para a academia e subi na balança. Setenta era o número. Eu havia ganhado 5 kg. Fui para o supino. Minha antiga tensão muscular máxima era cinco repetições de 90 kg; minha nova tensão muscular máxima era três repetições de 102 kg.

Isso chamou minha atenção, porque minha nova tensão muscular máxima era, na verdade, minha antiga tensão muscular máxima. Três repetições com 102 kg era a melhor tensão muscular máxima da minha vida. Foi um recorde alcançado no fim dos meus 20 anos, antes de eu ter a doença de Lyme. A voz da minha cabeça passou trinta anos me insultando com esse número, me dizendo que eu nunca voltaria à minha forma antes da doença de Lyme, me dizendo outras coisas...

Usei essa oportunidade para fazer a voz da minha cabeça lembrar da minha professora da sexta série, uma mulher que me disse que — se eu não parasse de me comportar negligentemente — nunca chegaria aos 30 anos. No meu trigésimo aniversário, mandei um cartão postal para ela: "Ei", dizia, "estou com 30 anos. O que mais você tem a dizer?"

"*Leg press*", disse a voz da minha cabeça.

Leg press seria o teste real. As anilhas grandes pesam 20 kg cada. Em abril, meu *leg press* máximo foi de 160 kg, ou seja, oito anilhas grandes, quatro em cada lado da máquina. Agora, em setembro, eu estava esperando chegar em 240 kg, o que significa colocar mais duas anilhas em cada lado.

Na realidade, coloquei aquelas anilhas, fiz dez repetições e ainda tinha mais fôlego. Coloquei mais duas anilhas e fiz mais seis repetições. Adicionei 11 kg em cada lado, elevando o novo total para 308 kg. Fiz cinco repetições. Aquele era o fim da linha, mas foi um fim impressionante. Em seis meses, ganhei 5 kg, 12 kg na tensão muscular máxima, e 148 kg no *leg press*.

"Ei, voz da minha cabeça", falei. "O que mais você tem a dizer?"

"Músculos de academia", respondeu a voz. "Todo mundo sabe que músculos de academia não são músculos de verdade."

MONTANHAS PINE NUT, 24 DE SETEMBRO DE 2020

A voz tinha razão. Em todos os verões dos últimos seis anos, eu buscava conselho de especialistas e adotava um novo programa de exercícios por cinco meses, e então media os resultados com uma única métrica: quantas voltas eu consigo esquiar no primeiro dia da temporada?

Evidência A: Treinamento de Volume Alemão.[7] Eu ganhei 4 kg de músculos. Os resultados eram impressionantes no espelho, mas não fizeram nenhuma diferença na montanha. Sete voltas no primeiro dia — meu menor total.

Evidência B: Loucura do Mark Twight.[8] Um dos escaladores mais turbulentos da história, Mark Twight é o inventor da abordagem rápida e leve no montanhismo; fundador do lendário antro de exercícios sádicos conhecido como Gym Jones; um velho roqueiro punk, escritor, fotógrafo e guru *fitness*; o homem quc fornccc forte treinamento de condicionamento em climas frios alpinos e P&D para o Departamento de Defesa; o homem que treinou os trezentos para o filme *300*; o homem que treinou o Batman, o Superman, a Mulher-Maravilha e a Liga da Justiça inteira; e o desgraçado que projetou o experimento de condicionamento de pré-temporada mais esgotante que já fiz. O resultado: treze voltas no primeiro dia.

Evidência C: Mike Horn.[9] Um dos melhores exploradores vivos, Mike é um forte candidato ao cargo de "Homem Mais Forte da Terra". Nos anos 1990, armado com uma faca e pés de pato, ele foi a primeira pessoa a nadar o Rio Amazonas do início ao fim — caçando e matando toda a sua comida pelo caminho. Em 2001, completou uma viagem de um ano e meio caminhando e velejando ao redor do equador. Em 2004, superou isso com uma jornada solo de dois anos ao redor do Círculo Polar Ártico. Então, em 2006, dessa vez com um amigo para fazer companhia, ele andou para o Polo Norte na parte mais fria do inverno — a viagem inteira ocorreu na escuridão total.

Uma vez eu perguntei ao Mike como ele treinou para as suas aventuras. Ele me disse que seguiu um protocolo simples. A cada poucos dias, deixava sua casa na Suíça, enchia um tambor de óleo com água, rolava o tambor até o topo de um dos Alpes, e então descia montanha abaixo carregando-o em seus ombros. "Faça isso por um tempo", disse ele, "e você ficará forte o suficiente para fazer qualquer coisa."

Eu não fiz isso. Que ideia de merda mais idiota.

Mas eu tinha uma forma confiável de testar meu nível de condicionamento. Eu tinha um colete de peso de 13 kg e muitas montanhas no meu quintal. Meu objetivo inicial havia sido subidas de noventa minutos em cinco dias seguidos. Vesti o colete de peso. Kiko liderou a caminhada. Voltei para casa 97 minutos mais tarde. Eu nem me esforcei para falar nada para a voz da minha cabeça.

Mas ainda assim — meu silêncio dizia muita coisa.

MONTANHAS PINE NUT, 29 DE SETEMBRO DE 2020

Cinco dias, cinco subidas, e cada uma delas mais longa do que 90 minutos. As previsões do tempo diziam que começaria a nevar antes do dia de Ação de Graças. A temporada de esqui estava a seis semanas de distância. Eu ainda não conseguia deslizar em um *rail,* mas, em relação ao condicionamento, me sentia pronto.

NORTE DE NEVADA, 15 DE NOVEMBRO DE 2020

A vida real não estava fácil. No fim de setembro — coisas de trabalho, coisas da vida e outras coisas — começaram a interferir na fantasia do esqui. No início de outubro, eu estava estressado. Em meados de outubro, fiquei doente. No fim de outubro, fiquei muito doente.

Eu fiquei muito doente até o início de novembro. Seria isso um presságio? Seria uma desculpa pronta para meus fracassos futuros no *park skiing*? Seria o problema que esmagaria a minha confiança pelo qual a voz da minha cabeça aguardava?

Sim. Afirmativo. Tudo isso e mais um pouco.

Hoje, em meados de novembro, eu subi na balança e vi que havia perdido 6 kg. Cada grama de músculo que ganhei no período fora de temporada foi perdido na reta final da pré-temporada. E ainda estava muito quente. E o oeste americano ainda estava em chamas. E as eleições presidenciais ainda estavam deixando todo mundo louco. O que Artaud falou? "Nós não somos livres. E o céu ainda pode cair sobre as nossas cabeças. E o teatro foi criado para nos ensinar isso antes de tudo."

Basta dizer: a vida real ganhou esta rodada.

Eu não aceitei isso bem. Perdi a minha fé nas estações. Perdi a fé de que a neve um dia chegaria. Gritei com todos que conhecia, inclusive com os cachorros.

FACTION
FACTION

Capítulo 4

HEAVENLY VALLEY, 25 DE NOVEMBRO DE 2020, PRIMEIRO DIA NA NEVE

O primeiro dia da temporada havia chegado. Enquanto subia no teleférico, disse a mim mesmo que isso estava acontecendo de verdade: eu estava em um teleférico. Tinha esquis nos meus pés. E o milagre dos milagres — logo eles deslizariam montanha abaixo.

Por que é tão bom deslizar?

A vida pesa muito. No meu bairro, eles deixaram o nível da gravidade bem alto. Tento falar com a administração sobre isso há anos, mas não consigo vencer a burocracia. Por isso que deslizar é tão bom: traz leveza; e a leveza traz o esquecimento.

A madrinha do esqui, Dolores LaChapelle,[1] entendia isso como ninguém. "Experienciamos o 'nada' quando esquiamos na neve", escreve ela em seu livro clássico *Deep Powder Snow* [sem publicação no Brasil]. "Mas a ideia do nada na nossa cultura é assustadora, e não temos uma palavra para isso. Entretanto, no pensamento taoista chinês, é chamado de 'a plenitude do vazio' de onde todas as coisas vêm."

O que LaChapelle descreve é a experiência que os cientistas chamam de "estado de fluxo". Mas eu tento deixar a ciência para o horário de trabalho. Na natureza, uso um conjunto diferente de termos.

"Geometria rápida" é o primeiro desses termos. É a experiência que ocorre quando o corpo se move em alta velocidade em uma paisagem complicada. É um jogo de *affordances*. É um *pinball* jogado a 48 km/h.

"Dança da gravidade" é o próximo. Quando nos envolvemos em atividades que incluem deslizar, escorregar, saltar, delimitar, se pendurar etc., brincamos com gravidade, ângulos e velocidade. Em descanso, na superfície da Terra, o corpo humano é uma máquina um tanto quanto limitada. Com 1,21m, o deus do basquete Michael Jordan[2] deu um dos saltos verticais mais altos da história. O recorde mundial de salto em distância[3] é de pouco mais de 8m. Esse é o limite máximo do espectro do movimento humano possível: uma caixa com 8m de comprimento e 1,2m de altura.

Como a maioria de nós não é recordista mundial, nossas caixas são menores — digamos, 3m por 90 cm. Mas para a velocidade não funciona assim, especialmente ao descermos uma montanha. A velocidade, quando combinada aos ângulos escorregadios de uma montanha revestida de neve, é um portal para um universo alternativo de novos movimentos possíveis.

Estranhamente, nossa experiência de passar por esse portal não é individual. Sozinhos, não criamos esse espaço de novas possibilidades. É sempre um esforço cooperativo, um ser humano cooperando com forças primitivas: gravidade, clima, montanhas. Logo, a nossa experiência de deslizar, escorregar e saltar — isto é, o subproduto de se mover em velocidade sobre um mundo de ângulos inclinados cobertos de neve — é sempre compartilhada. Uma cooperação primitiva. Uma dança da gravidade.

"Cachorro Fantasma" é o último termo. Quando jogamos com geometria rápida e nos envolvemos com a dança da gravidade, o "eu", como Dolores LaChapelle destacou, desaparece. É por isso que o peso diminui e o esquecimento começa. Se estivesse no trabalho, descreveria essa experiência como a borda frontal do estado de fluxo, ou o que é tecnicamente conhecido como "hipofrontalidade localizada e transitória".

Mas, repito, não estou no trabalho.

Aqui na natureza, quando jogamos com forças primitivas, o "eu" desaparece e outra coisa surge. A cooperação primitiva, a plenitude do vazio, ou, de forma mais simples: Cachorro Fantasma.

E hoje, no meu primeiro dia na neve, caçaria meu Cachorro Fantasma.

Infelizmente, ainda era o início de novembro. Não havia muita neve e apenas algumas descidas para iniciantes estavam abertas. E cheias de pessoas.

Isso também explica por que, na minha oitava volta da temporada, voei pela Ridge Run, esquiei em linha reta ao passar por uma placa que dizia NÃO ESQUIE EM LINHA RETA e entrei em uma *cat track*.[i] Eu experimentei *hits*[ii] laterais e voei de volta para o chão quando fui cortado por um *snowboarder*.[iii] Para evitar uma experiência de quase morte no início da temporada, cortei com força debaixo de uma placa que dizia ÁREA DE MANOBRAS.

A placa era muito grande, e a sombra que ela projetava era enorme. De repente, a luz ficou uniforme. A sombra escondia um *roller*.[iv]

"Merda", disse a voz da minha cabeça.

Desviei do *roller*, saltei, voei como o Superman por 6m, caí de peito no chão, e deslizei por mais 4m, e finalmente parei nos pés de um casal jovem. Para disfarçar minha vergonha, olhei para os dois e gritei "Seguro!", como se tivesse acabado de roubar uma base.

Eles riram. Eu ri. Mas eu não estava seguro. Meu manguito rotador direito se rompeu. Eu lidaria com a dor pelo resto da temporada.

Mesmo assim, fiz dezesseis voltas. Encontrei o meu Cachorro Fantasma na volta doze, e minha raiva foi embora. Aconteceu tão rápido que parecia uma miragem. Então bati o meu recorde de voltas no primeiro dia com três voltas a mais.

Sendo assim, talvez, não era uma miragem.

HEAVENLY VALLEY, 26 DE NOVEMBRO, SEGUNDO DIA NA NEVE

Hoje marca a primeira das quedas sobre nádega direita. Eu esquiava com meu novo Faction CT 2.0 e, antes de chegarmos às batidas nas nádegas, vamos começar com a nomenclatura.

O Faction em "Faction CT 2.0" é o nome da empresa, tecnicamente, a Faction Collective. O CT significa a lenda do esqui Candide Thovex, o que significa dizer que o CT é uma ferramenta projetada pelo CT para fazer o que o CT faz de melhor: ir muito rápido em qualquer lugar da montanha e executar manobras chocantes em qualquer lugar da montanha.

---

i Trilhas planas e estreitas que atravessam áreas de esqui e são usadas para contornar a montanha. [N. da T.]

ii Pequenos saltos que se formam naturalmente ou são esculpidos por outros esquiadores que os atingem repetidamente. [N. da T.]

iii Uma pessoa que pratica *snowboard*. [N. da T.]

iv Ondulação no terreno de onde os esquiadores pulam. [N. da T.]

O 2.0 se refere ao modelo, que se refere à largura do esqui abaixo da sola do pé, ou o que os esquiadores querem dizer quando fazem a pergunta: "Curva irada, cara, o que está debaixo dos seus pés?"

Meu Faction CT 2.0 tem 102 mm de largura, o que o coloca no nível mais baixo da categoria média, ou o que é às vezes descrito como um "*daily driver*" — um esqui que você pode usar todos os dias pois ele está pronto para encontrar qualquer condição de neve que o dia apresentar.

Em relação ao modelo, há também uma versão mais fina do CT que tem 92 mm de largura e é criativamente chamado de 1.0. Esse modelo é projetado para esquiadores de gelo da costa leste, ou esquiadores de *park skiing*, ou ambos. Também há o 3.0, uma versão mais larga, de 120 mm, que é bom para dias em que neva, ou para o dia seguinte da neve, quando é preciso golpear a *crud* e chegar com força na *chop*. Finalmente, há o esqui superlargo de 130 mm, projetado para o Japão, Colúmbia Britânica e outras mecas de neve superprofunda, onde é preciso levar um *snorkel*.

Se estiver se perguntando por que é preciso levar um *snorkel* para esses lugares, é para poder respirar no quarto branco. Se estiver se perguntando o que é um quarto branco, bem, estamos falando sobre esquiar na neve tão profunda que ela literalmente quase o faz perder o fôlego.

Os CTs e eu fizemos duas voltas de aquecimento em Maggie's. A ambição se estabeleceu rapidamente e decidi tentar meu primeiro *sliding spin* 360° da temporada. Havia inclinações altas no lado esquerdo da descida que pareciam perfeitas para a manobra. Entretanto, eu só havia feito giros de 360° em uma parede inclinada duas vezes no passado. Uma vez em Kirkwood no final da última temporada, uma vez em Monte Hood no verão. Em ambas as vezes, a manobra surgiu de forma orgânica: vi a característica do terreno, meu corpo soube o que fazer, e eu fiz a manobra muito antes da minha mente consciente ter tempo para se envolver.

Hoje, eu vi aquelas inclinações altas a uma distância de 91m e comecei a pensar. Eu estava pensando demais. A voz da minha cabeça falava o tempo todo: "Não, não, hoje não."

Mas fiz mesmo assim.

O problema foi a velocidade. Candide Thovex esquia a montanha muito rápido — de 64 km/h a 96 km/h. No meu primeiro giro, a aproximadamente 24 km/h, descobri que os CTs não foram projetados para rotações em baixa velocidade. As bordas pareciam grudentas. As pontas traseiras do esqui pareciam longas.

Na minha terceira tentativa de executar um *sliding spin*, descobri que isso era mais do que uma sensação. As pontas traseiras dos meus esquis ficaram presas conforme girava de trás para frente. Chão, conheça o Steven, Steven, conheça o chão. Minha nádega direita sofreu todo o impacto.

Um pouco mais tarde, as pontas traseiras dos meus esquis ficaram presas de novo. Em um momento, estava golpeando as saliências da neve, e no outro, estava caindo feio no chão duro. Perdi os meus esquis — então, que bom, meus novos *bindings* realmente funcionavam — e bati minha nádega direita de novo. Contusão óssea. Ela ficou preta e azul durante os dois meses seguintes.

Mesmo assim, eu fiz outras dezesseis voltas.

KIRKWOOD, 28 DE NOVEMBRO DE 2020, TERCEIRO DIA NA NEVE

Eu tirei um dia para descansar, e então voltei para a neve. Esquiar três dos quatro dias seria um bom começo de temporada. A última vez em que estava forte o suficiente para fazer isso foi antes de ter a doença de Lyme — há uns 23 anos.

Dito isso, hoje foi o meu primeiro dia em Kirkwood, e esse seria o teste mais extenuante. Até dirigir para Kirkwood é extenuante.

Chegar a Kirkwood exige navegar por um par de passagens traiçoeiras na montanha que são propensas a climas bizarros. Nevascas estacionam ali por dias. Avalanches deixam motoristas presos em seus veículos ao longo da noite. Nesse inverno, sempre que dirigi para Kirkwood, levava um kit de primeiros socorros, roupas extras, botas de neve pesada, uma lanterna, pá, dois cobertores de lã, um cobertor espacial e comida e água para três dias.

Além disso, chamar Kirkwood de estação de esqui é um exagero. Além da montanha, não há muito a se fazer, e nada lá é elegante. Uma loja geral, uma loja de esqui, uma cafeteria, uma pizzaria, um restaurante, alguns bares e um pouco mais.

A montanha é o principal atrativo. Seu terreno é feroz.[4] O Chair 10 — também chamado de "a Parede" — sempre aparece nas listas das "Descidas mais Difíceis dos Estados Unidos". Apenas para chegar no teleférico é necessário passar por uma grande bandeira de caveira com ossos cruzados na frente. Isso não é uma falsa presunção. A bandeira foi colocada justamente pela patrulha de esqui para avisar os turistas que evitem uma falsa presunção. O Chair 10 deve ser o único teleférico dos EUA em que seus operadores sempre tentam dissuadir os clientes de entrarem nele. Ou, como eu disse para Ryan no ano passado: "Isso não pode ser juridicamente legal."

E hoje, não era mesmo. A estação ainda estava a duas tempestades de neve para poder abrir a parte superior da montanha. Em vez disso, nós ficamos na parte mais baixa da montanha, contornando declives de ângulos baixos e procurando formas de tornar nossas voltas interessantes.

Não levou muito tempo. Na nossa segunda descida, Ryan encontrou um toco de 90 cm entre duas árvores altas. Duvidei que ele fosse pular sobre o toco na nossa segunda descida.

Um instante depois, ele pulou sobre o toco, arrasou na aterrissagem e esquiou para longe. "Se Ryan consegue, você consegue", disse a voz da minha cabeça.

"Saia daqui", respondi.

Foi quando entendi: para ter a temporada que desejava, teria que fazer coisas que me davam medo regularmente. Isso significava que o medo que eu sentia naquele momento continuaria comigo por um longo tempo.

Mas regras eram regras.

Então, enquanto eu tentava igualar a minha velocidade com a de Ryan, pulei sobre o toco, aterrissei sem errar e esquiei com um grande sorriso no rosto. Eu soube o que aquilo significava. Assim como a minha corrida 540° na parede no Monte Hood, fazer aquele pulo sobre o toco sem errar era mais uma prova de conceito.

Depois, saltei por todos os outros pulos, tocos ou outras coisas que Ryan encontrou hoje — porque, bem, você não pode confiar em um conceito.

HEAVENLY VALLEY, 3 DE DEZEMBRO DE 2020, QUARTO DIA NA NEVE

Era o quarto dia da temporada e eu já estava dolorido. Mas andei com o Kiko, fiz yoga e me senti melhor. Mesmo assim, fui para o Heave — que é como os locais chamam Heavenly Valley — com expectativas baixas.

Superei essas expectativas: esquiei dezoito voltas, o que incluiu três tentativas de voltas de costas, na minha primeira tentativa de aprender a esquiar de costas.

Então, por que contar as voltas?

Tem relação com objetivos. Os humanos apresentam melhor desempenho com três níveis de objetivos:[5] objetivos de nível de missão, objetivos altamente difíceis e objetivos claros. Objetivos de nível de missão são objetivos de vida. Objetivos altamente difíceis são as conquistas de anos necessárias para aqueles objetivos de vida. Objetivos claros são as ações diárias necessárias para alcançar os objetivos altamente difíceis. Se todos os três níveis apontam para a mesma direção, e o progresso em busca desses objetivos permanece constante, então a motivação e o *momentum* — também conhecido como dopamina e estado de fluxo — são o resultado.

Nesse caso, minha missão era o avanço da ciência de estado de fluxo. Minha temporada era um experimento de alto estado de fluxo em envelhecimento em desempenho máximo. Isso significava que toda vez que ia para a montanha, eu recebia um pouco de dopamina por estar lá e fazer a causa avançar.

Será que conseguiria aprender *park skiing* com 53 anos? Esse era meu objetivo altamente difícil. O progresso em direção a esse objetivo seria medido pela minha habilidade de aprender as manobras da minha lista. Então, toda vez que eu tentava uma manobra, recebia um pouco de dopamina por me arriscar e tentar algo novo. Se eu conseguisse fazer uma manobra com sucesso, receberia muita dopamina. Uma vez que muita dopamina aumenta o foco de forma significativa, como resultado, eu entraria no estado de fluxo.

No entanto, havia fatores externos na jogada — lesões, condições climáticas, explosões de covid — que eu não podia controlar. Sendo assim, eu precisava de objetivos claros, ou objetivos que preencheriam minha lista diária de afazeres. Esses objetivos claros seriam o medidor do meu progresso, entretanto, deveriam ser flexíveis o suficiente para lidar com as condições em mudança.

Por exemplo, se eu chegasse na montanha e visse neve de 25 cm de profundidade e aterrissagens suaves, poderia tentar um 360°. Mas se houvesse gelo por todo o lugar, não poderia sequer considerar executar um 360°. Eu não queria me pressionar e tomar decisões estúpidas, não se quisesse ficar fora do hospital. Portanto, para os meus objetivos claros, eu precisava de uma forma de medir a qualidade do dia de esqui que não tivesse relação com meu progresso no *park skiing* ou na montanha.

É por isso que a contagem de voltas era importante.

Doze voltas era um treino tranquilo. Se as condições estivessem terríveis, ou se eu estivesse exausto, doze voltas era o meu objetivo mínimo aceitável. Isso significava que eu conseguia manter meu condicionamento, mas sem sobrecarregar o sistema. Feito corretamente, eu até poderia receber um pouco de dopamina.

Dezesseis voltas eram um treino bom. Exceto num clima ruim ou com uma lesão, dezesseis voltas eram o meu padrão para um bom dia na montanha. Isso significava que eu estava dando conta e avançando na causa, mesmo se, no dia em questão, as condições não estivessem boas para esquiar em uma pista ou aprender uma manobra das minhas listas.

Vinte ou mais voltas era um ótimo dia. Significava que eu estava esquiando bem, melhorando meu condicionamento, e se as condições permitissem, estaria pronto para tentar uma das pistas mais difíceis ou uma das maiores manobras das listas. Vinte ou mais voltas era também uma garantia de que eu entraria no estado de fluxo ao longo do caminho, uma vez que é muito cansativo esquiar esse tanto sem o alívio para a dor que vem com esse estado.

Em outras palavras, quando acordei hoje, eu me sentia muito cansado. Por isso, meu objetivo era que fosse um dia de doze voltas. Ao esquiar dezesseis voltas, superei minhas expectativas, recebi um pouco de dopamina por alcançar meu objetivo inicial, mais um pouco por alcançar meu objetivo estendido e deixei a montanha com mais motivação do que tinha quando cheguei. Isso cria o *momentum*.

No caminho para casa, gastei aquele *momentum* com meus afazeres. Eu estava sem o básico. Parei no pet shop para comprar comida para cachorro, na mercearia para comprar comida para humanos e na loja de maconha para comprar comida para o Steven. Depois, fui para casa, tomei um banho e coloquei meio pacote de sal de Epsom na banheira.

Como eu disse, eu estava dolorido.

KIRKWOOD, 5 DE DEZEMBRO DE 2020, QUINTO DIA NA NEVE

Como LL Cool J[6] disse, "Um jogador reconhece o outro."

Nesse jogo, na segunda descida do dia, eu e Ryan vimos o flash de um homem com uma jaqueta azul de instrutor de esqui dar um grande salto sobre um recurso invisível no lado da montanha e ir em seguida rumo a matas densas.

Um jogador reconheceu o outro. O jogo começou.

Ryan e eu seguimos o instrutor. Nós não conhecíamos Kirkwood muito bem, mas sabíamos que havia segredos incríveis em todos os lugares, só precisávamos que alguém nos mostrasse o caminho.

Foi incrível mesmo. Mais tarde, nós chamamos essa pista de "Descida do Toco"; apesar de que, a essa altura, nós não sabíamos o que viria, mas vinha em alta velocidade.

Ryan viu o recurso invisível primeiro. Era uma rampa de neve que crescia sobre um tronco caído na beira da mata. O ponto de partida parecia perfeito — mas onde diabos era o ponto de aterrissagem?

Eu olhei para a direita, para a esquerda, e tudo que via eram grandes aglomerados de pinheiros.

Ryan deve ter visto algo que não vi. Ele estava a cerca de 6m na minha frente e, do nada, não estava mais. Esquiou a rampa, voou em direção à mata e desapareceu. Eu não ouvi uma queda, então, aparentemente, o jogo ainda estava de pé.

Esquiei a rampa e voei no ar. "A-há", disse a voz da minha cabeça, "a aterrissagem não é o problema."

O problema era o pinheiro muito grande a 90 cm em frente à aterrissagem. A situação exigia o que costumava ser chamado de "uma volta McConkey", porque ninguém melhor do que o finado e incrível Shane McConkey para executar *slashes*[v] em alta velocidade do tipo "salve sua vida".

Vida salva.

Aquele primeiro *kicker* levava a uma pista cheia deles: um salto sobre um tronco caído, em direção a outro salto sobre um tronco caído, em direção a uma rampa digna de Evel Knievel sobre um enorme toco, em direção a uma rampa lisa e maligna sobre outro toco. Passei pelo primeiro tronco caído, pelo segundo, assisti Ryan voar em direção à

---

v Quando o esquiador vira os esquis para empurrar a neve e jogá-la para cima. [N. da T.]

lua ao saltar sobre o enorme toco e decidi não fazer isso. Então odiei a mim mesmo por não fazer isso e decidi me redimir no último tronco.

A redenção me lançou 4m para cima e 9m para frente. Normalmente, entraria em pânico, mas não dessa vez. Dessa vez, eu sabia o que fazer. Coloquei meus joelhos na frente do meu peito, centralizei no ar e aterrissei sem errar.

Conforme continuei a esquiar, vi o mesmo instrutor de esqui com jaqueta azul. Ele estava parado ao lado da trilha. Ele me aplaudiu de leve com os bastões de esqui conforme eu passava — talvez tenha sido a primeira vez na vida que alguém me aplaudiu por algo que fiz com esquis.

A pista de troncos nos levou a um estado de fluxo em grupo, e nós fluímos para um jogo de "Caça ao Coelho".

Caça ao Coelho é um jogo de progressão que usa neurônios-espelho[7] e alta velocidade. Seu funcionamento é simples: um lidera e o outro o "caça". Se Ryan é o coelho, por exemplo, ele vai pela trilha e eu vou atrás. Meu objetivo é fazer tudo que ele faz ou, ocasionalmente, algo melhor.

A Caça ao Coelho amplifica a progressão como nunca, principalmente ao jogá-la em estado de fluxo. Tudo se resume à biologia. Os humanos são condicionados a imitar. Nós somos "grandes primatas", e há uma razão — macaquear, copiar, imitar é como nós aprendemos. Como o aprendizado é fundamental para a sobrevivência, nossa imitação acontece de modo automático.

No estado de fluxo, tanto a autoconsciência quanto a resposta muscular de contração rápida são elevadas. Nós ficamos mais sensíveis aos sinais sutis do corpo e respondemos melhor a eles. E um sinal é mais importante do que a maioria.

Durante a Caça ao Coelho, milissegundos depois que o líder faz um movimento, os neurônios-espelho do seguidor ativam o mesmo programa motor — simulam o movimento do líder na mente do seguidor antes de executá-lo na realidade. No próximo milissegundo, o mecanismo de reconhecimento de padrões do cérebro, por meio da experiência que chamamos de "autoconsciência intuitiva", diz ao seguidor — liberando um pequeno *prazer* da dopamina ou um pequeno *medo* da noradrenalina — se ele possui a habilidade para executar aquele movimento. Não é um processo de dois passos: a pessoa vê, depois a pessoa imita. Na verdade, há um terceiro passo: ela vê, recebe um sinal que lhe diz se é possível fazer, então ela imita.

Se receber o sinal verde, ouça-o e nunca hesite em sua execução, pois você tem a habilidade para realizar o movimento. A hesitação é morte.[8] Ela amplifica o medo. Em resposta, os músculos se enrijecem em preparação para um possível acidente, e a consciência grita para que o evite.

Infelizmente, a consciência bloqueia a execução automática dos padrões motores necessários para evitar o acidente. Em outras palavras, o dia todo, durante toda a temporada, veja, verifique o sinal, depois imite, e assim por diante em direção à terra prometida.

KIRKWOOD, 9 DE DEZEMBRO DE 2020, SEXTO DIA NA NEVE

O Draw é um longo desfiladeiro cheio de *rollers*, pedras e penhascos. As paredes são íngremes, altas e cheias de *hits* laterais cada vez maiores. No ano passado, testei a rampa de iniciante de quase 2m e a rampa intermediária de 3m, mas fiquei longe da enorme rampa *booter*[vi] de 9m. Os últimos 2m daquela rampa eram completamente verticais — o que era perfeito para um *backflip*.

Não, obrigado.

Se não tiver interesse em um *backflip*, um "*shifty*" é a opção mais segura. Durante um *shifty*, o esquiador joga a parte inferior do corpo em uma direção e a parte superior na direção oposta. Além dos pontos por estilo, um *shifty* dá ao corpo algo para fazer durante o voo e evita o "*dead sailoring*" — isto é, uma rigidez no meio do voo que pode fazer o esquiador pender para fora do eixo e, bem, morrer.

Eu não sabia fazer um *shifty*, mas sabia fazer um "*mule kick*" — que é um tipo de *shifty* fora do eixo. Assim como o meu *sliding spin* 360°, o *mule kick* era um padrão de movimento já enraizado que eu poderia executar com pouco medo e uma alta chance de sucesso. E se eu suavizasse o meu *mule kick* para um *mule twist*, imaginei, com algumas dúzias de repetições, ficaria muito sexy.

Tentei fazer um *shifty* da rampa *booter*. O resultado: nada demais. Não foi sexy.

Mas o dia ainda não havia acabado.

Deixamos a rampa *booter* e esquiamos em direção ao outro lado da estação. Vi um pequeno morro do lado esquerdo da *cat track*.

"*Nose butter* 360°", disse a voz da minha cabeça.

---

vi Um salto que dá ao esquiador muito tempo no ar. [N. da T.]

Eu nunca havia tentado um *nose butter* 360° antes, mas havia recebido o sinal verde e não havia tempo para discutir.

Mais uma vez, o resultado não foi nada demais, mas, você sabe: *Caramba, nada demais!*

Trinta segundos depois, Ryan fez um 180° de um pequeno *lip* formado pelas raízes de um cedro. O meu bom humor evaporou. O medo tomou conta. Essa era a lacuna da minha jogada, o pequeno obstáculo nos meus grandes planos para dominar o *park skiing*. Eu não fazia ideia de como executar um 180°.

Após fazer minha lista de objetivos, sabia que mais cedo ou mais tarde teria que aprender a executar um 180°. No entanto, até agora, havia suprimido isso, porque aprender a fazer um 180° exige aprender a aterrissar de costas. Eu não conseguia imaginar qualquer maneira para aterrissar de costas que não se tornasse imediatamente de costas, de lado e outras coisas.

Mas Ryan fez um 180°, e regras são regras.

Caramba, aterrissar de costas é um sentimento maravilhoso. Meu cérebro não acreditava que seria possível, mas meu corpo entendeu o movimento perfeitamente. Aterrissei de costas, absorvi o impacto com meus joelhos e, surpreendentemente, soube exatamente o que fazer em seguida: girei para frente como se estivesse executando a segunda metade de um *sliding spin* 360°.

Aprendi duas manobras em menos de um minuto. Em um ano, eu nunca havia aprendido sequer duas manobras antes. Senti como se tivesse sido lançado em um buraco de minhoca e tivesse violado o *continuum* espaço-tempo.

Até agora, o meu plano de um centímetro de cada vez para dominar o *park skiing* era uma hipótese não comprovada ou uma crise de meia-idade, a depender da pessoa a quem você perguntou.

Não mais.

"Felicidade", disse a voz da minha cabeça. "Essa sensação estranha de formigamento que você está sentindo — os humanos chamam isso de 'felicidade'."

HEAVENLY VALLEY, 16 DE DEZEMBRO DE 2020, SÉTIMO DIA NA NEVE

Nós esquiamos com o irmão mais novo do Ryan, um atleta de resistência sério com uma ótima habilidade de *park skiing*. O que eu mais me lembro é de me movimentar em velocidades absurdas através de florestas antigas e saltar sobre troncos e tocos e sabe-se lá o que mais. Era tudo um borrão de geometria rápida. Mas o que mais gostei da nossa abordagem foi a privacidade.

Prefiro esquiar sem ser visto, principalmente ao tentar aprender algo novo. Eu sou duro comigo mesmo em condições normais. Se adicionar constrangimento público a essas condições, posso ficar preso em um *loop* de vergonha por dias. Esse é outro segredo para progredir no Território *Gnar* — saber quem você é e como gosta de aprender,[9] e não vacilar.

Hoje eu não vacilei.

Esquiamos volta após volta, escondidos nas árvores, tentando transformar a montanha inteira em um percurso *slopestyle*. Para quem não sabe, "*slopestyle*" se refere a uma disciplina do *freeskiing* na qual os atletas competem em percursos que misturam saltos, *rails*, corridas na parede e mais. Quando transformamos a montanha em um percurso *slopestyle*, nosso objetivo era saltar, deslizar e girar no máximo possível de recursos.

Hoje, por exemplo, a minha parte favorita do esqui envolveu um rápido *ollie*[vii] sobre um arbusto de manzanita para sair da floresta, um *nose butter* 360° sobre o morro no centro da trilha e em seguida, esquiei de costas sobre uma pequena berma para me preparar para um longo salto sobre um tronco de volta para a floresta.

No coração do nosso jogo *slopestyle* estava a busca por um caminho mais seguro para o progresso, mas isso é mais bem explicado com um exemplo.

Mais cedo, falei sobre minha viagem para Monte Hood com a lenda do esqui Glen Plake. Na mesma viagem, Glen e eu subimos para a geleira do Monte Hood para esquiar em uma das calhas mais difíceis — íngreme, rodeada por penhascos, ou seja, definitivamente um lugar inadequado para brincar.

No entanto, antes de descer, Glen recuou cerca de 9m, esquiou bem forte em direção à calha, saltou sobre uma saliência e executou um "*airplane turn*" — isto é, uma rotação de 90° em pleno ar — para começar a descer a calha.

Como assim?

---

vii Quando o pulo é feito com a parte traseira do esqui, em vez de pular diretamente para cima. [N. da T.]

Depois de esquiar a calha, eu tinha dúvidas. "Ei, Glen", perguntei. "Por que fazer uma coisa burra e perigosa antes de fazer outra coisa burra e perigosa? Isso não aumenta as chances de acontecer um desastre?"

Isso aconteceu há cerca de vinte anos, mas ele falou algo como: "Você não entende. Quando fiz aquele *airplane turn*, entrei no estado de fluxo. Estar no estado de fluxo me dá mais chances de sobreviver a uma coisa burra e perigosa."

E ele não estava errado.

Ao ver a saliência e perceber que poderia usá-la para executar um *airplane turn,* aquilo foi um reconhecimento de padrão. Essa habilidade é tão importante para a sobrevivência que o cérebro recompensa o reconhecimento de padrão com dopamina. Além disso, um *airplane turn* também cria um momento de extrema leveza: uma sensação nova e imprevisível que libera ainda mais dopamina.

No caso do Glen, toda essa dopamina o levou ao estado de fluxo — ou seja, antes de começar a esquiar de forma burra e perigosa, ele usou aquele *airplane turn* para se colocar no exato estado de desempenho máximo exigido para sobreviver à manobra burra e perigosa.

Bem pensado, Glen.

Atletas mais novos não pensam dessa forma. Geralmente, usam o risco e a dopamina produzida por ele como seu gatilho principal para entrar no estado de fluxo. É essa atitude ousada que dá aos esportes radicais o seu gosto adolescente. Também é uma atitude que funciona bem com atletas talentosos, mas não funciona bem comigo — ou seja, um atleta mais velho, sem talento e que não está interessado em mais nenhuma lesão grave.

Em vez disso, o meu objetivo era o mesmo do Glen: usar a criatividade — isto é, reconhecimento de padrão, novidade e imprevisibilidade — como minha porta de entrada para o estado de fluxo. É por isso que nós transformamos a montanha inteira em um percurso *slopestyle.* Isso força o cérebro a tomar decisões criativas uma atrás da outra. Isso empilha a neuroquímica e proporciona uma entrada mais segura e confiável no estado de fluxo.

Nesta temporada, o objetivo era usar o nosso jogo *slopestyle* para entrar no estado de fluxo e, uma vez lá, ir para o parque para aprender novas manobras ou ir para os declives para aprimorar nossas habilidades. Tentar fazer isso ao contrário me levou ao hospital em muitas ocasiões.

Hoje, ninguém foi para o hospital. Em vez disso, estranhamente, Ryan e eu superamos o irmão dele após doze voltas. O atleta de resistência bem treinado no fim de seus 20 anos desistiu e foi para casa. O homem de 53 anos fez mais dez voltas com Ryan.

Todas essas voltas aconteceram no estado de fluxo. Uma delas nos levou a uma pequena queda ao lado de Comet Express. Não foi muito: um penhasco de 1,5m que exigia 3m no ar, mas que exigia um *airplane turn* durante o voo ou arriscar bater numa árvore. No ano anterior, fugi dessa queda.

Desta vez, fomos até lá dar uma olhada. Ryan gostou do que viu. Ele pulou do penhasco, e regras são regras.

Por já estar no estado de fluxo devido às nossas aventuras *slopestyle*, meu primeiro pulo de penhasco da temporada levou à minha sensação favorita: muito barulho por nada. O pulo foi simples, a aterrissagem foi suave e a confiança que resultou disso — o verdadeiro combustível do progresso.

KIRKWOOD, 19 DE DEZEMBRO DE 2020, OITAVO DIA NA NEVE

Nós chegamos cedo em Kirkwood. Havia nevado o suficiente para o teleférico Chair 6 funcionar, nos dando acesso à parte superior da montanha pela primeira vez nesta temporada. Não foi toda a parte superior da montanha, mas pude esquiar na Oops e Poops de novo, local do *sliding spin* 360° da última temporada.

Durante todo o tempo fora da temporada, pensei sobre minha viagem de volta à Oops. As expectativas eram altas. Achei que haveria um choque de reconhecimento de padrão — que eu veria o lugar onde fiz o *sliding spin* e faria o reconhecimento novamente. É claro, minha fantasia verdadeira era ver o lugar, fazer o reconhecimento e executar o *sliding spin* 360° sem problemas.

Mas havia um problema.

Só a possibilidade de ter que reexecutar a manobra fez com que meu nível de estresse subisse. Na linguagem da ciência de estado de fluxo, isso me tirou do ponto ideal do equilíbrio desafio-habilidade e bloqueou minha entrada para o estado de fluxo. Na linguagem dos meninos adolescentes, eu arreguei, feito um idiota.

Entretanto, na linguagem do aprendizado motor,[10] nós adquirimos habilidades físicas em três estágios: *cognitivo*, quando pensamos sobre o que fazemos; *associativo*, quando começamos a aprender todos os padrões do movimento e passamos a transformá-los nos padrões motores mais complexos conhecidos como pedaços ou esquemas; e *automático*, quando executamos automaticamente esses padrões motores complexos sem interferência cognitiva. O problema é que o medo geralmente faz com que você regrida um estágio.

Minha habilidade de executar um *sliding spin* 360° em um *halfpipe* natural estava na porção inicial do estágio associativo. Minha antecipação, minhas expectativas, os meus sonhos de Território *Gnar* para Homens Velhos, tudo isso aumentou o meu medo, produziu noradrenalina, bloqueou o estado de fluxo, e pior: fez com que eu regredisse um estágio. Então, sim, eu estava de volta ao cognitivo.

Finalmente, na linguagem da neurociência, há um problema diferente na jogada: supressão por repetição.[11] Novos estímulos chamam a nossa atenção. Mas quando os estímulos se repetem, cada repetição produz uma reação neurológica menor. A repetição de estímulos suprime a nossa reação a esses estímulos — ou seja, a familiaridade gera indiferença.

Em outras palavras, se você nunca foi ao Grand Canyon, ao chegar lá, não conseguirá parar de olhar para aquele buraco maravilhoso no chão. Depois de quatro dias de viagem, o buraco se torna aquela droga pela qual é preciso andar para chegar à loja de presentes. Em outras palavras, sob exposição repetitiva, o cérebro reduz o fator "uau"[12] porque, neurobiologicamente, o "uau" é caro para ser produzido. O "uau" queima calorias, o que desafia a necessidade básica do cérebro por eficiência.

Uma das diferenças entre atletas bons e ruins é o tempo necessário para chegar à supressão por repetição. Ryan é um atleta bom. Se ele tentar uma manobra uma vez e a executar com sucesso, poderá repetir a façanha com pouco medo e sem problemas. Uma vez é suficiente para criar a memória associativa — isto é, o esquema ou padrão motor complexo — exigida para executar a manobra de novo. Como resultado, na próxima vez que tentar, ocorrerá a supressão por repetição. Isso resulta em menos medo e mais estado de fluxo.

Infelizmente, comigo não acontece assim.

Na última década, passei por três grandes cirurgias e seis procedimentos, sem contar duas costelas quebradas e uma fratura na clavícula que nunca foi tratada. Ryan consegue aprender uma manobra de uma só vez. Meu histórico de lesões fez meus níveis de medo irem às alturas. Geralmente, preciso executar um movimento cinco vezes ou mais para chegar na beirada do aprendizado associativo e no início da supressão por repetição.

Mas, tanto faz, todos nós temos problemas.

No meu caso, o meu problema hoje foi a Oops e Poops. E com o nome Oops e Poops, eu deveria ter visto a merda chegando.

KIRKWOOD, 23 DE DEZEMBRO DE 2020, NONO DIA NA NEVE

Eles abriram o resto da parte superior da montanha e nós conseguimos esquiar na Parede pela primeira vez na temporada. Fizemos uma volta de reencontro na Calha de Schafer, uma volta na Calha Sisters para matar a saudade, e então fomos para a Calha All the Way, que talvez seja a minha calha favorita em todo o mundo.

Quando a covid fechou as estações, foi da Calha All the Way que eu mais senti falta. Ansiei por ela como um adolescente apaixonado. Não conseguia parar de pensar nessa pista, como ela me fazia sentir e todas as coisas safadas que nós poderíamos fazer quando nos encontrássemos de novo. "Ei, All the Way, aceita dançar comigo?"

Finalmente, a Notch: um *halfpipe* natural íngreme e estreito que parece um pouco o *halfpipe* da Oops e Poops, mas mais malvado.

Até a entrada pode ser complicada. Um *lip* monstruoso formado pelo vento divide a All the Way da Notch. Ele tem 30m de comprimento e paredes de neve de 6m de altura. Hoje, Ryan pulou da parede, fez *carve* [viii] no lado mais distante da calha, e então voltou com toda a velocidade em direção ao *lip* — o que ele estava pensando?

Ele estava pensando no *sliding spin* 360°.

Meu queixo caiu. Cinco dias atrás, ele começou a praticar *sliding spins* pela primeira vez. Isso foi no chão plano. Dois dias atrás, havia adicionado inclinação para frente no movimento e tentou o seu primeiro *nose butter* 360°. Hoje, executou um *sliding spin* 360° em uma seção completamente vertical da parede do *lip* — o que significa que ocorreu a supressão por repetição.

Agora era a minha vez.

Eu não queria fazer nada naquele *lip* formado pelo vento, então esquiei para longe, desci e executei um *sliding spin* 360° na parede esquerda menos vertical da calha. Não chegou perto de ser tão *steazy*

---

viii Quando o esquiador se inclina sobre as beiradas dos esquis e esculpe a neve com várias formas de "S". [N. da T.]

quanto o esforço de Ryan, mas a última vez que tentei a manobra foi ano passado, no *halfpipe* da Oops, e só consegui fazer um giro de 270°.

Hoje eu bati esse recorde com mais 90° e considerei uma vitória.

Nós fizemos outra volta. Desta vez, Ryan tentou um *nose butter* 360° do topo do *lip*. Ambicioso, ambicioso demais. O que nenhum de nós havia notado? As temperaturas estavam mais amenas e a neve estava grudenta.

Ryan girou dois terços, perdeu velocidade, bateu na beirada e caiu pela parede. Deu uma estrela, dois *backflips* e quase quebrou o tornozelo. Ele conseguiu se livrar do acidente, mas o seu tornozelo ficou dolorido por todo o resto da temporada.

Falando em coisas que ficaram doloridas pelo resto da temporada, foi quando tive o primeiro grande encontro do ano com a vertigem.

Naquela mesma viagem pela Notch, cerca de dois minutos após a queda de Ryan e a dois terços do caminho da calha, vi rapidamente o instrutor de esqui de jaqueta azul — o mesmo homem que nos levou à Descida de Tocos.

Caça ao Coelho. O jogo começou.

Eu o segui pela mata. Nós viramos para a esquerda. Viramos para a direita. Voltamos para a descida pelas árvores e de repente a jaqueta azul sumiu — onde eu estava?

Saí da mata e percebi que estava empoleirado sobre um cume em formato de ponta de faca, com alta exposição em todas as direções. Eu não conseguia ver o instrutor de esqui. Não conseguia ver a parte inferior da descida. Foi quando entendi — eu estava rodeado por penhascos.

Como é o início da vertigem severa? Como uma tomada de controle hostil por uma criança irritada de 4 anos, com as habilidades de tomada de decisão para combinar.

E eu tinha uma decisão a tomar: a única forma de sair dali era um pulo cego de um penhasco ou um *kick turn* [ix] em um cume em formato de ponta de faca. Nas minhas condições, o pulo do penhasco era muito arriscado. Mas um *kick turn* em um cume em formato de ponta de faca exige equilíbrio. O meu equilíbrio já estava prejudicado e a tontura logo começaria. Eu tinha um segundo para me mexer.

Fiquei irritado. Estava com raiva de mim mesmo por estar com medo. Com raiva do universo por criar o sentimento de medo. E seriamente irritado pela covardia do meu passado ainda se transformar

---

ix Uma meia-volta parado, levantando um esqui e invertendo a sua direção, seguido pelo outro esqui. [N. da T.]

em vergonha no meu presente. O resultado: gritei. Em cinquenta anos de esqui, nunca havia gritado em resposta à vertigem — mas, Santa Biologia, Batman! — o grito funcionou.[13]

O grito produziu testosterona, que neutralizou a vertigem. Meu controle muscular voltou imediatamente. Saltei, girei 180°, aterrissei de volta no cume e esquiei para fora dali — só que não havia nenhum lugar para ir.

A única saída era uma pista reta e íngreme entre duas grandes paredes de pedra. Pistas retas eram piores do que penhascos onde não dá para ver nada. Eu tinha um pouco de experiência com penhascos desse tipo, e nenhuma experiência com pistas retas e íngremes. Por que eu me apavorei tanto depois de fazer minha lista de pistas para a temporada? Porque cinco pistas naquela lista tinham saídas em linha reta.

Mas eu já estava no modo de luta e gritei de novo, dessa vez intencionalmente, apenas para ver se funcionaria de novo.

Funcionou de novo. Esquiei com sucesso na minha primeira pista reta da temporada. Foi outra vitória. Então saí da montanha antes de a voz da minha cabeça ter tempo para debater.

HEAVENLY VALLEY, 24 DE DEZEMBRO DE 2020, DÉCIMO DIA NA NEVE

Quando vejo pessoas esquiando em fantasias de animais peludos, sempre me lembro da diferença entre gerações. Na minha época, a única vez em que nós nos vestíamos de fantasias de animais peludos era para orgias cheias de drogas que duravam a noite inteira. A geração de hoje acha normal usá-las ao esquiar ou praticar *snowboarding*.

KIRKWOOD, 26 DE DEZEMBRO DE 2020, DÉCIMO PRIMEIRO DIA NA NEVE

Foi a primeira grande nevasca da temporada e Kirkwood 500 estava a todo vapor. Gelo preto na estrada, visibilidade comprometida por causa da neve e todos os viciados em esqui do estado correndo em direção à estação em velocidade máxima.

A viagem infernal me deixou apavorado. Por isso, enquanto todos os outros viciados em esqui correram para a parte de cima da montanha atrás de descidas rápidas e calhas íngremes, fiquei na parte de baixo da montanha, esquiando em pistas suaves entre as árvores até me acalmar.

Então, eu me animei.

Cinco voltas, dez voltas, vinte voltas, mais. Tudo foi muito divertido até acabar — que é o que acontece em Kirkwood.

Ryan e eu decidimos terminar o dia em Chamoix, a calha que fica ao lado da Oops e Poops. No fim da temporada, a parte de cima de Chamoix fica cheia de neve e proporciona uma das maiores pistas de lá. Hoje, com rocha pura sobre nós, atravessamos abaixo do topo e cortamos do lado, ou seja, viramos muito forte para a esquerda sobre um penhasco com uma queda mortal, depois torcemos pelo melhor conforme viramos com força para a direita e caímos sobre uma pedra, para depois chegar na calha.

Mas não tão rápido. Sem muita neve, o que geralmente seria uma queda de 1m se tornou uma queda de 2m. Passei de velocidade rápida para velocidade máxima. Em vez de curvas fluidas em lugares conhecidos, estava esquiando em território desconhecido.

Três curvas depois, ficou pior, e três curvas depois, a neve acabou.

Chamoix é um funil. O ponto mais estreito é um espaço de quase 2m entre duas paredes de pedra. Normalmente, a saída exige uma curva digna de Nascar através dessas paredes. Hoje, a saída era um penhasco de pedra pura. A única alternativa era pular pelo penhasco, ou o que os esquiadores chamam de "pulo obrigatório", e o que passei a conhecer como "vertigem instantânea".

Parei sobre a pedra. Comecei a me contrair. Fui para o lado direito da calha para ter uma visão melhor. Não gostei do que vi e o mundo começou a girar. Tentei fazer um *kick turn* e caí de traseiro no chão. Eu me levantei de novo, respirei fundo e deslizei para o lado esquerdo para ter outra visão. Esse lado exigia uma curva deslizante para a direita sobre uma camada fina de neve, e depois um pulo obrigatório sobre uma seção de rocha de quase 2m.

Mas algo incomum aconteceu: eu relaxei. Então, entendi o porquê.

Aquela curva deslizante parecia familiar. O meu corpo entendeu o movimento. Esculpir em camadas finas de neve era aceito como esqui de primavera no Novo México. Eu tinha anos de prática nessa curva. E um penhasco de quase 2m produziria cerca de 3m no ar, e eu pulava mais longe do que isso com frequência.

De repente, eu sabia o que fazer. Meu cérebro pegou dois padrões de movimentos automatizados — uma curva forte para a direita sobre uma camada fina de neve e um pulo de 3m — e os ligou em um novo padrão, um padrão maior, ou o que os psicólogos chamam de "pedaço" e o que especialistas em aprendizado motor chamam de "esquema".[14] Foi um momento de reconhecimento de padrão que liberou dopamina no meu sistema.

Isso explica outra regra: Veja a pista, esquie na pista.

A janela de dopamina produzida pelo reconhecimento de padrão não fica aberta por muito tempo. Dentro da janela, a coragem e as respostas musculares de contração rápida se elevam, mas é preciso agir antes que ela se feche.

A queda era maior do que eu esperava, mas tive sucesso na aterrissagem e esquiei, e mais uma vez, gritei. Ryan pensa que esse penhasco e esse grito foram o momento em que tudo mudou, o momento em que o meu esqui mudou para sempre. Eu ainda não sabia disso. O que sabia: não estava no hospital e não estava cheio de vergonha, e em todas as outras vezes que encontrei um pulo obrigatório, esses foram os resultados. Além disso, nós fizemos cerca de trinta voltas, o que significava que eu estava na minha forma de metade de temporada, e ainda estávamos no início dela.

Sem dúvida, eu tinha 53 anos e estava na melhor forma da minha vida. Se eu quisesse transformar meu experimento Território *Gnar* no próximo programa de condicionamento Abdômen de Aço — bem, veja por si mesmo, isso venderia muito.

Capítulo 5

NORTHSTAR, 27 DE DEZEMBRO DE 2020, DÉCIMO SEGUNDO DIA NA NEVE

Fui para Northstar pela primeira vez na temporada — e o que eu estava pensando?

Com o feriado de Natal a todo vapor, havia multidões em todos os lugares. Eu me escondi nas árvores da parte de trás da montanha. As vistas eram incríveis, mas o terreno estava muito suave para fazer qualquer coisa além de voltas e pulos. Passei a manhã inteira caindo, e minhas canelas ficaram doloridas depois.

De tarde, decidi esquiar para valer. Eu não havia ido para Northstar para esquiar nas árvores da parte de trás da montanha. Havia ido para praticar *park skiing* — a principal razão pela qual as pessoas vão para Northstar.

No quesito desafio, Northstar é uma montanha para iniciantes. A estação compensa essa falta com um dos maiores parques de Tahoe.[1] No meio da temporada, uma algazarra de recursos enche os percursos. Há pistas para iniciantes, parques de treino e tarifas para especialistas. Infelizmente, tudo isso exige neve. Até agora, não nevou o suficiente para fazer qualquer coisa além de um pacote de quatro saltos médios e deslizes sobre *rails*.

Talvez você diga que tentei a minha primeira pista de saltos da temporada nesse pacote de quatro saltos, mas isso seria um exagero. Depois de fracassar nos dois primeiros platôs, decidi evitar o terceiro. O pulo final era um grande *kicker* construído sobre um *knuckle* maior ainda — ou seja, um pequeno morro com um cume plano e uma parte traseira íngreme. Assisti esquiadores SLVSH fazerem manobras em *knuckles* durante meses. Eu tinha grandes planos para esse recurso. Então, esquiei sobre o *knuckle*, olhei a parte traseira e senti todo o ar saindo da minha temporada...

Aquilo era enorme, íngreme e areia demais para o meu caminhão. Quatro pulos, quatro fracassos — um início nada promissor para a minha carreira no *park skiing*.

A pista de saltos se tornou a pista de *rails*, e as coisas foram de mal a pior. Vi barras de 12m com dois *kinks* [i] e tubos de 6m e apenas uma longa caixa *dancer* para iniciantes como eu.

A caixa *dancer* era um longo retângulo de plástico branco deitado sobre a superfície da neve. Decidi tentar o meu primeiro "*surface swap* 360°" — que é um *sliding spin* 360°, no entanto, em vez de ser executado na neve, é executado sobre uma superfície: uma caixa, *rail* ou parede.

Eu tinha certeza de que dominaria a manobra. Ela exigia exatamente o mesmo movimento do *sliding spin* 360°. Tudo que eu precisava fazer era esquiar sobre a caixa e girar.

Esquiei sobre a caixa, comecei a girar e caí de bunda no chão. Minhas pernas foram para a esquerda, meu tronco foi para a direita e minha nádega direita já machucada recebeu todo o impacto. Deslizei o resto da caixa *dancer* de lado — com cerca de trezentas pessoas assistindo.

Bem-vindo ao *park skiing*.

HEAVENLY VALLEY, 28 DE DEZEMBRO DE 2020, DÉCIMO TERCEIRO DIA NA NEVE

Acordei dolorido, mas a vergonha pública de ontem fez com que eu desejasse uma redenção privada, o que significava que uma missão solo era necessária.

Ainda estava dolorido quando cheguei à Heavenly, mas decidi suspender o julgamento sobre o potencial do dia até completar o meu aquecimento padrão de quatro voltas. A primeira volta foi uma cruzada rápida para acostumar meu corpo ao movimento. A segunda volta foi uma cruzada mais rápida para acostumar meu cérebro com a velocidade do esqui. A terceira volta começou como uma descida entre as árvores e terminou com uma descida cheia de solavancos, e

---

i Mudanças de direção da barra. [N. da T.]

ambas demandaram muito em questões aeróbicas — esse era o objetivo da terceira volta.

A quarta volta foi a minha resposta ao dissabor da terceira volta. Gosto de esquiar ouvindo música, mas não antes da quarta volta, porque o meu corpo ainda não acordou o suficiente para se mover junto da batida, e a música atrapalha mais do que ajuda. Mas depois de aquecer — ou seja, na quarta volta —, consigo seguir o ritmo.

Também dei alguns saltos — que era o objetivo da quarta volta. Não foram saltos grandes. Apenas grandes o suficiente para me dar a sensação de voar e produzir dopamina.

Depois de ter essa sensação, estava pronto para esquiar. Neste caso, decidi disputar um jogo antigo: Ultrapasse o Rápido. Do teleférico, tento encontrar a pessoa mais rápida da montanha. Depois de descer do teleférico, tento alcançar e ultrapassar essa pessoa ao descer a montanha.

O alvo de hoje era um homem de aproximadamente 30 anos usando uma jaqueta bege larga e um par de esquis Armada, a 274m na minha frente. Levei quase toda a descida para alcançá-lo, e finalmente consegui ultrapassá-lo na última seção de solavancos que levava ao teleférico.

Mas ele também entrou no jogo.

Na descida seguinte, fui primeiro e ele me passou no meio do caminho. Só para eu garantir que ele sabia, ele se deslocou de uma pequena saliência diretamente na minha frente, me dando um "tchauzinho" com seu esqui antes de sumir na floresta com sua jaqueta bege.

Não tão rápido, Jaqueta Bege Larga.

Eu o alcancei na floresta, o que, admito, é uma coisa estranha de se fazer em outras circunstâncias, mas nesse caso, bons esquiadores gostam de seguir outros bons esquiadores porque é assim que se tornam esquiadores melhores. Assim, eu o ultrapassei na floresta.

Quando voltamos ao teleférico, estávamos rindo do jogo. Nós fizemos quatro voltas juntos. No fim daquelas voltas, eu estava no modo Cachorro Fantasma, que era o modo relaxado que buscava. Mas não queria exagerar, então me despedi do meu novo amigo, voltei para o carro e fui para casa tirar um cochilo.

KIRKWOOD, 30 DE DEZEMBRO DE 2020, DÉCIMO QUARTO DIA NA NEVE

Toda vez que passo por igrejas em montanhas, penso sobre as pessoas que as constroem lá. Cada uma delas parou na catedral de Deus e pensou o quê? Que um estacionamento e algumas tábuas marteladas melhorariam as coisas?

KIRKWOOD, 3 DE JANEIRO DE 2021, DÉCIMO QUINTO DIA NA NEVE

Até agora nesta temporada eu não havia tentado fazer nenhuma das pistas da minha lista. Era hora de mudar isso.

Decidi começar com a "Dedos",[2] uma série de cinco calhas esculpidas em um penhasco grande que ocupa o centro da apropriadamente denominada Calha Penhasco de Kirkwood. Cada dedo é separado do outro por uma lâmina de rochas vulcânicas. De longe, as rochas parecem as juntas, as calhas parecem os dedos e os seus nomes — Eeny, Meeny, Miny, Moe e Main Finger[ii] — refletem esse fato.

Ryan e eu observamos a Dedos durante toda a temporada. Era uma das calhas mais esteticamente atraentes que já vi. Uma paisagem de outro mundo que saiu de uma capa de álbum psicodélica dos anos 1970. Conseguiríamos esquiar através do psicodélico? Essa era uma pergunta ainda sem resposta.

Havia alguns vídeos online feitos com uma câmera Go-Pro, mas ela aplanava o terreno. O que parecia liso, na verdade, era íngreme; o que parecia íngreme, na verdade, era insano. A Dedos parecia íngreme e estreita. Com paredes de rocha vulcânica, uma queda ruim poderia levar a uma ida ao pronto-socorro. Além disso, todas as pistas tinham pulos obrigatórios ou saídas em linha reta. Será que eu conseguiria esquiar nessas pistas e nessas saídas?

No verão passado, antes de ter a resposta para essas perguntas, coloquei Eeny, Miny e Moe na minha lista de pistas. Foi uma demonstração de fé. Até agora, a falta de neve me impediu de testá-la. Mas hoje era o décimo quinto dia, e a falta de neve não era mais um problema.

A falta de coragem era o meu problema atual. Eu precisaria ir, com ousadia, para um lugar que Steven nunca esteve antes. Não iria sozinho de jeito nenhum. Arrastei Ryan para descer comigo.

---

ii Nomes dos dedos das mãos em inglês. [N. da T.]

Na verdade, fiz Ryan assumir a liderança. Isso me ajuda a combater a vertigem. Se eu ficasse atrás dele e focasse meus olhos nos seus esquis, sem olhar para outra coisa, sem dar uma chance para essa porcaria me lançar na estratosfera, eu teria uma chance.

Eu queria essa chance. Estava determinado a esquiar a Miny. Nos vídeos, a pista levava a uma enorme rocha projetada para frente — como esquiar por uma caverna. Pessoalmente, conforme observávamos do topo, a caverna parecia mais íngreme, mais estreita, e com uma saída em linha reta muito mais feroz do que qualquer coisa que eu havia visto nos vídeos.

Mas uma coisa engraçada aconteceu à medida que eu assistia Ryan esquiar: reconheci os movimentos. A virada rápida para a direita em direção à calha fazia sentido. A segunda e a terceira viradas também. A quarta e a quinta exigiam *slashes* fortes em zonas de perigo de avalanche, mas também estavam no meu conjunto de habilidades. No entanto, a saída em linha reta — aquilo não fazia sentido nenhum.

Mesmo assim, já saí em linha reta da Notch; o quanto isso poderia ser pior?

As três primeiras curvas foram conforme o esperado, a quarta e a quinta foram mais fluidas do que eu esperava. Então, descobri uma escolha: mirar direto para a saída — uma linha reta de 12m, e muito difícil para mim — ou fazer *carve* na parede de rocha da esquerda e tentar sair por ali.

A parede esquerda parecia menos intimidadora. Ela tinha uma inclinação de cerca de 50°, no entanto, fazia a saída parecer um movimento mais reto. Como descobri depois, ela também tornava a saída completamente cega. Uma coisa ainda é verdade: se não puder ver aonde está indo, sempre será um pouco surpreendente chegar vivo.

Então nós esquiamos a Miny mais três vezes para ter certeza de que nos acostumaríamos a ela.

KIRKWOOD, 6 DE JANEIRO DE 2021, DÉCIMO SEXTO DIA NA NEVE

Voltei para Kirkwood sozinho. Esquiar uma pista difícil com Ryan é uma coisa; sozinho é outra. Mas eu precisava aprender.

Passei pelas quatro voltas de aquecimento, depois desci a Oops e Poops para me preparar para os declives e então fiz uma volta na All the Way porque ainda estava apaixonado e, até este ponto da temporada, o sentimento era mútuo.

Em seguida, esquiei na Miny sozinho duas vezes. A primeira para ter certeza de que não era apenas sorte. A segunda para ter certeza de que não era uma alucinação.

KIRKWOOD, 9 DE JANEIRO DE 2021, DÉCIMO SÉTIMO DIA NA NEVE

Cerca de 20 cm de neve nova no chão e sem mais desculpas.

Até hoje, a falta de neve havia sido a minha desculpa para não pular de penhascos — ou foi o que eu disse a mim mesmo. Eu tinha um histórico ruim com pulos de penhascos. Tenho uma placa de metal de 15 cm no meu pulso como resultado da minha última tentativa de aprender a pular de penhascos. Talvez você diga que eu tinha "ansiedade de desempenho" ao pular de penhascos se, por "desempenho", quiser dizer "incapaz de se mexer" e por "ansiedade", quiser dizer "pânico cego que o faz choramingar".

Ryan e eu decidimos resolver o problema. Fomos para a Lightning — uma bacia íngreme que se afunila em uma série de calhas que nos levam a uma gigantesca ravina — com penhascos puláveis desde o topo até em baixo.

Resolvi testar os meus novos Faction Prodigy 4.0, esquis largos e inteiramente pretos, ou seja, armas para neve funda. Eu os trouxe para ter sorte. Cada um deles ostenta o contorno prateado de um grande cachorro branco, também conhecido como Cachorro Fantasma ou como "insira uma pausa dramática para uma ênfase simbólica aqui..."

Usei meus esquis simbólicos na Lightning na nossa segunda descida. Não achamos nenhuma trilha na neve. No primeiro dia de neve fresca da temporada, nós seríamos os primeiros a deixar aquelas marcas. Foi um pequeno presente de neve do universo.

Esquis mágicos mais neve mágica mais uma pista altamente estética mais — não é este o mesmo penhasco que Ryan pulou no ano passado? O mesmo penhasco que fiquei com muito medo de pular, a razão pela qual minha lista de pistas contém as palavras "Lightning — e saltar o maldito penhasco".

Não era necessário falar duas vezes.

Esquiei em direção ao penhasco e senti a minha pulsação acelerar. Mais uma vez, foi muito barulho por nada. Esse nem era um penhasco. Minha memória havia sido moldada por meu medo, e minha memória estava bastante errada. Não era muito mais do que um grande pedregulho.

"Tem certeza?", perguntou a voz da minha cabeça.

Pulei do pedregulho, aterrissei com sucesso e continuei esquiando. "Sim", respondi, "tenho certeza. Obrigado por perguntar."

HEAVENLY VALLEY, 10 DE JANEIRO DE 2021, DÉCIMO OITAVO DIA NA NEVE

Uma noite ruim de sono. Uma briga estúpida. Um prazo perdido. Uma reunião improdutiva. Uma pilha de responsabilidades que surgiu do nada. E tudo antes das 7h.

Às vezes a vida real invade a fantasia do esqui. Às vezes as coisas se acumulam muito e tão rápido que não há para onde correr e nenhum lugar para se esconder. Às vezes parece que o esqui é a única coisa que me mantém são.

Hoje foi uma dessas vezes.

KIRKWOOD, 13 DE JANEIRO DE 2021, DÉCIMO NONO DIA NA NEVE

Do teleférico, Ryan e eu percebemos que Kirkwood finalmente conseguiu neve nova suficiente para construir o seu primeiro parque. Uma única pista para crianças: duas caixas para iniciantes em direção a um pequeno salto. "Finalmente", dissemos ao mesmo tempo.

Não é assim que homens adultos geralmente respondem a parques de crianças.

Em qualquer dia normal, as pessoas que visitam o parque para crianças de Kirkwood são pais com crianças, instrutores de esqui com alunos ou turistas casuais e perdidos. Provavelmente esquiei o parque para crianças de Kirkwood mais do que qualquer outra pista nesta temporada. Provavelmente não tenho mais nenhum orgulho.

O termo "parque para crianças" também pode dar uma ideia errada. Os recursos do parque podem ser pequenos, mas isso não significa que não consigam causar alguns danos.

No parque para crianças de Kirkwood, o salto tem 91 cm de altura. Um esquiador se movendo em velocidade voará de duas a três vezes mais alto do que a altura do salto, e então fará um *touch down* no meio da aterrissagem, o que acrescenta alguns centímetros à queda. Logo, aquela rampa de 91 cm é capaz de lançá-lo a 3m de altura — ou alto o suficiente para o machucar caso algo dê errado.

Ryan e eu demos voltas no parque para crianças durante toda a manhã. Minha primeira volta foi inútil. Na minha segunda volta, decidi deslizar sobre uma caixa pela primeira vez. Isso também não ocorreu conforme o planejado. Pulei lateralmente sobre a caixa, virei no ar e caí de lado no chão.

Gravidade: não é apenas uma boa ideia, é a lei.

Na volta seguinte, estava muito nervoso por causa da minha queda e não queria arriscar outra. Por isso, em vez de tentar deslizar sobre a caixa, pulei sobre ela e aterrissei com meus esquis na neve e a parte traseira deles sobre a caixa. O impacto produziu um alto *thwack*.

O *thwack* era uma evidência. Tecnicamente, essa manobra é chamada de "transição", porque aterrisso na transição entre a caixa e o chão. Tecnicamente, uma transição é uma manobra de *park skiing*. Tecnicamente, aquele *thwack* era uma prova de que eu havia acabado de fazer uma manobra de *park skiing* em um parque.

Pequenas vitórias produzem dopamina.[3] Deus abençoe a dopamina.

Na próxima volta, decidi tentar outra transição, mas o meu cérebro cheio de dopamina deu uma sugestão interessante no meio do ar: "Faça um *tail tap* na caixa." Isso quer dizer que, enquanto estivesse no ar, devia virar meu corpo de lado e esticar minhas pernas para baixo — dedos do pé para cima e calcanhar para baixo — até que a parte traseira dos meus esquis tocassem a parte de cima da caixa.

Eu nunca havia feito um *tail tap* antes. Outro *thwack*. Outra primeira vez.

Obrigado, dopamina.

Minha quinta volta consistiu em *nose taps*.[iii] Minha sexta volta foi um borrão, assim como o resto do dia. Então, na nossa última volta, cometi um erro que havia prometido a mim mesmo que não cometeria.

Muitos dos neurotransmissores que sustentam[4] o estado de fluxo são analgésicos potentes,[5] o que significa que disfarçam o cansaço.

---

iii Mesma coisa do *tail tap*, entretanto, em vez de tocar a caixa com a parte traseira do esqui, o esquiador o faz com a parte dianteira. [N. da T.]

Quando estamos no estado de fluxo, nos proteger contra lesões exige que identifiquemos os sinais de exaustão antes que o sentimento realmente chegue. É por isso que, na minha lista de regras, disse a mim mesmo para parar se não pulasse bem nos *hits* ou não fizesse bons giros, ambos sinais claros de um tanque vazio.

Hoje ignorei esses sinais. Estava divertido demais. Mas o meu corpo estava cansado, o que significa que ele não queria tentar mais nenhum salto, o que significa que ele decidiu iniciar o giro *nose butter* muito cedo e a parte traseira dos meus esquis ficaram presas e *bum* — meu ombro direito e minha nádega direita pagaram o preço.

Obrigado, dopamina.

KIRKWOOD, 16 DE JANEIRO DE 2021, VIGÉSIMO DIA NA NEVE

Kiko, o pastor-maremano-abruzês de 54 kg, ama a viagem para Kirkwood. Ele fica de pé no banco de trás como um surfista sobre uma onda e se inclina nas curvas, com a cabeça para fora da janela e o vento em seu pelo.

Kiko e eu — tenho certeza de que buscamos a mesma brisa ao mesmo tempo.

KIRKWOOD, 20 DE JANEIRO DE 2021, VIGÉSIMO PRIMEIRO DIA NA NEVE

Meu novo livro, *A Arte do Impossível*, foi lançado ontem. Tudo que me lembro é de entrevista atrás de entrevista atrás de entrevista.

Hoje vim para Kirkwood em uma missão solo. Só queria o silêncio. Só queria estar sozinho na floresta. Alguém viu o meu Cachorro Fantasma?

KIRKWOOD, 23 DE JANEIRO DE 2021, VIGÉSIMO SEGUNDO DIA NA NEVE

Ryan e eu fomos cedo para Kirkwood. Fizemos uma volta de aquecimento na parte inferior da montanha, depois fomos para o topo e descemos em direção às árvores estreitas do lado da Descida Rabbit's. Cerca de 7 cm de neve nova no chão e fumaça gelada saindo dos nossos esquis.

No caminho, percebemos que Kirkwood havia aberto o seu parque principal de esqui em terreno plano. Nós vimos um par de saltos médios que levavam a uma seção maior de *rails* à esquerda ou a uma pista menor de caixas à direita. Achei que seria tranquilo; eu havia treinado para que fosse tranquilo, mas ver o parque de Kirkwood pela primeira vez — eu sabia que nada sobre isso seria tranquilo. No entanto, não havia como me esconder da verdade. Se eu fosse aprender *park skiing*, teria que aprender a fazer manobras usando a maioria desses recursos.

"Você está pronto?", perguntou Ryan.

"Não", respondi, "mas vamos mesmo assim."

Eu não estava pronto, mas entendia a ciência e tinha um plano. A teoria fundamental que levou a todo esse experimento no Território *Gnar*: um centímetro de cada vez. Começar com um padrão motor bem estabelecido, acrescentar um único movimento a esse padrão e então praticar o novo padrão até ele estar condicionado. E repetir.

O único movimento condicionado que eu tinha para saltos em parques eram saltos retos — apenas pular no *lip*, levantar meus joelhos, tentar fazer um salto sem erros e aterrissar na ladeira. *Rails* ainda estavam fora do meu alcance. E a única coisa que eu conseguia fazer em uma caixa era um 50-50 — isto é, esquiar reto sobre a caixa.

Mas uma caixa arco-íris chamou a minha atenção. Ela tinha um comprimento de 3m, 30 cm de largura e o seu formato, como o nome sugere, era de arco-íris. Será que eu conseguiria fazer um 50-50 numa caixa arco-íris?

Havia apenas um jeito de descobrir.

Não pulei bem na primeira tentativa, bati no *knuckle* e reaprendi uma velha lição: nos parques, a velocidade certa é sempre poucos quilômetros por hora mais rápido do que deseja ir. Levei essa lição para o segundo salto, que consegui realizar com sucesso. Isso pareceu uma grande vitória e me ajudou a ficar calmo quando me aproximei da caixa arco-íris.

Esquiei para cima da caixa, para baixo, e até eu sabia que isso foi muito fácil para contar como uma vitória.

"Vamos de novo", falei.

Desta vez, fiz os dois saltos com sucesso e tive velocidade suficiente para planar sobre a caixa arco-íris — a primeira vez que pulei sobre uma caixa, seja arco-íris ou qualquer outra.

"Vamos de novo", falei.

E de novo.

E de novo.

No fim do dia, eu havia conseguido fazer um *tail tap* na caixa arco-íris e um *shifty* sobre uma caixa reta. Quando o dia começou, eu não sabia fazer nenhuma dessas manobras. No fim do dia, ambas faziam parte do meu conjunto de habilidades.

Era o meu vigésimo segundo dia de experimento e quase metade do caminho para o meu objetivo de cinquenta dias na neve. Eu havia conseguido aprender oito das vinte manobras da minha lista de manobras. Um centímetro de cada vez — o meu plano estava funcionando.

"Vamos de novo."

KIRKWOOD, 27 DE JANEIRO DE 2021, VIGÉSIMO TERCEIRO DIA NA NEVE

Quer morrer jovem? Fale comigo sobre negócios em um teleférico. Fale comigo sobre estado de fluxo em um teleférico. Fale comigo sobre escrever em um teleférico. Isso é tudo que eu tenho a dizer.

HEAVENLY VALLEY, 28 DE JANEIRO DE 2021, VIGÉSIMO QUARTO DIA NA NEVE

A Powder Horn Woods sempre me lembra do tempo que passei no Novo México. Árvores altas e velhas e ninguém por perto. Hoje a neve estava horrível, uma mistura de neve comprimida e dura e gelo, o que também me lembrou do tempo que passei no Novo México.

Eu não me importava. Esquiei doze voltas na mesma pista, tentando ir um pouco mais rápido na tentativa seguinte. O psicólogo Anders Ericsson cunhou o termo "prática deliberada"[6] para descrever esse tipo de repetição com avanço incremental, ao defender que essa abordagem do progresso é a base fundamental de toda expertise.

Bem, Anders,[7] esse é um dos termos para isso.

HEAVENLY VALLEY, 31 DE JANEIRO DE 2021, VIGÉSIMO QUINTO DIA NA NEVE

Ryan e eu esquiamos 27 voltas. O irmão de Ryan nos acompanhou de novo. Ele partiu depois de doze voltas, alegando que o trabalho o chamava. Ryan duvidou. Ele disse que o irmão foi embora porque somos feras no esqui.

Talvez ele esteja certo.

HEAVENLY VALLEY, 1º DE FEVEREIRO DE 2021, VIGÉSIMO SEXTO DIA NA NEVE

Esquiei doze voltas. Ainda sou uma fera no esqui. Nada mais a declarar.

KIRKWOOD, 3 DE FEVEREIRO DE 2021, VIGÉSIMO SÉTIMO DIA NA NEVE

Uma enorme nevasca aconteceu durante a noite. Minha manhã começou com 41 km de gelo preto na rodovia. Se eu for muito devagar, não conseguirei chegar ao topo da montanha; se for muito rápido, posso cair da beirada. Às vezes, apenas o caminho para Kirkwood pode ser mais assustador do que qualquer coisa que acontece lá.

Não hoje.

Hoje, Ryan e eu esquiamos 23 voltas; e muitas delas não foram boas. Nossa quarta descida, por exemplo, foi uma pequena calha perto de Dick's Drop. A neve estava perfeitamente intocada e nenhum de nós tentou imaginar o porquê.

Depois de três voltas na calha, descobri o problema. Minha terceira volta desencadeou uma mini avalanche que expôs um penhasco de tamanho médio. Tive meio segundo para encolher minhas pernas e endireitar minha trajetória para não cair da beirada. Enquanto aterrissava e continuava a esquiar, aquele enorme pico de adrenalina não ajudou a situação.

Qual situação? Fico feliz que tenha perguntado.

Nós esquiamos aquela calha para inspecionar uma pista vizinha — a Calha Pencil — a partir da parte inferior. A inspeção era crucial.

De todas as pistas da minha lista, a Calha Pencil era a que mais me amedrontava. É um enorme tubo de lava — nada mais, nada menos. O topo é um funil íngreme; a parte de baixo exige uma saída em linha reta de 22m. A linha reta é um corredor de 1m de largura entre paredes de rocha de 9m de altura. A saída é totalmente cega e geralmente há saliências na parte de baixo da saída — por isso a inspeção era necessária.

Ryan e eu vimos a Calha Pencil no ano passado, no início da temporada, quando a pista ainda estava sem neve. Nenhum de nós acreditou que era esquiável. Então nós a vimos coberta de neve, com trilhas que levavam para fora dela — logo, alguém havia esquiado ali. Hoje nós checamos a parte de baixo, inspecionando as condições da chance remota de, talvez, sabe, sem compromisso, apenas uma pequena curiosidade exploratória, e veja, voz da minha cabeça, não precisa entrar em pânico.

Ainda não.

O pânico chegou na próxima volta. Chegamos no topo da Calha Pencil e percebemos que muitas pessoas tentam esquiar essa pista, pois havia uma placa de advertência que dizia: PERIGO! LINHA RETA DE 22M! NÃO ESQUIE DE LADO!

Olhei para baixo do funil, senti muita vertigem e por pouco não saí de lá sem entrar em colapso. Ryan, o idiota, esquiou a Calha Pencil muito bem. Arrasou na linha reta, deslizou pela saída e fez um enorme *shifty* de 12m em um pequeno monte de neve.

No entanto, ao assistir Ryan esquiar pela calha — apesar de a linha reta ainda me assustar muito —, reconheci os movimentos. Eu conseguiria esquiar nessa pista. Se tivesse coragem, certamente conseguiria esquiar nessa pista.

Mas hoje não. Hoje, o meu nível de medo estava muito alto. Eu precisava sair de lá e me acalmar. É claro, quando se está no limite, "calma" é uma questão de opinião.

Para relaxar, nós fomos para a Dedos e, sinceramente, o que há de errado comigo?

Nós esquiamos a Moe pela primeira vez. Sério? Ela era mais estreita do que a Calha Pencil, e tão íngreme quanto. Quatro curvas nada fluidas e cheias de obstáculos e, então, outra saída em linha reta. Não foi gracioso, mas sobreviver parecia metade da batalha.

Decidimos então tentar a Eeny, o que foi um erro. Tive muitos confrontos com a mortalidade. Eu estava sobrecarregado. Estava exausto. Infelizmente, eu ainda não sabia disso.

Dessa vez, Ryan esperou no topo e eu esquiei primeiro. A entrada exigia uma queda de 1m sobre uma parte estreita de neve que ficava ao lado de uma enorme lâmina de pedra. Assim que aterrissei, senti que esquiava dentro de uma caverna. Isso me lembrou da Miny, só que mais íngreme, mais estreita e — meu Deus — essa é uma saída corpulenta em linha reta.

Estava muito cansado e assustado, e a visão da linha reta me fez perder o controle. Hesitei apenas por um instante.

Isso foi o suficiente. O meu atraso fez com que eu deslizasse para a parede de pedra, com meus esquis indo em direção ao lado de um penhasco. O tempo ficou mais devagar. Sabia que estava enrascado, mas tanto faz — eu me senti calmo, tranquilo e controlado.

Ryan se sentiu de outra forma. Assistindo do topo, ele fez uma coisa que nunca havia feito antes, nem uma vez, em todos os nossos anos esquiando juntos.

Ele gritou: "PARE!"

Sim, bom conselho. Eu parei. Percebi que a situação não estava nada calma, tranquila e controlada. As pontas dianteiras dos meus esquis estavam penduradas sobre a beirada da pedra, a cerca de um milissegundo de consequências graves.

Mas eu estava mais envergonhado do que nervoso. Pulei e dei um 180° no ar, coloquei meus esquis na direção certa e esquiei para longe dali. Tudo em câmera lenta — como se soubesse o que fazer e apenas fizesse. Vá entender.

No fim do dia, contei treze momentos de puro terror. Aparentemente, eu adquiri certa confiança na minha habilidade de não perder a cabeça em momentos que se desesperar significa morrer. Acho que isso era uma forma de progresso, mas com certeza não parecia.

KIRKWOOD, 7 DE FEVEREIRO DE 2021, VIGÉSIMO OITAVO DIA NA NEVE

O dia começou com *A Arte do Impossível*[8] alcançando nove listas de *best-sellers*: *New York Times, Wall Street Journal, Los Angeles Times, St. Louis Post-Dispatch, Chicago Tribune, Amazon, Publishers Weekly, USA Today,* e *Southern California Independent.* Foi um sucesso total. Eu nunca tinha conseguido isso.

Eu deveria me sentir exaltado. Três décadas de pesquisa estão naquele livro. Alcançar todas essas listas de *best-sellers* deveria parecer um prêmio pelo conjunto da obra. Só que agora eu estava totalmente focado em um outro tipo de conquista. Ainda assim, liguei para o meu editor de longa data, Michael Wharton, e contei as boas notícias.

"Steven pode voar", disse Michael depois.

"Andar sobre as águas não foi feito em um dia", respondi.[iv] Então eu desliguei, dirigi para Kirkwood e esquiei como um doido.

Começou com uma redenção. Desde que Ryan esquiou a Calha Pencil, o nó na minha garganta havia sido constante. Uma linha reta de 22m? Era possível me controlar durante todo o percurso? Mas sabia que se não confrontasse esse nó na minha garganta, arruinaria a minha temporada.

Começamos com o nosso aquecimento de quatro voltas, mas o meu cérebro sabia dos meus planos na Calha Pencil, e o nó na garganta estava mais apertado do que nunca.

Dane-se — o confronto seria a única cura.

Nós esquiamos para o topo da Calha Pencil. Conforme entrávamos no funil, Ryan olhou de volta para mim com uma dúvida em seu semblante: devo ir ou ficar?

Ficar seria ruim. Ficar significava parar, e parar significava vertigem. Derrapei de lado pelo funil e olhei calha abaixo enquanto deslizava. Eu vi o padrão: as curvas, a linha reta, a saída. Acenei com a cabeça. Ryan entrou.

Ao assisti-lo esquiar, percebi que acertei dois de três. Reconheci as curvas e vi a saída, mas aquela linha reta era enorme. Cerca de quatro vezes mais comprida do que o padrão que o meu cérebro havia predito.

Deslizei por mais 30 cm. Senti o medo crescer e disse a mim mesmo que em nenhuma circunstância esquiaria essa pista como um idiota. Sem mais vergonha. Sem mais memórias ruins. Este é o Steven 2.0. Agora, esquie a porcaria da linha reta.

Mergulhei na primeira curva, na qual eu sabia a manobra. Nós vamos para onde olhamos. O segredo para as linhas retas: foque a saída com seus olhos, mantenha a postura e aguente firme. Se cair, mire na saída, na chance remota de que você caia em um espaço aberto.

Como é ir de 0 a 80 km/h sobre esquis? O que você sente ao ir de 0 a 80 km/h descendo em uma calha de lava, entre paredes imponentes de pedras antigas, em sombras profundas, na sua quinta década neste planeta — isto é, com idade o suficiente para ser mais esperto?

Um, dois, três — caramba, é muito tempo para gritar até chegar ao outro lado. O pânico bateu quando estava no dois. Olá, sentimento de que eu vou morrer. Olá, escuridão, minha velha amiga. Olhos na saída e dane-se tudo também.

---

iv Essa frase não é minha. Originalmente, é de Jack Keouac. Ver: Jack Kerouac, *Book of Haikus* (Nova York: Penguin, 2003), 169.

Gritei conforme esquiava para fora — então fiz outras dez coisas que me aterrorizavam. Não tenho certeza do porquê. Talvez eu buscasse o meu Cachorro Fantasma. Talvez o meu cérebro tenha decidido se livrar de todo medo em um dia só. Talvez seria para neutralizar todo o golpe de ego que veio ao alcançar todas aquelas listas de *best-sellers*. De algo tenho certeza, a montanha não se importa com quem você é ou o que fez recentemente. Ela não se importa nem um pouco.

No meio do dia, fui na frente em uma pista do lado esquerdo da Parede, logo ao lado da Cirque, também conhecida como Zona Proibida. Ryan me deu um olhar daqueles depois. Aparentemente, fiquei a cerca de 15 cm do penhasco durante todo tempo. Tanto faz. O dia todo foi assustador. Isso foi só mais um pouco assustador.

Terminamos o dia com uma viagem de volta à zona do penhasco entre a Notch e a All the Way. Mais uma vez, tive muita vertigem. Mais uma vez, tive que fazer um *kick turn* enquanto estava sobre uma coluna fina. Dessa vez, sabia o que fazer: gritei, usando toda a explosão de testosterona para pular, girar 180°, aterrissar sem cometer erros e esquiar a porcaria da saída em linha reta.

Foi esse o tipo de dia que tive.

No entanto, foi um péssimo dia internamente. Eu estava exausto. A torneira do estado de fluxo estava seca. A maconha não ajudou. Não tive brisa. Não entrei no estado de fluxo. Não teve graça. Apenas alguns vislumbres do *steazy*. Senti vertigem repetidamente. Parecia que alguém havia me espancado com um cano.

Mas nesse dia altamente desafiador, meus esforços foram completamente bem-sucedidos. Esquiei toda pista sem cair, parar ou travar. Na verdade, esquiei a Calha Pencil com estilo. Foi uma vitória definitiva. Com tudo isso dito, foi a maior coragem física que vi em mim mesmo em um único dia.

Eu tinha 53 anos, que tal?

HEAVENLY VALLEY, 8 DE FEVEREIRO DE 2021, VIGÉSIMO NONO DIA NA NEVE

Quando acordei, descobri que a voz da minha cabeça já havia acordado. "Você não pode confrontar a mortalidade toda vez que sentir vontade", disse ela. "Fizeram estudos científicos. O transtorno de estresse pós-traumático é real. Além disso, está sem cuecas longas e limpas."

Mesmo assim, fui para a montanha. Doze voltas depois, a voz da minha cabeça se calou.

KIRKWOOD, 10 DE FEVEREIRO DE 2021, TRIGÉSIMO DIA NA NEVE

A voz tinha um pouco de razão: eu estava assustado por causa da minha primeira descida na Calha Pencil. A minha resposta de sobressalto havia subido para onze — um sinal claro de estresse pós-traumático. Mas com 15 cm de neve nova em Kirkwood, talvez a cura estivesse disponível.

Sem voltas de aquecimento, nada para preparar o meu corpo; apenas a necessidade urgente de zerar o medo residual do meu sistema. Fui na frente de Ryan para fora da Lightning, em uma área em que nenhum de nós havia esquiado antes. Três curvas depois, vi um penhasco de 1m. Eu queria acabar logo com o primeiro ato assustador do dia. Pulei do penhasco.

A queda foi grande, muito maior do que eu esperava. "Parece que ainda estamos caindo", disse a voz da minha cabeça. "Parece que... bem, não preciso enrolar: se esse penhasco tivesse mesmo 1m de altura, você já teria aterrissado."

A voz estava certa. O penhasco tinha cerca de 3m. Mas aterrissei com sucesso, continuei esquiando e percebi que minha pulsação não havia acelerado.

"Parece que você melhorou", disse a voz.

O orgulho precede a queda. No nosso caminho de volta para o teleférico, entrei em uma vala, distendi minhas costas e caí feito uma pedra.

A dor era paralisante.

O estado de fluxo era a minha única esperança — a não ser que eu quisesse passar os próximos sete dias na cama. Os neurotransmissores que sustentam[4] o estado de fluxo diminuem a dor, combatem a inflamação e impulsionam o sistema imunológico. Se eu fosse para casa, mesmo com saunas, alongamentos e coisas do tipo, poderia levar uma semana para ficar curado. Se eu entrasse em estado de fluxo antes, o tempo de resposta seria cerca de três dias. Como esquiar para entrar no estado de fluxo quando mal consigo me mover? Essa era a próxima questão.

A resposta: maconha.

Fui para a parte inferior da montanha, me arrastei para a minha caminhonete, comi algumas coisas com maconha, tomei muita aspirina e esperei tudo fazer efeito.

Quando consegui me mover de novo, mudamos para o modo exploratório — isto é, em vez de tentar usar risco e desafio como gatilho para o estado de fluxo, tentamos usar novidade e imprevisibilidade.

O modo exploratório nos levou para a Reuter Bowl, no limite da estação. Território inexplorado para nós. No entanto, o mapa mostrava descidas diamante negro, o que significava que eu conseguiria dopamina do ambiente de novidade sem precisar que minhas costas fizessem muito esforço.

O modo exploratório funcionou muito bem. Ótima neve lá. Cenário melhor ainda. Duas voltas depois, estava animado de novo.

"Vamos aprender manobras novas", falei.

"Isso é a dopamina falando", devolveu Ryan.

"Aham", concordei. "E ela diz para eu me livrar do medo de fazer 180° em saltos de parques."

Um pacote de quatro saltos pequenos, um pacote de quatro 180° em saltos pequenos, e o meu medo de *lips* cegos e aterrissagens de costas havia desaparecido. E assim, um microestado de fluxo deu lugar a um macroestado de fluxo.

Na volta seguinte, nós vimos uma pequena berma de neve. O macroestado de fluxo produz um potente alívio à dor, o que explica por que decidi tentar fazer um *grind*[v] naquele local. Fiz um 180° para subir, deslizei de lado através da berma e pulei em 180° para sair dela. E assim, mais uma manobra na minha lista de manobras — agora finalizada.

Então, percebi um novo recurso: um *rail* ondulado de quase 2m empoleirado sobre um pequeno *quarterpipe*. Percebi que o mesmo movimento que usei para fazer o *grind* poderia me fazer subir o quarterpipe e chegar ao *rail* para deslizar sobre ele. Veja a pista, esquie a pista — e, caramba, fiz um *grind* pela primeira vez em um *rail*?

Mais uma vez, o orgulho precede a queda.

Na minha volta seguinte, tentei deslizar pela primeira vez sobre um *rail* turbo — uma salsicha de aço comprida e grossa. Pulei sobre ele, virei de cabeça para baixo, caí sobre o aço duro e depois no chão.

Isso não ajudou as minhas costas distendidas — mas isso era um problema para amanhã.

v Deslizar com as bordas dos esquis. [N. da T.]

Hoje nós batemos o recorde de voltas da temporada — 32 voltas. Então Ryan me escoltou de volta para casa apenas para garantir que minhas costas não doessem de novo ao passar no meio da montanha porque, você sabe, seria muito chato morrer depois de fazer todo aquele progresso.

KIRKWOOD, 13 DE FEVEREIRO DE 2021, TRIGÉSIMO PRIMEIRO DIA NA NEVE

Caíram 30 cm de neve durante a noite. O caminho foi intenso. O dia foi estranho. O destaque foi a Calha Ski School — outra pista na minha lista.

Tive medo da Calha Ski School desde que me mudei para Tahoe. A beirada era gigante. Parecia que a Terra acabava ali.

Durante toda a última temporada, evitei a calha. No primeiro dia da temporada, tentei observar da beirada. Eu cheguei a 90 cm dela, senti muita vertigem e quase entrei em colapso. Desde então, tenho chegado cada vez mais perto. Há quatro dias, cheguei perto o suficiente para ver a pista. Ela parecia esquiável — mas só se você estiver disposto a pular 4m da beirada e desviar de uma grande pedra na aterrissagem.

Hoje, Ryan e eu vimos a Calha Ski School viver de acordo com o seu nome. Nós vimos dois instrutores de esqui e um punhado de alunos parados na beirada. Eu nunca havia visto ninguém esquiar essa pista antes. Dane-se a vertigem — eu precisava saber como esse quebra-cabeças seria resolvido.

Nós começamos a esquiar em direção a ela, mas conforme nos aproximávamos, eu estremecia cada vez mais. Então, percebi que um dos alunos era uma menina de 12 anos. Se ela conseguia ficar parada na beirada e olhar para a pista, bem, eu não tinha desculpa.

Então um dos instrutores entrou na calha. Acontece que não é necessário pular da beirada. Em vez disso, é só deslizar para dentro pelo lado e pular para se livrar do perigo, o que parecia uma proposta significativamente mais fácil.

"Filho da mãe", falei em voz alta, "é assim que se esquia isso? Eu não fazia ideia."

A menina olhou para mim. "Você pode pular nela e ficar bem."

Como ter sucesso na Calha Ski School? Quando uma menina de 12 anos o confronta — que outra escolha você tem?

HEAVENLY VALLEY, 14 DE FEVEREIRO DE 2021, TRIGÉSIMO SEGUNDO DIA NA NEVE

Acordei exausto, mas fui para a montanha mesmo assim. Esquiei dezesseis voltas. O dia terminou com uma viagem incompleta pelas árvores em Hogsback. A neve estava congelada e comprimida, e não havia volume o suficiente. Pedras puras. Manzanita grossa. No meio do caminho, o meu esqui bateu em um arbusto e me fez dar cambalhotas. Eu deslizei até parar com o meu rosto a um milímetro de um pedregulho. Perto o suficiente para conseguir beijar a pedra.

KIRKWOOD, 17 DE FEVEREIRO DE 2021, TRIGÉSIMO TERCEIRO DIA NA NEVE

As condições precárias continuaram. Ondas congelantes de gelo soprado pelo vento e nenhum lugar para se esconder. Ryan e eu começamos na parte de baixo da montanha, mas desistimos depois de duas descidas aterrorizantes entre as árvores. Depois, fomos para a parte de cima da montanha. Nosso objetivo era a travessia alta para o Lightning. Se algum declive tinha neve decente, seria o Lightning, quem sabe.

Depois de 15m, deslizamos de lado pela montanha mais rápido do que poderíamos esquiar por ela. Depois de 30m, desistimos e esquiamos pistas alisadas por máquinas em direção ao teleférico. Até essas pistas pareciam assustadoras.

"Droga", disse Ryan no teleférico. "Eu queria muito fazer algo legal hoje."

Eu entendia o problema. Ryan seguia a minha abordagem de melhorar um centímetro de cada vez, por meio de padrões motores automatizados e um conjunto completo de ciência do estado de fluxo para aumentar seus esforços. Assim como eu, ele progredia em um ritmo ridículo. O progresso era viciante — esse era o nosso problema.

"Vamos tentar o parque", sugeri.

A primeira volta foi assustadora, mas Ryan deslizou em um *rail* e eu girei um *nose butter* e nenhum de nós morreu. A segunda volta foi melhor. Executei dois *nose butters* 360° e tentei outro salto 180°. Foi horrível, mas tanto faz. Aterrissagens cegas provocam manobras difíceis, e quem precisa de orgulho?

Na volta seguinte, Ryan começou a tentar deslizadas *lazy boy* — se inclinar sobre os esquis na mesma posição que alguém se inclina em uma poltrona reclinável La-Z-Boy, e então arrastar a mão na neve para iniciar um 180°.

Na volta depois dessa, copiei o movimento dele e aprendi uma manobra nova.

Algumas voltas para aperfeiçoar a manobra, e então saímos do parque e fomos para a montanha. E como é o estado de fluxo em grupo[10] em uma montanha de esqui?

Quando Ryan e eu começamos a fazer *nose butters* lado a lado e *shifties* em direções opostas — ou seja, ele pulava de um salto e girava para a esquerda, eu o seguia e girava para a direita — isso é um sinal muito bom.

Além disso, se essa coisa de esqui não funcionar? Ice Follies,[vi] aí vamos nós.

HEAVENLY VALLEY, 18 DE FEVEREIRO DE 2021, TRIGÉSIMO QUARTO DIA NA NEVE

Nevou mais durante a noite. Fui para Heavenly em uma missão solo, mas conheci um cara no teleférico que veio de Boston para esquiar. Ele disse que queria esquiar no *gnar*.

Bom, então...

Eu o levei para o Cânion Moot, um cânion em formato de ferradura no lado da montanha que pertence a Nevada, e lar de algumas das pistas mais turbulentas de Tahoe. Há alguns anos, um patrulheiro de esqui foi encontrado morto na parte de baixo de uma daquelas pistas. A coisa é séria.

Também foi a minha primeira volta em Mott nesta temporada, e talvez a minha décima quinta volta lá no total. Eu não conhecia o lugar muito bem, mas conhecia Hully Gully — uma descida de árvores íngreme e fora de ângulo com curvas desagradáveis e inconvenientes. Além disso, um dos declives mais tranquilos do cânion.

Nós deslizamos pelo portão de entrada e descobrimos 12 cm de neve fresca sobre a superfície sólida e apenas alguns lugares sem neve. Mas a neve nova estava fantástica, o que não era sempre o caso em Mott, e então ela ficou inexistente, o que geralmente é o caso em Mott.

Mott é tipo uma aposta de otário. Se você for no cânion pela primeira vez, parece que a parte mais íngreme da descida está no topo.

---

vi Show itinerante de patinação no gelo. [N. da T.]

Mas isso é uma ilusão de ótica. Na verdade, o cânion é convexo e há um segundo ponto crítico no meio: essencialmente, uma longa faixa de penhasco que geralmente é muito íngreme para segurar neve.

A neve boa no topo havia nos induzido a uma falsa sensação de segurança. Após a descida mais tranquila que já esquiei pelo topo da Hully Gully, fomos para dentro do cânion, deslizamos em direção ao segundo ponto crítico e descobrimos que a neve nova já havia sido esquiada. O que restou foi gelo sólido e grandes pedregulhos. Nós fizemos a dança da pedra para sobreviver.

"Radical", disse depois o esquiador de Boston.

"Quer tentar uma extrarradical?", perguntei.

Extrarradical era a Bill's, a qual eu já ouvi falar, mas nunca esquiei. Lá a neve era melhor, o terreno era mais feroz. Eu sabia que, se conhecesse bem o lugar, a descida seria bem fluida, mas eu não a encontrei hoje.

"Extrarradical", disse o esquiador de Boston.

"Quer tentar uma nuclear?"

A nuclear era a Y, que era uma das pistas mais *gnar* do cânion. Há uma seção de 50° no topo e um penhasco maior ainda abaixo. Muito íngreme e uma área onde realmente não se deve cair.

Fui para a seção mais íngreme do topo e senti vertigem instantaneamente. Fiz a primeira curva antes da tontura se tornar um problema. Esquiei como um idiota, é claro, mas me recompus no final e terminei bem.

"Nuclear", disse o esquiador de Boston.

"Quer tentar uma termonuclear?"

"Não", respondeu ele. "Eu vou tentar o álcool."

Entendia como ele se sentia, mas eu não havia terminado. Nós nos separamos. Eu fui explorar. Não fui para a termonuclear. Em vez disso, fui buscar descidas legais.

Encontrei duas pistas de árvores com alto potencial para o estado de fluxo e esquiei cinco voltas em cada uma em alta velocidade. O que posso dizer? Depois de me assustar no Cânion Mott, fazer a dança da gravidade através de árvores estreitas foi relaxante.

KIRKWOOD, 21 DE FEVEREIRO DE 2021, TRIGÉSIMO QUINTO DIA NA NEVE

Céu cinza e condições difíceis. Em torno de 15 cm de neve no topo, gelo sólido e grosso na parte de baixo. Ryan e eu aquecemos e fomos para a Parede. A Norm's Nose era o nosso destino, mas não dava para esquiar a neve da travessia. Os meus esquis largos não conseguiam fincar na neve. Tentei cinco curvas, nenhuma segurou, e nada de bom vem disso.

Desistimos da Nose, apontamos os nossos esquis para baixo da montanha e saímos de lá.

Mas eu sabia que o gelo não era o meu problema. Meu problema era a Calha Pencil. Apesar de a minha primeira descida ter sido um sucesso, a calha me assustava. Eu estava me contraindo. A contração era um sinal de muita noradrenalina. Esse neurotransmissor aumenta a agitação e melhora o foco em níveis mais baixos, mas ao ultrapassar um certo limite, a agitação se transforma em ansiedade, o foco se transforma em hipervigilância, e nada disso é bom para a alma.

Para reiniciar o meu sistema nervoso, eu precisava tentar a Calha Pencil mais uma vez. No entanto, a segunda vez era sempre pior do que a primeira, porque eu sabia o que esperar.

É claro, eu me apavorei ao me aproximar da calha e fiquei muito nervoso para tentar. É claro, esquiei até o final e assisti o Ryan arrasar na pista. É claro, ele disse que a neve estava ótima ali — melhor do que em qualquer outro lugar na montanha e muito melhor do que estava na última vez que esquiamos ali.

Tentei acreditar nele. Sabia que tinha que esquiar a Calha Pencil hoje ou viver com o medo. Estava cansado de viver com o medo.

Voltamos para o teleférico. Havia uma música do U2[11] na minha cabeça: "Então eu flutuei para fora dali." Suspeitei que a morte deveria parecer assim. E flutuei para fora dali... Tipo: *até mais*, *obrigado*, e partiu.

Isso era uma premonição? Era alguma coisa.

Desta vez, fomos para o topo do funil e Ryan não hesitou. Ele avançou para a pista, fez a curva fechada à esquerda, entrou através das paredes de pedra e sumiu de vista. Fiquei sozinho. Eu olhava para uma linha reta de 22m. Se olhasse por muito tempo, a vertigem chegaria. Deslizei 30 cm abaixo, depois mais 30 cm, mas de forma alguma deslizar de lado na Calha Pencil contava como uma vitória.

O medo da vergonha futura me levou para a calha. Fiz a primeira curva com sucesso, a segunda, vi a saída, foquei meus olhos, travei minha postura, comecei a acelerar — e, que diabos?

Senti como se o meu esqui direito estivesse sobre bolinhas de gude. Olhei para baixo e vi um brilho rápido. Pedaços de gelo haviam caído das árvores e foram soprados para dentro da calha, e o meu esqui direito deslizava sobre um monte deles.

E então não deslizava mais.

Da parte de baixo, Ryan viu meus esquis começarem a escorregar e meu corpo começar a se inclinar para frente. Aparentemente, eu estava prestes a dar cambalhotas na Calha Pencil abaixo.

Senti a calma profunda que sempre precede uma queda ruim. Eu conhecia esse sentimento. Sabia o que ele significava.

Não dessa vez. Dessa vez, descobri outro mecanismo. Depois, dublei isso assim: "Dane-se! Não vou morrer!"

Foi um momento de raiva frenética. Um surto selvagem de testosterona e adrenalina. Lutei contra o meu cérebro, contra a gravidade, coloquei o meu tronco para cima, coloquei meus esquis na trilha, deslizei pela linha reta e flutuei para fora dali...

No fim, fizemos dezoito voltas. O destaque foi uma pista de árvores fora da Chair 5. Pule depois do toco de árvore, faça uma curva fechada à direita e encontre a entrada escondida entre as árvores. Lá as curvas são estreitas, e todas têm risco de avalanche. Perfeito para geometria rápida.

Então nós fizemos bonito: *nose butter* 360° no primeiro *hit*, um *shifty* no segundo, depois um pulo sobre um toco, uma curva fechada à direita entre a brecha na floresta e, finalmente, um pequeno 180° em um *hit* lateral na parte de baixo.

Na nossa última volta, conforme pulava pela última vez, vi um pai e seus filhos no meio da aterrissagem. O pai estava escondido atrás de um pinheiro; as crianças foram lançadas na neve. Eu já havia começado a girar, mas sabia que se tentasse um 180°, aterrissaria de costas e talvez sem controle para desviar das crianças.

Mudança de plano em pleno voo.

Senti remorso depois, mas fiz um enorme *nose butter* 360°. Eu aterrissei diretamente entre as crianças, virado para frente e com todo o controle. Continuei esquiando como se nada tivesse acontecido, mas não antes de ver o queixo do pai cair.

Mas regras são regras. Se faço uma manobra, Ryan tem que fazer o mesmo. Em outras palavras, como ele estava atrás de mim e ainda não sabia do pai e seus filhos, e como eu havia acabado de executar um *nose butter* 360°, o queixo do pai continuou caído porque Ryan fez a mesma coisa depois de mim.

As crianças, no entanto, aplaudiram.

HEAVENLY VALLEY, 22 DE FEVEREIRO DE 2021, TRIGÉSIMO SEXTO DIA NA NEVE

O boletim do tempo: céus ensolarados e muitas multidões.

Na fila para o teleférico, encontrei a minha velha amiga Sofia Mileti, uma esquiadora talentosa que conheci no Novo México. Sofia estava em Tahoe durante o inverno. Ela se escondia das multidões no Cânion Mott. Nós nos unimos para dar algumas voltas.

Sofia tinha se aquecido e já estava em velocidade total. Tentei seguir o seu ritmo. Ela me liderou em uma corrida em zigue-zague, e costuramos juntos seções da Hully Gully, da Widowmaker e da Snake Eyes. Terminamos em uma pista de solavancos heroicos na parte de baixo da Ernie's. Sofia gostava dos solavancos heroicos porque a lembram da sua infância no time *freestyle* de Park City. Eu gostava deles porque todos que estavam no teleférico conseguiam vê-los, e solavancos heroicos são chamados de solavancos heroicos porque fazem qualquer um parecer bom.

Levei aquela confiança de volta para a Y. Sofia nunca havia esquiado nela antes. Pronunciei as famosas palavras: "Apenas me siga."

Infelizmente, eu não estava aquecido. Esquiei o topo da Y como um idiota. Ficou pior no meio. O ponto crítico era gelo puro. Vinte curvas do tipo "não morra". Puro esqui de sobrevivência. Todos na descida esquiavam para salvar a própria vida e faziam isso horrivelmente, mas eu levei a questão de esquiar mal a sério.

Em um esforço para parar de esquiar mal, comi biscoito com maconha e tentei esquecer. E esqueci mesmo. Esqueci de ler o rótulo. Pensei que era um biscoito de 10 mg. Na verdade, era de 100 mg. Uma hora depois, em algum lugar da Powder Bowl Woods, as árvores começaram a falar comigo.

HEAVENLY VALLEY, 23 DE FEVEREIRO DE 2021, TRIGÉSIMO SÉTIMO DIA NA NEVE

Assumi o turno da tarde e fiz doze voltas. Sofia estava por perto, mas havia batido o rosto em um galho na Milky Way Bowl e estava bem abalada. Nós tentamos manter nossas aventuras tranquilas.

Algumas voltas depois, abandonamos a tranquilidade. Não foi intencional — foi neuroquímico.

Esquiávamos a Pista Express, um labirinto estreito de saliências e quedas de pedras que fica diretamente abaixo de um teleférico. A audiência aumentou o nível do desafio. Ter sucesso em nosso desempenho[12] nos recompensou com dopamina — também conhecida como a razão neuroquímica pela qual aparecidos gostam de aparecer.[13]

É claro, voltamos para o bis.

Depois, Sofia disse que o dia de esqui já havia terminado para ela. Senti o mesmo, mas dei uma volta final na Powder Bowl Woods e pedi desculpas às árvores por qualquer coisa inapropriada que eu poderia ter dito enquanto estava chapado. Depois, voltei para casa.

HEAVENLY VALLEY, 25 DE FEVEREIRO DE 2021, TRIGÉSIMO OITAVO DIA NA NEVE

As condições estavam complicadas e Kirkwood estava pior do que Heavenly — então, fomos para Heavenly. Estava complicado mesmo. Neve dura como pedra e nada para fazer além de esquiar em alta velocidade nas pistas alisadas por máquinas até o sol aquecer as coisas.

No entanto, as condições eram o menor dos meus problemas. Eu estava preso no limbo do equipamento. Precisava dos meus K2 Mindbender 108 para fincar no gelo, mas não foram projetados para esquiar de costas e pode ser difícil aterrissar de costas com eles. Os meus Prodigy 4.0 eram fantásticos para esquiar de costas, mas eram muito largos para fincar no gelo e isso os tornava mortais nos declives. E os meus Faction CTs eram inúteis. Talvez fosse o ponto de montagem, talvez fosse o design do esqui, talvez eu estivesse esquiando mal — mas toda vez que tentava usar os CTs, eles tentavam me matar.

Estava cansado de lutar contra o meu equipamento, mas esquiei mesmo assim. Por volta da décima descida, a voz da minha cabeça já havia parado de reclamar. Na décima primeira, Ryan encontrou neve boa nas árvores. Celebramos esquiando dez voltas na mesma pista, pulando de tudo que víamos, e então, na volta seguinte, tentando pular mais longe ainda.

Na nossa última volta, Ryan voou para dentro da floresta, fez uma curva para a esquerda entre as árvores, pulou de um pedregulho e fez uma pequena contração de cabeça no meio do ar. Eu vi a contração assim que subi no pedregulho.

"Que droga", disse a voz da minha cabeça.

Enterrado no meu subconsciente havia um arquivo completo do léxico não verbal[14] de Ryan. Eu conhecia todas as suas contrações. Sabia que essa contração de cabeça em particular significava que não havia nenhuma neve do outro lado do pedregulho. Sabia que eu estava em apuros.

Sim, suspeita confirmada do grande problema da contração de cabeça no meio do voo: grama, pedras e árvores abaixo. Nenhum floco de neve à vista.

Mas Ryan viu algo que não vi. Ele arqueou para o lado no meio do voo, aterrissou em uma pequena crescente de neve e então pulou de novo. Encolheu os joelhos e disparou em direção a um segundo trecho de neve a cerca de 3m de distância. Esqui de sobrevivência em alta velocidade. Menos geometria rápida e mais *pinball* bêbado. Mas quando acabou, ri por ter sorte de estar vivo.

KIRKWOOD, 27 DE FEVEREIRO DE 2021, TRIGÉSIMO NONO DIA NA NEVE

Muito gelo. Muito frio. Tipo, 12 °C negativos durante todo o dia, 24 °C negativos com o vento. Nós fizemos algumas voltas de aquecimento que não ajudaram. Sabíamos que o frio atrapalharia os nossos tempos de reação e nos tiraria do ponto ideal de desafio-habilidade e tornaria o estado de fluxo inviável. O modo exploratório[15] era a nossa única esperança.

Decidimos checar o lado ensolarado da montanha. O sol estava aparecendo, mas o vento também. Estava 12 °C mais frio com o vento. A mentira do lado ensolarado.

Depois, atravessamos para a outra direção para investigar a beirada do Palisades. Não havíamos visitado o lugar antes. Descobrimos zimbros ocidentais de quinhentos anos. Casca laranja dourada listrando troncos descontroladamente torcidos, uma árvore feita para durar mil anos.

Havia alguns centímetros de neve fresca escondida debaixo daquelas árvores, e gelo sólido em todo o resto do lugar. Tanto faz, era bom flutuar.

De tarde, decidimos usar as condições terríveis a nosso favor. Daria para usar geometria rápida Oops abaixo com a calha em má forma?

Pergunta interessante.

O topo da calha era formado de saliências congeladas; o meio era apenas gelo. Uma daquelas descidas que é realmente preciso confiar nos esquis. Os meus fincaram. E fazer a dança da gravidade em gelo sólido produziu estado de fluxo instantaneamente.

Admito, estado de fluxo instantâneo não existe. Se eu estivesse trabalhando, diria que essa experiência estava cheia de gatilhos para o estado de fluxo — as pré-condições psicológicas que levam a reações neurobiológicas que produzem tanto o estado de fluxo individual (eu, sozinho) quanto o estado de fluxo em grupo (eu e Ryan, juntos, na versão compartilhada do estado).

Na parte individual, havia *risco*, *novidade* e *imprevisibilidade* no terreno. Para esquiar nesse terreno, precisava tomar decisões *criativas* e *firmes* no *ponto ideal do meu desafio-habilidade*. São seis gatilhos para o estado de fluxo individual.

Na parte de estado de fluxo em grupo, a lista é mais longa. Antes de chegarmos nela, um detalhe é crucial: o estado de fluxo segue o foco. O estado surge apenas quando colocamos toda a nossa atenção no aqui e agora. Logo, todos os gatilhos do estado de fluxo[9] amplificam a atenção. A diferença entre gatilhos de estado de fluxo individual e em grupo? Os últimos conduzem a uma versão compartilhada da atenção, em que duas ou mais pessoas ficam absorvidas na mesma experiência e, geralmente, nos mesmos detalhes dessa experiência.

Mais especificamente, quando Ryan e eu esquiamos naquela pista gelada juntos, para criar um estado de fluxo em grupo, recorremos ao *risco compartilhado*, *objetivos compartilhados*, *boa comunicação*, *participação igualitária* e *escuta atenta*. Novamente, se eu estivesse trabalhando, destacaria que esses mesmos gatilhos de estado de fluxo em grupo podem ser usados em uma reunião de negócios, quando tentamos conversar com nossos filhos ou em qualquer outro lugar em que pessoas se juntam.

É claro, já que não estou trabalhando, esqueça que falei isso.

Uma coisa é certa: todo aquele estado de fluxo tirou os resíduos de trauma da minha segunda descida na Calha Pencil do meu sistema. Só precisei de um dia em alta velocidade sobre um gelo terrível para limpar a minha mente.

HEAVENLY VALLEY, 28 DE FEVEREIRO DE 2021, QUADRAGÉSIMO DIA NA NEVE

A montanha estava cheia. Decidi me esconder das multidões no Cânion Killebrew. Eu estava sozinho, o que fez disso uma decisão arriscada. Killebrew é lar de algumas descidas turbulentas e desconfortáveis como a Pipeline, a descida mais íngreme de Heavenly — ou foi o que ouvi.

Eu nunca havia esquiado na Pipeline antes. Na verdade, só estive em Killebrew em uma outra ocasião, quando me perdi rapidamente, errei a curva final e terminei vagando pelas árvores, muito fora dos limites. Fiquei muito assustado. Em certo momento, encontrei a Rim Trail e fiz uma caminhada longa de volta à estação — xingando o tempo todo.

Desta vez, a mesma coisa aconteceu. De novo, eu estava sozinho. Mais uma vez, estava perdido. Os penhascos estavam abaixo de mim? Não fazia ideia. Havia neve debaixo de mim? Não fazia ideia. Meu coração acelerou. Minha visão embaçou. Eu não gostava do rumo que isso estava tomando.

O meu pior medo ao esquiar é estar sozinho, perdido, talvez sobre penhascos expostos, com a ameaça iminente da vertigem. Antes do pânico tomar conta, mergulhei na minha primeira curva e esquiei na pista como se soubesse o que estava fazendo.

Mas a pista não era tão íngreme. E não havia penhascos abaixo de mim. Depois de cinco curvas, o meu cérebro rebaixou o nível de ameaça. De repente, a minha visão ficou limpa e percebi que o cânion era lindo e que as curvas eram fluidas. Comecei a sorrir. Tive a sensação de que Killebrew poderia se tornar o meu lugar favorito em Heavenly, mas não hoje.

Hoje, errei a última curva de novo, esquiei para a parte de baixo do cânion e tive que caminhar a droga da Rim Trail de volta para a estação. Passei a maior parte da caminhada pensando em quantas vezes estive perdido e amedrontado nas montanhas. Muitas vezes.

Depois, esquiei seis voltas no Cânion Mott, buscando o progresso. Queria uma pista fluida. Tentei encontrá-la em Hully Gully, Widowmaker, Snake Eyes, Bill's, Ernie's e por fim na Y. Não funcionou. O meu Cachorro Fantasma não estava em nenhum lugar à vista.

KIRKWOOD, 1º DE MARÇO DE 2021, QUADRAGÉSIMO PRIMEIRO DIA NA NEVE

Moído de ontem — é o que diziam os meus músculos. A dor tentou me fazer desistir de esquiar. A dor perdeu essa batalha. Eu queria uma missão solo para Kirkwood e decidi ir devagar e ver o que acontecia.

Foi outra aula sobre como o meu corpo mente sobre a preparação física. Acordei sem conseguir me mexer. Comecei a me mexer. Fui para Kirkwood — dei vinte voltas. Doze foram descidas imparáveis na Oops, que ainda estava um gelo sólido, razão pela qual eu também precisava de uma missão solo.

Eu precisava do gelo. Estava testando uma teoria.

Andrew Huberman,[16] neurocientista de Stanford, uma vez me disse que podemos combater o medo com a visão periférica. Quando olhamos para o mundo através dos cantos dos nossos olhos, o cérebro pensa: *ok, tudo está bem, você está apenas observando o cenário.* Isso ativa o sistema nervoso parassimpático, também conhecido como o modo relaxado.

A visão focada produz a reação oposta. Ela ativa o sistema nervoso simpático. Em vez de relaxar, somos lançados para a luta. Uma vez lá, nossa visão se contrai ainda mais para que possamos nos manter focados na ameaça à nossa sobrevivência que está diretamente diante de nós.

O experimento de hoje desenvolveu essa ideia. Ele foi provocado por um comentário feito pelo Ryan. Se não estivermos entre árvores estreitas, que são a minha especialidade, Ryan é um esquiador um pouco mais rápido do que eu. Há algumas semanas, ele disse que manter a visão focada no fim da descida era um dos principais segredos de sua velocidade.

"Isso me permite ver mais da montanha", foi como explicou.

"Ver mais da montanha" soou como visão periférica. Então comecei a pensar se manter a visão focada no fim da descida poderia ativar o sistema nervoso parassimpático. Isso reduziria os níveis de medo, aumentaria o ponto ideal de desafio-habilidade e talvez me ajudaria a encontrar uma entrada pelos fundos do estado de fluxo.

Foi por isso que esquiei doze voltas na Oops com a neve em péssimas condições. O ponto crucial da descida pareceu uma pista de patinação lateral. Era o tipo de seção assustadora que exigia muito foco. Mas o que aconteceria se mantivesse o meu foco no fim da montanha? Se isso contasse como visão periférica, eu me acalmaria e veria mais do declive. Se não, eu provavelmente cairia, e isso provaria uma coisa diferente.

Não caí. Na verdade, ao manter a minha visão no fim da montanha, vi mais possibilidades de pistas, e isso fez com que a descida parecesse mais devagar apesar de estar esquiando mais rápido. Essa mudança também diminuiu os meus níveis de medo, o que era uma prova da ativação do sistema nervoso parassimpático.

Mais uma vez, a biologia funcionou como prometido.

NORTHSTAR, 3 DE MARÇO DE 2021, QUADRAGÉSIMO SEGUNDO DIA NA NEVE

Talvez tenha sido o meu dia favorito da estação, e eu o passei esquiando no parque para crianças de Northstar. Com o nível de ameaça baixo e minha confiança em alta, contanto que eu mantivesse o meu ego fora da equação — o fato de que eu esquiava em um parque para crianças —, as oportunidades para o progresso eram consideráveis.

O resultado? Meu primeiro giro zero — ou seja, pular de costas, aterrissar de costas e não girar no ar. O meu primeiro *safety grab* "puxado", em que peguei meu esqui embaixo da bota e o puxei— muito forte — para o lado. Dúzias de *nose butters* 360°. E definitivamente o melhor 180° que já fiz em um salto em parque.

Isso nos leva a uma pequena digressão sobre *mindset.*

Os cientistas definem *mindset* como "pressupostos centrais que nos orientam em direção a um conjunto particular de expectativas, explicações e objetivos", parafraseando Alia Crum,[17] psicóloga de Stanford. Esses pressupostos assumem um papel crucial nos nossos anos finais. Uma pesquisa da década de 1970[18] mostra que um *mindset* positivo em relação ao envelhecimento — isto é, ver a segunda metade da nossa vida como um tempo de possibilidades animadoras — previne o declínio cognitivo, preserva a destreza física e aumenta a longevidade. O exemplo mais famoso desse impacto vem do Estudo Longitudinal de Envelhecimento e Aposentadoria de Ohio,[19] que durou vinte anos e contou com milhares de participantes, no qual pesquisadores descobriram que um *mindset* positivo em relação ao envelhecimento produziu impressionantes 7,5 anos de vida a mais.

Com certeza os meus primeiros 42 anos na neve mudaram o meu *mindset* em relação ao envelhecimento. Isso não foi o subproduto do esforço. Não tentei substituir a minha visão antiga e limitada em relação aos meus anos finais. Na verdade, quando confrontada com a evidência de *nose butters*, giro zeros e *safety grabs* puxados, aquela visão antiga não tinha nenhuma chance.

Para fechar a tarde, tentei o meu primeiro 50-50 em um *rail* turbo. Ryan tentou também. Os nossos *mindsets* melhorados não ajudaram. Nós dois subimos no *rail* com nossos esquis juntos. Nos dois casos, nossos esquis deslizaram para direções opostas, e caímos e batemos os testículos no aço.

Infelizmente, sempre há um amanhã...

NORTHSTAR, 4 DE MARÇO DE 2021, QUADRAGÉSIMO TERCEIRO DIA NA NEVE

Hoje marcou o meu quadragésimo terceiro dia na neve. Isso significava que eu havia igualado o meu recorde de dias de esqui em uma temporada. Deveria parecer uma enorme conquista, mas não foi o que senti.

Acordei exausto e muito ansioso. O cansaço era esperado, pois era o subproduto da minha exigência com meu corpo. A ansiedade foi uma surpresa, pois parecia ser o subproduto da minha exigência com minha mente — ou seja, o subproduto do sucesso.

Eu esquiava em um ritmo impressionante, pelo menos para mim. Nunca havia aprendido nada tão rápido — e esse era o problema.

Ir para a montanha, dia após dia, e saber que estava lá para fazer algo que me assustava; isso se tornou complicado depois de três meses consecutivos. Havia um peso psicológico acumulado por confrontar o medo, mesmo que esses confrontos tenham terminado em sucesso. Eu não esperava por esse peso, pois nunca havia feito tanto progresso antes.

Outra coisa que eu não esperava: o vício do progresso.[20] É claro, com todo o tempo que passei estudando desempenho máximo, provavelmente deveria esperar por isso. Mas, novamente, alguém espera pelo vício?

De qualquer forma, eu me aventurei no Território *Gnar* com expectativas baixas e curiosidade alta. Levei uma surra no primeiro mês da temporada — manguito rotador rompido, hematoma no quadril direito, hematoma na nádega direita etc. — o que atendeu às minhas baixas expectativas e diminuiu a minha curiosidade. Fiz uma curva depois de ser forçado a pular do penhasco de Chamoix, o que abriu a porta para maiores pulos de penhascos e me levou a riscar mais pistas da minha lista.

Aquelas pistas grandes eram tão assustadoras que fizeram o *park skiing* parecer mais seguro. Isso reduziu os meus níveis de ansiedade, aprimorou o meu desempenho e levou a uma sequência de sucessos que incluíam as duas manobras novas que aprendi ontem. Portanto, apesar de o peso acumulado de todo aquele medo estar começando a desgastar os meus nervos, eu fiz tanto progresso viciante que não havia como parar.

Ryan sentia o mesmo.

Por isso, apesar de que hoje deveria ter sido um dia de descanso, não conseguimos resistir e voltamos para Northstar para outra rodada de saltos a partir de qualquer coisa.

A animação nos manteve ativos por um tempo. Ela levou Ryan a deslizar em *rails*. Ela me fez esquecer que o meu corpo estava dolorido. Então, no fim do dia, aquele dolorido se transformou em dor. Então me lembrei. Por todo o caminho de volta para casa, eu me lembrei.

Capítulo 6

HEAVENLY VALLEY, 6 DE MARÇO DE 2021, QUADRAGÉSIMO QUARTO DIA NA NEVE

Eu fiz as contas.

Hoje foi o meu quadragésimo quarto dia na neve. Estava a seis dias de distância do meu alvo de cinquenta dias da pré-temporada. Não queria azarar o meu progresso, mas a matemática sugeria que eu conseguiria esquiar mais de cinquenta dias. Então, quantos dias *conseguiria* esquiar?

Boa pergunta.

Comecei a temporada forte e me sentia ainda mais forte agora. O desejo não havia diminuído. A minha fome de progresso era enorme, pois havia sido abastecida por todo o progresso já realizado.

Todo esse progresso resultou da disponibilidade dos meus cinco maiores motivadores intrínsecos[1] (curiosidade, paixão, propósito, autonomia e domínio) e três níveis de objetivos[2] (nível de missão, de dificuldade e de clareza diária), todos apontados para a mesma direção. No quesito motivação, a minha *curiosidade* em relação ao *park skiing* alimentou a minha *paixão* geral pelo esporte, o que alimentou o meu *propósito* maior de vida, que é decifrar o desempenho máximo. Por sua vez, esses motivadores foram abastecidos pelo *domínio*, ou o meu constante progresso no *park skiing*, e pela *autonomia*, ou a minha liberdade para buscar o domínio — isto é, a minha capacidade de esquiar quando queria esquiar. É claro, isso resultou da adesão à minha agenda maluca, das 3h às 20h, que foi a razão pela qual precisei de toda essa motivação em primeiro lugar.

No quesito objetivos, eu tinha objetivos diários claros (esquiar dezesseis voltas) que alimentavam o meu objetivo altamente difícil (aprender *park skiing*), que alimentava o meu objetivo de nível de missão (avançar a ciência do desempenho máximo). Por esses motivos, precisava ser bastante cuidadoso com a minha resposta. Estava prestes a criar um novo objetivo e não queria estragar a minha pilha de motivações, não quando estava funcionando tão bem. Além disso, a cláusula do meu contrato de não passar mais vergonha era clara: se estabelecesse um objetivo físico, se eu o falasse em voz alta, precisaria alcançá-lo.

Considerei cem dias na neve como o meu novo alvo, mas não queria estar fadado ao fracasso. Cem dias não permitiriam descanso. Isso significava que não poderia me machucar. Isso significava esquiar até junho — o que seria possível apenas se as estações permanecessem abertas até lá ou se eu me comprometesse em uma missão longa no Monte Hood no verão.

Cem dias parecia arriscado. Será que a pressão de ter que esquiar sempre atrapalharia a minha motivação para continuar esquiando? Será que essa pressão me tiraria do ponto ideal de desafio-habilidade e interferiria no meu progresso? Era arriscado demais.

Então decidi esquiar por 86 dias. O meu recorde era de 43 dias, então 86 seria o dobro. Isso parecia corresponder às motivações necessárias. Também tinha a quantidade certa de peso simbólico.

Mais tarde, percebi que o meu desejo de progredir no *park skiing* ia contra o meu desejo de esquiar o maior número de dias possível. *Park skiing* tinha a ver com força e agilidade. Significava dias explosivos e cheios de energia. Esquiar o maior número de dias possível estava relacionado à resistência. Significava conservar energia ao longo do caminho porque o caminho era longo. Além disso, o *park skiing* exigia mais tempo de recuperação do que esperava e, devido ao meu objetivo de resistência, muito mais tempo de recuperação do que aloquei.

Mas isso era uma preocupação para depois.

Hoje fiz 27 voltas. Não pretendia esquiar tanto, mas depois de 12 voltas, pulei de um pequeno pedregulho, tive a sensação de voar e entrei no estado de fluxo. "Nunca desperdice um estado de fluxo" é outra regra, então esquiei mais quinze voltas e tentei exigir um pouco mais de mim mesmo em cada uma.

Quando terminei, fui para casa pensando sobre o meu novo objetivo: 86 dias na neve. Eu havia falado em voz alta. Havia estabelecido isso como um objetivo.

O que eu tinha na cabeça?

HEAVENLY VALLEY, 8 DE MARÇO DE 2021, QUADRAGÉSIMO QUINTO DIA NA NEVE

Missão da tarde. Uns 2 cm de neve nova no chão. Era o suficiente para me meter em encrenca, mas não o suficiente para sair dela.

Eu me meti em encrenca.

A neve me seduziu a entrar em velocidade, a velocidade me levou para o ar, os 2 cm de neve não ajudaram muito na aterrissagem — você deve entender a encrenca.

Primeiro, esquiei através das árvores, dei uma volta num pinheiro e não vi um *lip* formado pelo vento. O *lip* formava uma rampa gigante que me lançou no ar. Voei ao lado de um pinheiro e a voz da minha cabeça fez uma pergunta familiar: "Será que você vai morrer agora?"

Eu não morri, mas cheguei perto. Os 2 cm de neve nova significavam que a cobertura estava espessa o suficiente para esconder o que estava por baixo, mas não o suficiente para deslizar sobre ela. Isso explica por que, na minha descida seguinte, no meio de um *carve* fechado, as partes traseiras dos meus esquis bateram em um pequeno toco e fui novamente lançado no ar. Dessa vez, consegui cair de cabeça em um monte de neve antes de ser arremessado em uma árvore.

Duas descidas depois, tentei um *nose butter* quando as partes traseiras dos meus esquis bateram de novo. Foi uma batida forte. Aqueles dois momentos perigosos e uma batida forte bastaram para mim. Saí da montanha e fui para casa me sentindo sortudo por estar intacto.

O que eu não sabia: a minha sorte não duraria muito tempo.

KIRKWOOD, 9 DE MARÇO DE 2021, QUADRAGÉSIMO SEXTO DIA NA NEVE

Clima estranho. As Sierras estavam secas, mas uma nevasca enorme caía em Kirkwood há dias.

Estradas congeladas. Visibilidade comprometida. Na Carson Pass, a caminhonete da minha frente foi com muita vontade no acelerador e perdeu a traseira. Ela foi de um lado para o outro na estrada, girou e o motorista me olhou com olhos arregalados enquanto eu desviava em volta dele. Depois, percebi que essa havia sido uma situação de risco de vida. Na hora, foi um balé em câmera lenta com o som desligado.

Mas a viagem ruim valeu a pena.

Ryan e eu fomos os primeiros. A neve estava tão profunda que tivemos dificuldade em descer a montanha. Tudo que podíamos fazer era inclinar para trás e rir. A neve respingava nas nossas coxas. Era a neve mais leve e profunda que já havíamos encontrado.

Na nossa terceira volta, decidi usar a neve nova em meu favor. Queria tirar o rancor da Main Nostril, uma calha em linha reta no centro da Norm's Nose com cerca de 15m de comprimento e 1,5m de largura.

No ano passado, tentei esquiar na Main Nostril em duas ocasiões diferentes. Em ambas as vezes, fiquei agarrado no início da calha e tive que dar passos laterais até o fim, me odiando por cada passo lateral.

Hoje, esquiei para dentro da calha, fiz uma curva alta na parede esquerda e iniciei uma miniavalanche. Ela varreu os meus pés, me virou de cabeça para baixo e me enterrou até a cintura. Agora eu estava parado, com os pés presos sobre a minha cabeça, balançando sobre o ponto crítico da Main Nostril. Foi o mesmo lugar onde fiquei agarrado ano passado. Duas vezes.

Para me desenterrar da neve, tive que fazer um abdominal de cabeça para baixo e depois bater a neve dos meus pés. Dez batidas depois, meus esquis se soltaram — só que agora eu deslizava pela calha de cabeça para baixo e de costas.

Dei uma cambalhota para colocar os meus esquis embaixo de mim e os segurei conforme saía da calha. Isso não contou como uma vitória. Ryan nem perguntou. Ele sabia que nós voltaríamos para esquiar essa pista de novo, imediatamente.

Na segunda vez, entrei na calha e deslizei para a saída. Muito fácil. Tirei aquele rancor sem dificuldades. Mas tive uma ideia: a lâmina de pedra que formava a parede esquerda da Main Nostril tinha uma outra calha que descia do seu centro. Ela parecia esquiável.

Não podia estar mais enganado.

Nós percebemos nosso erro assim que voltamos para o topo. A calha era, na verdade, um penhasco com pouca neve.

"Eu vejo uma pista", disse Ryan.

"Não."

"Acho que vou tentar."

Ele foi. A sua primeira curva iniciou outra miniavalanche. Se não ficasse na frente dela, esquiaria sobre pedra pura. A única solução era encolher os joelhos e pular do penhasco.

Mas quando Ryan tentou encolher os joelhos, seu esqui direito bateu na pedra e ele caiu de lado. Um segundo antes de bater na pedra, conseguiu soltar o esqui e pular do penhasco.

"Caramba", falei, enquanto ele escapava do perigo.

Eu não estava fora de perigo. Ainda estava encurralado. A avalanche havia limpado a neve da pedra. A minha única escolha era esquiar para a direita e rezar por uma entrada lateral para a Main Nostril.

Mas não havia entrada lateral. Havia apenas a grande lâmina de pedra. A minha opção final foi pular um penhasco de 3m, girar no ar para me centralizar entre as paredes de pedra e aterrissar sem erros.

Não havia tempo para encontrar uma solução melhor. Assim que esquiei para cima do penhasco, iniciei uma pequena avalanche. Era a mesma situação pela qual Ryan passou, e tinha a mesma solução: ou esquiar na frente da avalanche pelo penhasco ou esquiar sobre pedra pura.

Pulei no ar, virei de lado, saltei do penhasco, aterrissei sem erros e me lancei na linha reta. Lá na frente, vi Ryan começar a levantar seus braços em sinal de vitória. Então, vi seus olhos se arregalarem de terror e ouvi uma voz onde não deveria haver voz.

No mesmo momento que pulei do penhasco, um cavalheiro de 1,82m e 95 kg esquiou para dentro da Main Nostril, acelerou na linha reta e atingiu a velocidade terminal um milissegundo antes de me alcançar.

T-boned — esse é o termo técnico para o que aconteceu em seguida. A minha experiência foi uma dor aguda no meu ombro e a sensação de voar de costas pelo ar. Abracei o outro esquiador. Então, começamos a girar. Eu podia ver a parede direita da calha a centímetros do meu rosto. Conseguia ver as marcas da rocha vulcânica. Sabia que as chances de dois esquiadores abraçados dando cambalhotas Main Nostril abaixo sem bater na rocha vulcânica seria como ganhar na loteria e ser atingido por um raio na mesma tarde.

"Essas chances não são boas", disse a voz da minha cabeça.

Impacto. Depois, silêncio. Então, a percepção de que havia parado de me mover e não conseguia respirar. Estava enterrado debaixo da neve. Estava enterrado debaixo de um ser humano. Não conseguia ver nada. Encontrei meu rosto. Tirei a neve dos meus óculos.

A primeira coisa que vi foram os olhos do outro esquiador. Nós aterrissamos a centímetros de distância um do outro. Eu soube no mesmo instante que ele estava bem. Não havia dor em seus olhos. Os meus olhos devem ter contado uma história diferente.

"Você está bem?", o ouvi dizer. "Sabe o seu nome?"

"Steven", respondi, ao sentar e testar os meus membros. "O meu ombro está machucado, mas acho que consigo esquiar. Você está bem?'

"Estou bem."

Então, ele partiu.

Depois, fiquei pensando sobre sua partida rápida. Na hora, eu estava em crise. Sabia que tinha cerca de um minuto com adrenalina antes da dor chegar, e esquiar mais poderia não ser possível. Fiquei de pé e saí da trilha, gritando para Ryan conforme passava: "Tenho que ir para um local onde a patrulha de esqui consiga chegar a mim."

Curvado e segurando o braço, saí da Norm's Nose e voltei para uma pista alisada por máquina. A dor ainda estava administrável. O meu próximo pensamento: sair da montanha.

Não me lembro do que aconteceu depois. Eu me lembro de estar de volta à minha caminhonete.

"Hospital?", perguntou Ryan.

Procurei ferimentos graves. Eu não estava sangrando. Não tinha nenhum osso para fora. Todas as minhas articulações, exceto o meu ombro direito, ainda funcionavam.

"Ainda não", falei.

Tomei três Advils, espalhei pomada de canabidiol no meu ombro e, como o açúcar no sangue cai depois de uma lesão, comi chocolate. Então, fumei um baseado.

A maconha reduz inflamação,[3] atenua a dor e bloqueia o estabelecimento de memórias de medo no longo prazo. Pesquisas mostram que ela pode evitar transtorno de estresse pós-traumático. Eu não correria riscos. Fumei outro baseado.

A dor começou a diminuir. Decidi não ir para o hospital, pelo menos por enquanto. O que eu precisava era esquiar de novo. Se conseguisse entrar no estado de fluxo, os neurotransmissores que sustentam esse estado forneceriam mais alívio anti-inflamatório da dor e proteção futura contra transtorno de estresse pós-traumático.

Volta de teste na Chair 5. Eu não conseguia usar o meu braço direito. Não conseguia fazer um *pole plant*,[i] então ficou difícil fazer curvas. Por isso, fui forçado a esquiar em linha reta, levantar as pontas dianteiras dos meus esquis e arrastar a parte traseira para diminuir a velocidade. Mas arrastar as pontas traseiras dos esquis é divertido, e uma volta levou a duas, que levaram a três.

"Vamos investigar as árvores", sugeri na quarta volta.

Esquiei entre pinheiros altos e olá, Cachorro Fantasma. A dor logo sumiu. Então encontramos algumas pistas milagrosas — isto é, pistas que são esquiáveis apenas em condições perfeitas. No meio dessas pistas milagrosas, aparentemente, pulei de um penhasco na Oops do qual fiquei com medo de pular no ano passado. Era uma pista da minha lista e eu nem havia percebido. Ryan falou sobre isso umas quatro horas depois, ao voltarmos para casa.

Quando cheguei em casa, a dor voltou. A minha esposa precisou me ajudar a tirar a roupa. Gritei quando ela puxou o casaco pela minha cabeça.

KIRKWOOD, 13 DE MARÇO DE 2021, QUADRAGÉSIMO SÉTIMO DIA NA NEVE

Quando acordei, meu ombro direito estava do tamanho de um melão. Havia um hematoma do tamanho de uma bola de beisebol no meu pescoço, uma bola de boliche no meu peito e alguma coisa que parecia um mapa de Massachusetts no meio da minha coxa. A parte inferior da minha coxa estava pontilhada com capilares rompidos, como se eu tivesse levado um jato de tinta de um polvo. Além disso, o meu cérebro não estava satisfeito. Flashbacks, suores noturnos e minha resposta de sobressalto se elevou ao máximo — o transtorno de estresse pós-traumático havia chegado.

Eu deveria ir ao médico. Em vez disso, fui para Kirkwood. Há um ditado nos esportes radicais que diz: "A maioria das pessoas chama isso de trauma — nós chamamos isso de segunda-feira." Em outras palavras, eu alcançaria o meu objetivo inicial de cinquenta dias na neve, mesmo se isso me matasse. Só faltavam três dias.

"Medíocre", disse a voz da minha cabeça.

---

i Quando o esquiador faz uma curva e finca o bastão do esqui na neve no lado interior da curva para ajudá-lo no movimento. [N. da T.]

"Entendido", devolvi.

O objetivo de hoje era dar algumas voltas tranquilas. Pistas alisadas por máquinas. Nada pesado. Deixei a minha pretensão clara para Ryan no estacionamento — sob nenhuma circunstância eu iria para a Parede.

O problema com a minha pretensão eram as multidões. Era um fim de semana prolongado e havia muitos amadores. O único teleférico sem multidões era o da Parede. Portanto, na nossa segunda volta, fui para a Parede.

"Você deveria ter descansado mais", disse a voz da minha cabeça.

"Você deveria cuidar da própria vida", respondi.

Nós esquiamos na Parede sete vezes. As primeiras três voltas foram horríveis. Então, vi uma pista nova que dava para a floresta e decidi explorar. Depois de duas curvas, o que pensei ser um pequeno aglomerado de árvores se transformou em uma seção inteira de uma montanha que eu não sabia que existia. O modo exploratório era maravilhoso — como sempre.

Ryan e eu esquiamos mais três voltas na nossa nova pista na floresta, cada uma melhor do que a anterior. É claro, eu estava machucado, mas não sentia dor, e isso era importante. Esportes radicais, esportes de contato e velhice — três atividades em que aprender a usar o estado de fluxo para jogar mesmo machucado é algo que não se negocia.

E, uma vez que se está no estado de fluxo, a euforia, a sensação profunda de significado, o impulso turbo para o propósito, esse é o objetivo. Os machucados se curam. Significado[4] e propósito — esses duram uma vida inteira.

KIRKWOOD, 17 DE MARÇO DE 2021, QUADRAGÉSIMO OITAVO DIA NA NEVE

Nos dias seguintes, piorei ao invés de melhorar. Intensifiquei a minha recuperação. Recebi uma massagem. Fui ao quiroprata. Dobrei meu tempo de sauna e de yoga. Podia sentir o tecido cicatricial se acumular no meu ombro e nas minhas costas. Eu precisava do quiroprata e da sauna para relaxar o meu corpo e da massagem e do yoga para impulsionar o tecido cicatricial. Será que isso funcionaria? Será que eu conseguiria esquiar?

Ryan e eu fomos para Kirkwood para descobrir.

Comecei com alguns experimentos, testei as minhas costas, testei o meu ombro. Será que eu conseguiria virar para a esquerda? E para a direita? Será que aguentaria o impacto de esquiar sobre saliências? Será que aguentaria saltar e aterrissar?

A dor estava tolerável, essa era a boa notícia. Não conseguimos unir mente e corpo, essa era a notícia ruim. Recorremos à nossa pista ideal em momentos de dúvida — uma pequena pista *slopestyle* através da floresta que dava no topo do parque para crianças.

Ryan foi na frente. Os primeiros recursos eram perfeitos para *grinds* na neve, que eram perfeitos para um cara que não podia usar o braço direito. Então Ryan fez um *nose butter* 360° num *hit* lateral e, de acordo com as regras, eu precisava fazer o mesmo.

Eu estava muito tentado. No meio do giro, perdi potência e comecei a cair — com o meu ombro lesionado na frente.

"Chute", disse a voz da minha cabeça.

"O quê?"

Mas não havia tempo para discutir. Chutei. O meu pé foi para frente do meu corpo e caí, em segurança, sobre o meu traseiro. Foi pura comédia pastelão. Ryan e eu começamos a rir.

A ciência da cognição incorporada[5] é baseada em uma ideia simples — não pensamos apenas com nosso cérebro; também pensamos com nosso corpo. E, como essa comédia pastelão revela, às vezes nosso corpo sabe mais do que nosso cérebro. No entanto, aprender a ouvir esses sinais exige prática.

Caí mais três vezes nas horas seguintes, nenhuma delas tão engraçada como a primeira. Caí sobre o meu ombro direito três vezes seguidas. Cada vez doeu. Mas era apenas dor. Até onde sabia, eu não havia sofrido nenhuma lesão adicional.

A lesão adicional veio depois do almoço. Descíamos uma trilha na floresta entre a Oops e a Olympic. O que eu não havia percebido foi o galho que se projetava para a trilha. Ele bateu no meu bíceps esquerdo — a força quase me lançou no ar.

Gritei enquanto soltava o meu braço. Não foi o tipo bom de grito. A dor me irritou. Estava cansado da dor.

"Vá se danar, dor!", gritei, esquiando mais rápido.

"Vá se danar, dor?", perguntou Ryan, conforme eu deslizava por ele.

Mas a raiva fez o seu trabalho.[6] Esquiar mais rápido também. Nós descemos a montanha, entramos no parque e lá o meu Cachorro

Fantasma esperava por mim. Que comece o jogo. Ou, mais especificamente: acabou o jogo finito. Começou o jogo infinito.

HEAVENLY VALLEY, 18 DE MARÇO DE 2021, QUADRAGÉSIMO NONO DIA NA NEVE

É um milagre — eu consigo usar o meu braço de novo. Outro milagre: o primeiro dia de condições de primavera. Uma volta de teste confirmou os dois milagres: meu ombro funcionava de novo e a neve estava macia e aderente.

Ryan e eu nos aquecemos com voltas super-rápidas pelas árvores na East Face. A neve estava tão lamacenta que podíamos seguir direto pelas saliências. Então, pegamos o teleférico do Cânion até o topo e começamos a fazer *nose butters* 360° a partir de tudo que víamos. Nós dois estávamos saltando muito bem, o que significava que a dor do meu ombro devia ter passado mesmo. Quando estamos lesionados, há um administrador inconsciente que regula tudo, desde a percepção (o quão íngreme uma pista parece ser) até o salto (a amplitude que conseguimos dar a um pulo). Enquanto esquiávamos na montanha, o regulador devia estar de folga.

Havia um tempo que Ryan não ia a Heavenly, então lhe mostrei minhas descobertas recentes. O destaque foi um pequeno *stager* duplo — ou seja, dois saltos posicionados em sequência, de forma que a aterrissagem do primeiro se torna a partida do segundo. O *stager* duplo forneceu mais prova de que o meu ombro não estava quebrado, pois o regulador não permite coisas desse tipo.

Terminamos com uma volta pelo Ski Ways Glades. A neve estava ótima em todo o lugar. Nós estávamos no modo à deriva em alta velocidade — pernas soltas, curvas largas, encolhíamos os joelhos sobre as saliências, caçávamos a pista certa, então *bum* — liberte a fúria.

Pelo menos era como eu me sentia. Menos Cachorro Fantasma e mais Deus da Guerra. Como se usasse a raiva para limpar o medo residual do meu cólon, talvez da minha alma.

KIRKWOOD, 20 DE MARÇO DE 2021, QUINQUAGÉSIMO DIA NA NEVE

Quinquagésimo dia. Esse era o meu objetivo mínimo viável para essa estação, e o desafio físico mais difícil que já estabeleci para mim mesmo. Parecia uma vitória?

Parecia um negócio inacabado. Parecia também que uma missão solo para Kirkwood era a única comemoração apropriada.

O universo recompensou os meus esforços. Fui para a montanha e descobri 30 cm de neve fresca. A neve significava que eu teria a oportunidade de acertar alguns erros — o que também parecia apropriado.

Três erros em particular. Primeiro, a Main Nostril, local do meu temido *T-bone*. Segundo, eu precisava de uma viagem de retorno à Dedos, pois a última vez lá foi quando Ryan gritou "Pare!" Finalmente, a Notch, desde o topo, que era uma das poucas pistas que faltavam da minha lista.

Uma descida de ângulo baixo entre as árvores para sentir a neve, depois uma descida de cima a baixo para sentir a velocidade, então fui para a Parede para o meu cérebro se acostumar com o íngreme. A minha primeira volta foi desajeitada. A segunda foi pior. Os meus membros pareciam pesados. Meu cérebro parecia lento. Será que o peso era psicológico ou físico? Havia uma forma de descobrir.

Próxima parada, Main Nostril.

Eu estava calmo no teleférico, controlado na travessia, mas quando entrei na calha, a contração começou. Quando esquio sozinho em algo assustador, tenho uma única regra: nunca pare de fazer curvas. A parada abre a porta para a vertigem, que abre a porta para a vergonha, o que explica a regra: nunca pare de fazer curvas.

No entanto, havia caído tanta neve que a linha reta não era mais uma linha reta. Só tive que deixar os meus esquis retos nos últimos 4m. Então, fiz uma segunda volta só para garantir.

Próxima parada: Dedos. A Miny chamava o meu nome; eu queria aquela sensação de esquiar dentro de uma caverna. Depois de três voltas, a caverna desapareceu. A neve nova estava na altura das coxas. Esquiei a Miny com visibilidade comprometida. Eu a esquiei em braille. Gritei enquanto passava pela saída.

Finalmente, a Notch, desde o topo.

O topo de Kirkwood é uma enorme faixa de penhascos. A Notch é uma fenda naquela faixa, com 15m de largura e algumas centenas de metros de comprimento. Uma grande projeção contorna a entrada. Para ter sucesso nessa pista é necessário pular da projeção de lado, fazendo um *slash* rápido para a direita na aterrissagem, e depois uma curva rápida para a esquerda para encontrar a saída. Se errar alguma dessas curvas?

Melhor não pensar nisso.

Durante toda a temporada, quando Ryan e eu esquiamos nela, entrávamos pela parte de baixo do penhasco, pois não havia neve suficiente para entrar do topo. Hoje fui para lá e descobri que havia muita neve. Neve demais, na verdade.

O vento formou um par de *lips* a partir da neve nova, que estavam atravessados horizontalmente na entrada da calha, um abaixo do outro. Esquiar na calha agora exigia um *stager* triplo: pular da projeção para o primeiro *lip*, pular do primeiro *lip* para o segundo, e então pular do segundo e torcer pelo melhor, porque a aterrissagem era completamente cega.

Não. Eu não ganharia essa guerra.

Vetei a Notch e fui para o parque. Afinal, não seria um quinquagésimo dia apropriado sem algumas voltas no parque.

É claro, descer da Notch seria um pouco épico. Tanto faz. Não seria um quinquagésimo dia apropriado se eu não sofresse ao longo do caminho.

Além disso, depois de todo aquele sofrimento, o parque foi um alívio — o que era o objetivo.

A determinação é um recurso limitado.[7] Qualquer aventura no Território *Gnar* exige persistência e resiliência, e isso esgota o nosso estoque. Além disso, mesmo se você tentar conservar a determinação — como descobri na Notch —, as coisas darão errado. Mas se a determinação é a única ferramenta psicológica da qual você depende em momentos difíceis, então o esgotamento é o resultado mais provável.

Em outras palavras, a versão antiga de mim ficaria tão irritada por levar uma surra da Notch que me forçaria a esquiar aquela pista de novo ou sairia da montanha com frustração. A versão nova escolheu deixar isso de lado e partir para uma situação muito menos estressante — também conhecida como parque de esqui —, o que reduziu os níveis de ameaça, aumentou a confiança no esqui e reajustou o equilíbrio desafio-habilidade.

O resultado foi o estado de fluxo.

Fiz dez voltas. Arrasei em todas as manobras. Queria ter continuado arrasando, mas comecei a fazer pulos ruins nos *hits* e regras são regras. Estava muito cansado. Eu me forcei a sair da montanha.

Como eu sabia que o meu experimento no Território *Gnar* estava funcionando? Cinquenta dias na neve e ainda ansiava por mais.

Capítulo 7

HEAVENLY VALLEY, 21 DE MARÇO DE 2021, QUINQUAGÉSIMO PRIMEIRO DIA NA NEVE

A parte de baixo da montanha estava congelada, a parte de cima estava cheia de pessoas — exceto na floresta. Eu me escondi nas árvores por vinte voltas e disputei um velho jogo pela primeira vez nesta temporada. Depois de duas voltas de aquecimento, esquiei três pistas diferentes, seis vezes em cada. Cada vez que esquiava uma pista, tentava esquiá-la mais rápido, usando menos energia e pulando mais.

Em outras palavras, a minha manhã começou com uma sessão de *prática deliberada,* seguindo o conselho de Anders Ericsson sobre performance de especialistas: "repetição com avanço incremental". Ela se tornou uma sessão de *jogo deliberado* [1] — ou seja, "repetição com avanço incremental que maximiza oportunidades para improvisação" — com o aumento de velocidade como o fator libertador.

O equipamento de esqui foi projetado para funcionar em velocidade. Se você rodar a 16 km/h, nunca perceberá isso. No entanto, há uma fase de mudança acima de 40 km/h. A entrada de energia diminui; a saída do equipamento sobe. Em velocidade, um *carve* forte exige um pouco mais de 2 cm de inclinação do tornozelo e, sério, ninguém espera que tornozelos tenham tanto poder.

E isso nos leva a um paradoxo. Conforme os esquiadores envelhecem, muitos diminuem a velocidade por acreditarem que velocidades mais lentas são mais seguras. A verdade é que, para esquiadores mais velhos, a velocidade é uma amiga. Muito menos trabalho e muito mais precisão significam muito menos desgaste do corpo. Mas fale isso para a amígdala.[2]

O reconhecimento de padrões soluciona esse paradoxo. Depois de três voltas em uma pista, o meu reconhecimento de padrões havia condicionado os pontos de referência. Agora se tratava de amplitude da curva — inclinar os esquis para iniciar a curva e deixar os meus pés leves conforme se alinham para acelerar após a curva. Finalmente, comecei a procurar lugares para transformar aquela aceleração em tempo no ar. Depois de cinco voltas, a prática deliberada se tornou jogo deliberado e a partir dali foi a dança da gravidade — geometria rápida em velocidade máxima e tudo estava certo no meu mundo.

Ou tudo estava certo no meu mundo até eu pular de um pedregulho, errar na aterrissagem, cair no chão e encravar o meu bastão na neve. O meu ombro ainda dolorido começou a cantar de dor. A voz da minha cabeça disse: "Que droga, cara..."

KIRKWOOD, 24 DE MARÇO DE 2021, QUINQUAGÉSIMO SEGUNDO DIA NA NEVE

Ryan e eu fomos para a montanha cedo. A neve parecia com telhas de gelo brilhantes penduradas por duendes maus. Condições horríveis.

Ainda assim, nós disputamos o nosso jogo. As regras não haviam mudado. Caça ao Coelho. O que estava diferente agora era o terreno. A montanha inteira havia se tornado o nosso percurso *slopestyle*, com novas possibilidades a cada curva.

Ou era o que esperávamos.

As árvores lá embaixo eram difíceis, alguns centímetros de neve gelada nas sombras misturada com lama grossa à luz do sol. A lama estava grudenta, o que era perigoso entre as árvores. Nós miramos as sombras.

Isso funcionou por um tempo, mas logo decidimos verificar a Lightning, onde não havia sombra. Cinco curvas em neve perfeita me seduziram a entrar em velocidade, mas a lama grossa disse o contrário. O meu tornozelo se prendeu, virei de cabeça para baixo e bati com o ombro na montanha. Não doeu muito — o que foi um alívio.

Uma placa de metal de 20 cm mantém esse ombro unido, resultado de um incidente antigo de *mountain bike*. Eu me perguntei se o *T-bone* havia fraturado novamente o ombro, mas a placa antiga unia a nova fratura. Um raio-X solucionaria o mistério, mas a dor era fraca, a minha mobilidade havia retornado e tudo o que um médico diria era para eu parar de esquiar, ou parar de esquiar e fazer uma cirurgia.

Sem chance. Ainda havia trabalho a ser feito.

Para esse fim, Ryan começou a praticar *lazy boys* 180° em saltos no parque, ao se inclinar para trás sobre seus esquis e arrastar a sua mão na neve para girar de costas enquanto se lançava do *lip*. Pense no filme *O Tigre e o Dragão,*[3] mas sobre esquis.

É claro, regras são regras, então fiz o mesmo. A minha versão foi muito menos elegante. *O Chihuahua e o Smurf* — imagine.

No fim do dia, estava certo de que tinha o *lazy boy* 180° condicionado e decidi tentar um em velocidade. Mirei um *roller* grande, me inclinei para trás, arrastei a minha mão e descobri uma pilha de lama escondida. A lama grudou no meu esqui e me lançou para o ar. Fui para cima, para baixo e caí de cabeça. Será que eu precisaria adicionar uma pequena concussão à minha lista cada vez maior de lesões incômodas?

De fato, sim.

NORTHSTAR, 25 DE MARÇO DE 2021, QUINQUAGÉSIMO TERCEIRO DIA NA NEVE

Keoki Flagg[4] é um velho amigo. Ele é um artista e fotógrafo famoso com uma galeria em Olympic Valley e outra em São Francisco. É também a pessoa que conheço há mais tempo em Tahoe, pois foi o fotógrafo que registrou a primeira história de esqui que escrevi sobre a região — uns trinta anos atrás.

Hoje, Ryan e eu encontramos Keoki em Northstar. Foi a primeira vez que nós três conseguimos esquiar juntos desde que a covid começou. Deveria ser, poderia ser, seria — a montanha não nos ajudou.

Gelo à prova de bala em todas as direções. Levou cinco horas de busca e arrependimento até que Keoki descobriu uma única pista pelas árvores que não valia nada. Nós a esquiamos duas vezes antes que ele tivesse que partir. Então Ryan e eu voltamos para o parque para ver se os saltos haviam amaciado debaixo do sol.

Fizemos dez voltas. Nas primeiras cinco, errei todas as manobras que tentei fazer. Foi frustrante, mas inevitável.

O estado de fluxo não funciona como um interruptor. Não é uma questão entre ligar ou desligar, estar dentro ou fora da zona. O estado de fluxo é um ciclo de quatro etapas:[5] luta, liberação, fluxo e recuperação. A minha frustração me disse que eu estava na etapa da luta. A chave é saber que essa frustração é uma parte necessária do processo. Nós precisamos da resposta de estresse para nos prepararmos para o estado de fluxo. Em vez de ser um sinal de que fazia algo de errado, a minha frustração era um sinal de que eu estava no caminho certo.

Na sexta volta, a minha luta deu resultados. Consegui ligar algumas curvas e encontrei um pouco de ritmo. O meu corpo relaxou e liberou os hormônios de estresse que restavam no meu sistema conforme a luta dava lugar à liberação.

Agora era o momento de ser criativo. Dei uma olhada em volta da montanha. Percebi um *hit* lateral que não tinha visto antes. O meu cérebro mapeou o ângulo da decolagem no meu catálogo de manobras em potencial e encontrou uma combinação. Parecia que o ângulo jogaria meus esquis para a direita, o que o tornava um lugar perfeito para tentar um *safety grab*.

Veja a pista, esquie a pista; essa é a regra.

A regra deu resultados. Realizei o meu melhor *safety grab* da temporada. Agora eu estava no estado de fluxo.

Trinta segundos depois, Ryan executou o seu primeiro *double truck driver* — chutar os dois esquis na frente do peito enquanto os segura por debaixo da parte traseira, com o mesmo movimento que um motorista de caminhão usa para segurar o volante. Agora ele também estava no estado de fluxo.

Para comemorar, ele deslizou sobre todo *rail* que via. Apenas deslizei sobre uma caixa fraca em formato de pirâmide, mas não caí com o traseiro no chão, e isso já era uma vitória. Nós nos consideramos vencedores e saímos da montanha.

No estacionamento, Ryan disse que, mais cedo, Keoki me viu esquiar uma pista e disse, "Steven é um esquiador totalmente diferente."

Eu não sabia se isso era uma coisa boa ou ruim, mas até que se diga o contrário, estava radiante em todo o caminho para casa.

KIRKWOOD, 27 DE MARÇO DE 2021, QUINQUAGÉSIMO QUARTO DIA NA NEVE

A neve ruim continuou. Grossa e lenta nas árvores, congelada e escorregadia nas descidas. Tentamos fazer vinte voltas, mas as condições não ajudaram.

Uma pista mais ou menos na Oops, uma pista boa em Chamoix, um *nose butter* 360° decente no caminho. O único progresso verdadeiro veio de um *shifty* sobre uma caixa *up-down*,[i] onde tive sucesso duas vezes seguidas.

Então Ryan fez um pulo ruim em um 540°, caiu de lado e torceu o joelho, que já estava torcido. Em seguida, as partes traseiras dos meus esquis ficaram presas quando tentei fazer outro *nose butter* e caí no chão diretamente sobre o meu ombro lesionado. A voz da minha cabeça disse "vá para casa, amigo, daqui pra frente as coisas só pioram."

Quem seria eu para discordar?

HEAVENLY VALLEY, 29 DE MARÇO DE 2021, QUINQUAGÉSIMO QUINTO DIA NA NEVE

Ficou pior. No dia seguinte eu acordei, tentei me sentar e o mundo começou a rodar. Não era vertigem residual; foi a minha concussão recente.

Tirei o dia para descansar, então voltei para a montanha. Pensei em ir devagar, esquiar nas pistas alisadas por máquinas, apenas esticar as pernas. Dez voltas no total, depois ir para casa. Só que eu não contava com as férias.

Era o Mundo dos Amadores.

Ok, Amador, vamos revisar: o teleférico é um banco que se move lentamente. Quando o banco se aproximar do seu traseiro, sente-se. No topo da montanha, levante o traseiro.

Além disso, lembre-se, a combinação de esportes radicais de alta velocidade e condições de montanhas lotadas de pessoas — com certeza essa situação melhora drasticamente se você aplicar grandes quantidades de álcool.

KIRKWOOD, 30 DE MARÇO DE 2021, QUINQUAGÉSIMO SEXTO DIA NA NEVE

Detesto me ver em filmagens. Assistir a mim mesmo é tortura, me assistir esquiar é pior. Até hoje, me filmaram enquanto eu esquiava apenas duas vezes, após quase cinquenta anos esquiando. O problema começou na primeira vez em que fui filmado, em Chamonix, França, 1994. Estava trabalhando, seguindo o pioneiro do esqui radical John

---

i Uma caixa com um ângulo de descida. [N. da T.]

Egan, que descia uma calha íngreme com um pequeno penhasco no fim. Em algum lugar atrás de nós havia um homem filmando. Esquiei a pista, pulei do penhasco, aterrissei sentado, quiquei de frente, caí com o rosto no meu bastão, quebrei o meu bastão, fiquei com um olho roxo e dei piruetas até o fim da calha.

Quando assisti o vídeo — desconsiderando a queda —, a pior parte foi a minha abordagem. John Egan fazia lindas curvas pela calha. Mas o cara atrás dele? Aquele cara era uma bagunça. Quadris e ombros desalinhados. Não conseguia manter o seu corpo apontado para baixo, fazia curvas barulhentas, seu tronco se mexia como uma minhoca. Era o Mundo do Amador — só que nesse vídeo, eu era o Amador.

Nessa temporada, quando Ryan sugeriu que passássemos o dia me filmando esquiar, "me mate agora" foi a minha resposta.

Na minha mente, se Ryan filmasse, o projeto estava em risco. Eu queria ser *steazy* no *gnar* maluco. Se visse um vídeo do meu *park skiing* e ainda fosse um Mundo do Amador — o terror, o terror, o terror seria muito para suportar.

A voz da minha cabeça começou a oferecer palavras de encorajamento: "Ei, fracote, maricas, fresco. Não seja tão covarde. O que você é, patético?"

Eu precisava de ajuda; precisava de neuroquímica. Olhe para o céu, é um pássaro, é um avião — é a dopamina para o salvar!

Quando entramos no parque, percebi que a equipe havia instalado um novo recurso: um tubo ondulado posicionado horizontalmente na parte superior do primeiro salto. A ideia era bater as pontas traseiras dos esquis diretamente dentro do tubo e deixar a força inclinar as pontas dianteiras para dentro. Quando os esquis se encaixam em linha reta, o poder de recuo lança o esquiador no ar — ou o que é tecnicamente chamado de "*wallie*".

O segredo para um *wallie* é manter as suas pernas travadas. Se não, seus pés se abrirão; e, no futuro, se alguém quiser inventar um dispositivo de tortura que esmaga testículos, o meu palpite é que isso funciona de forma muito semelhante.

Nunca fiz um "*wallie*", mas já vi vídeos e ele parecia divertido, e a curiosidade não é uma droga maravilhosa? Eu me esqueci da câmera e esquiei em direção ao salto. Westside Connection nos fones de ouvido. O mundo é meu, pelo menos segundo Ice Cube.

Entrei no tubo, saltei em direção ao céu e funcionou — tão bem, que a voz da minha cabeça decidiu oferecer uma sugestão no meio do ar:[6] "Faça um *tail tap* no tubo."

O resultado foi parecido com um *tail tap*, mas a minha confiança disparou. Depois, esquiei mais sete voltas para a câmera e até encontrei um pouco de ritmo. Durante um 180°, coloquei os meus joelhos na direção do meu peito e mais ar debaixo dos meus esquis. Foi muito *steazy*.

E tive mais boas notícias. Mais tarde, no estacionamento, nós fizemos uma pequena análise do vídeo. É claro, eu ainda parecia um esquiador de *park skiing* novato, mas um novato estiloso. O meu esqui estava um pouco *steazy*.

Melhor ainda, o vídeo revelou quatro problemas na minha forma, nenhum deles era insuperável. Eu precisava abaixar a minha postura nas aproximações, levar as pontas traseiras dos meus esquis para mais longe durante os *butters*, encolher meus joelhos na direção do peito quando pulava e adicionar mais amplitude em toda manobra que executasse.

Que alívio. É claro, ainda parecia que eu estava aprendendo *park skiing*, mas não era ruim. Executei algumas manobras muito bem. Podia melhorar os problemas. A evidência do vídeo era forte: um pouco do *steazy* já estava sob controle.

KIRKWOOD, 1º DE ABRIL DE 2021, QUINQUAGÉSIMO SÉTIMO DIA NA NEVE

É uma maldita caixa em um maldito parque para crianças — 1,82m de comprimento e 60 cm de largura, coberta de plástico. Então, o que é tão difícil em deslizar de lado sobre ela? Saltar, virar de lado no ar, aterrissar de lado na caixa, fim da história. Desde que aterrisse com os seus esquis retos e o seu peso para frente, deslizará sobre a caixa, e o que poderia ser tão difícil?

Acontece que nada. Porcaria de nada. Menos de uma porcaria de nada. Você pula, vira, aterrissa, desliza e você está de volta na neve.

Então fiz isso dezessete vezes seguidas para garantir que permaneceria *menos de uma porcaria de nada*.

KIRKWOOD, 3 DE ABRIL DE 2021, QUINQUAGÉSIMO OITAVO DIA NA NEVE

Executar um *shifty* usa músculos centrais e flexores do quadril. Os meus músculos centrais estavam fortes; os meus flexores de quadril não. Estirei o meu flexor de quadril direito no início da temporada. Hoje, eu o estirei de novo ao fazer um *shifty* na primeira descida. Tentei insistir por mais nove descidas, então saí da montanha derrotado depois da décima tentativa.

Ainda assim, houve um pouco de progresso. No caminho para casa, reaprendi uma velha lição. Se alguma vez precisar encerrar uma chamada de telefone rapidamente — "O sinal está prestes a cair, estou perto de um cânion" — sempre funciona.

KIRKWOOD, 4 DE ABRIL DE 2021, QUINQUAGÉSIMO NONO DIA NA NEVE

Fiz algo que nunca havia feito antes, mesmo em meio século de esqui: uma aula. A análise do vídeo havia revelado alguns pontos fracos no meu jogo. Como consertá-los era uma história diferente.

Mais importante, precisava testar as minhas opiniões positivas sobre o meu progresso. Eu não confiava na análise do vídeo, e a avaliação de Ryan continuava suspeita. Mesmo que tentasse ser objetivo, ele é um cara legal e um bom amigo. O que eu precisava era de uma crítica dura disposta a chamar de porcaria a minha porcaria.

Para isso, fiz uma coisa clássica de Amador para preparar a minha aula. Quando liguei para a escola de esqui de Kirkwood, pedi um instrutor que pudesse me ajudar a fazer *nose butters*, *nollies*, coisas assim. "E também", acrescentei, tentando parecer natural, "preciso de alguém que saiba os nomes de todas as calhas mais *gnar* da montanha — estou cansado de não saber para onde estou indo."

"Ah", disse a mulher da escola de esqui, "então você precisa de um instrutor especialista?"

"Sim", respondi, fazendo a minha melhor imitação de Amador. "Eu sou um especialista. Sei esquiar. Estou apenas tentando aprender *park skiing*."

"Especialista" é um termo que dispara os alarmes dos instrutores de esqui. É outra diferença entre turistas e locais. Turistas acham que "especialistas" esquiam nas pistas marcadas "somente especialistas" do mapa. Os locais sabem que especialistas de verdade também esquiam na Cirque, a parte de Kirkwood que é fechada permanentemente no mapa, mas na verdade é aberta uma vez no ano, quando a montanha hospeda o Freeride World Tour.[ii] Além disso, um "especialista"? Por que um especialista pediria uma aula?

A escola de esqui encarou a minha declaração como um desafio. É claro, na chance remota de estar falando a verdade, o que, na realidade, seria totalmente ridículo, mas mesmo assim, na possibilidade distante de eu não estar exagerando, precisariam encontrar um instrutor especialista para mim.

Mas ficariam irritados. Diriam ao meu instrutor sobre a minha declaração de "especialista". E enquanto o meu instrutor estivesse me ensinando coisas que eu queria aprender, o objetivo verdadeiro dele seria me ensinar como eu estava errado na minha opinião positiva sobre mim mesmo, e o que significa ser um "especialista" de verdade em uma montanha como Kirkwood, seu idiota.

A prova de que o meu disfarce funcionou? O meu instrutor apareceu para a aula com um par de Völkl Mantras. Eu tinha um par. São esquis direcionais, não são projetados para *park skiing* e nunca para *nose butters*, *nollies* ou qualquer uma das outras manobras que eu queria aprender. Isso significava que mesmo que eu tivesse dito à escola de esqui que era um especialista que desejava aprender *park skiing*, não acreditaram em uma palavra do que eu disse.

O nome do meu instrutor era Eric Arnold. Ele era um punk rocker de Tahoe à moda antiga. Isso significava que tínhamos idades aproximadas, e histórias e amigos em comum. Eric também é um especialista.

Na década de 1990, como um *snowboarder*, Eric ganhou a etapa de Kirkwood da Freeride World Tour em várias ocasiões. Também era um esquiador especialista. Na verdade, era *o especialista* — ou seja, o especialista que Ryan e eu temos assistido esquiar nos últimos dois anos.

De vez em quando, tínhamos um vislumbre de alguém de jaqueta azul de instrutor fazendo um *shifty* sobre um duplo natural ou uma curva de precisão em direção a uma linha reta robusta. Não sabíamos o seu nome. Só sabíamos que ele era *steazy* no *gnar* maluco. Mas assim que vi Eric esquiar — eu o reconheci.

Então Eric, o especialista de verdade, me levou, o especialista de mentira, para a Oops e Poops para a nossa primeira descida. Isso

ii Série anual de eventos onde esquiadores de *freeskiing* competem. [N. da T.]

não foi uma surpresa. Oops é uma ótima pista de teste. Nela, há um pouco de tudo e, além disso, tem rotas de escape. Se eu não fosse o esquiador que declarava ser — que é geralmente é o que acontece —, havia muitos lugares para me livrar do problema.

É claro, apenas o fato de ter uma aula me tirou do ponto ideal de desafio-habilidade. Estava muito nervoso e esquiei muito mal. É claro, tentei me mostrar ao seguir Eric para uma zona de penhasco. É claro, bati em uma saliência de gelo e girei até cair de traseiro no chão.

Tanto faz. Depois de passar muito tempo do meu ano passado caindo de traseiro no chão do parque, cair na frente do Eric não era nada diferente.

Depois, esquiamos em uma pista na Calha Cliff e minhas curvas começaram a melhorar. Então fomos para o topo da Norm's Nose e Eric me deu a informação que eu procurava. Ele apresentou as maiores pistas de Kirkwood, o terreno para especialistas da montanha, me mostrou o que era esquiável, quando era esquiável e explicou os perigos que eu poderia encontrar ao longo do caminho.

Armazenei esses dados em um arquivo mental chamado: "Talvez no Ano que Vem, Talvez Nunca."

Finalmente chegou o teste verdadeiro de Eric: os declives expostos na parte de cima da Norm's Nose e as calhas mais estreitas — as Nostrils — abaixo. Descemos da parte de cima da Nose e ele foi para uma calha em linha reta na qual eu nunca havia esquiado. No entanto, a minha viagem de volta para a Main Nostril deu resultados emocionais. O medo não estava mais lá. Hoje, mergulhei na linha reta, esquiei em direção à outra saída e vi Eric piscar e reavaliar as minhas habilidades.

"Ok", disse ele, sorrindo, "vamos tentar o parque."

No caminho, eu me senti ansioso. Era a hora do jogo. Precisaria fazer coisas assustadoras. Era hora de "mostrar para o que veio". Se quisesse que Eric avaliasse honestamente as minhas habilidades de *park skiing*, precisaria me esforçar ao máximo nelas.

Decidi começar minha corrida com uma caixa *up-down* de 3m de comprimento. Foi a caixa mais longa sobre a qual tentei deslizar. E então, algo estranho aconteceu: pulei sobre a caixa, deslizei de lado por ela e pulei para fora de costas, sem problemas. Depois, fiz um 180° do *kicker* seguinte para fechar com chave de ouro. Como se isso acontecesse sempre…

O resto da minha corrida não foi tão elegante. Segui Eric nos saltos. Ele fez uma série de *shifties* enormes, cada um com um *latched-on mute grab* — isto é, esticar a sua mão direita para pegar no seu esqui esquerdo. Tentei três *nose butters* 360°, e nenhum deles foi bom.

Mas nós fizemos outra volta, e outra, e outra.

Pelo caminho, Eric avaliou os meus *nollies* 180°. Estive tentando aprender essa manobra durante toda a temporada. Depois que ele explicou a sua mecânica, consegui executá-la imediatamente.

O meu avanço verdadeiro aconteceu nos saltos. Eric percebeu que eu não colocava pressão suficiente nas línguas das botas[iii] conforme deslizava sobre o *lip*. Ele reposicionou a minha postura e descobri que era isso que eu buscava. De repente, conseguia alguns centímetros a mais no salto. Isso levou ao meu primeiro "*latched-on*" *safety grab*, quando seguro os meus esquis desde a decolagem até a aterrissagem.

A vitória verdadeira veio na pista final. O último *hit* da pista grande era um salto de 7m. Pular errado significaria bater no lado oposto da aterrissagem, que é a razão pela qual nunca havia tentado isso antes. O segredo é velocidade. Se souber quão rápido ir, conseguirá pular todo o intervalo. Eric disse que me guiaria — ou seja, eu iria atrás dele e esquiaria a mesma pista igualando a sua velocidade.

Eric partiu e fui atrás. Um *shifty* com um *tail tap* sobre a primeira caixa, 180° a partir do *hit* lateral e então a pista com salto. Um *shifty* com um *latched-on safety* sobre os primeiros dois *hits*, um *nose butter* 360° decente sobre o terceiro e depois esquiamos em linha reta para o salto. Surpreendi a mim mesmo e executei um velho *backscratcher*.

Aqui está a questão: fui em todos os *hits*, tive sucesso em toda manobra e até consegui fazer o último salto. Comecei a minha temporada com um grande objetivo — esquiar em uma pista *steazy* em um parque de esqui de tamanho médio. Missão cumprida.

Depois, Eric olhou para mim e disse "você é o que diz que é."

No início, eu não sabia do que ele estava falando. Então, eu me lembrei da minha fala de Amador para a escola de esqui. "Você quer dizer", perguntei, "que sou um esquiador especialista tentando aprender *park skiing*?"

"Sim", respondeu ele.

"Sim."

"Isso não acontece com muita frequência."

---

iii Parte da bota de esqui equivalente à língua do tênis, responsável por propiciar conforto e manter neve e água fora da bota. [N. da T.]

"Eu ainda sou um esquiador de *park skiing* iniciante."

"Não", falou. "É sério, eu o observei. Você não é ruim."

Cinquenta e três anos — é assim que a vitória se parece.

HEAVENLY VALLEY, 5 DE ABRIL DE 2021, SEXAGÉSIMO DIA NA NEVE

Fiz doze voltas enquanto observava a beleza estonteante do Lago Tahoe e fiz um poema sobre a chegada da primavera:

A neve derrete na montanha.
Logo fecharão as estações de esqui.
Droga, droga, droga, droga, droga.

KIRKWOOD, 7 DE ABRIL DE 2021, SEXAGÉSIMO PRIMEIRO DA NA NEVE

Hoje, o derretimento estava a todo vapor. Nós vimos os danos em todos os lugares. Recentemente, avenidas cobertas de neve foram substituídas por faixas finas e sujas. Penhascos antes brancos agora são rochas completamente expostas.

Eu senti o soco do tempo no meu estômago. A temporada estava chegando ao fim. Haveria uma pausa no meu progresso e um fim do acesso fácil ao estado de fluxo que o progresso proporcionava. O acesso fácil mantinha o meu sistema nervoso sob controle. No entanto, sem o controle de volume que veio com o estado de fluxo, a voz da minha cabeça ficaria cada vez mais alta.

"Não estou pronto para ficar sem os meus remédios", informei Ryan no teleférico, apontando para um daqueles penhascos que agora eram apenas rochas.

Lutamos contra isso. Esquiamos rápido, nos arriscamos. Na verdade, esquiamos a Calha Cliff duas vezes para nos aquecer.

A Dedos foi a próxima. Mas a coisa estava feia lá em cima. Decidimos fazer algo que raramente fizemos durante toda a temporada — pensar primeiro, agir depois.

Esquiamos nas calhas para inspecioná-las de baixo para cima. Foi uma decisão que nos manteve do lado de fora do hospital. A metade inferior da Eeny e da Meeny estavam completamente sem neve. No momento em que alcançaríamos a velocidade terminal, ficaríamos sem neve.

As duas últimas calhas, Miny e Moe, pareciam estar esquiáveis. Será que estavam esquiáveis mesmo?

Demos uma volta na Miny primeiro. Íngreme, estreita, técnica, e nunca cansamos da sensação de esquiar dentro de uma caverna. Em seguida, a Moe. Mas uma coisa estranha aconteceu no topo. Ryan, que nunca fica assustado, ficou assustado.

Foi o derretimento da neve. Havia rocha exposta em todo o lugar. A única pista esquiável parecia ainda mais estreita do que estava da última vez que estivemos lá. Parecia também que algum *snowboarder* drogado havia deslizado de lado em toda a pista, empurrado toda a neve e deixado para trás uma escada de gelo à prova de bala.

Mas — não sei por qual razão — eu vi a pista. "Deixe-me ir na frente", falei para Ryan. "Eu devo isso a você."

Depois de uma manobra de entrada constrangedora, três curvas com saltos *gnar* e uma saída em linha reta de 9m, aquele rancor estava resolvido.

Próxima parada: o parque de esqui.

É claro, eu precisava mostrar as minhas novas habilidades de deslizar sobre caixas. Deslizei de frente, deslizei de costas, e assim por diante, em todo o parque.

Melhor ainda, nos saltos, o meu progresso incremental continuou incrementando. Eu colocava mais pressão nas línguas das minhas botas e mais ar nos saltos. Na minha segunda volta, executei um par de *latched-on safety grabs* nos dois primeiros *hits*, algo que, segundo Ryan, impressionou até as garotas adolescentes reunidas no topo.

Foi a primeira vez que isso aconteceu em trinta anos.

Nós passamos as três horas seguintes dando voltas no parque. Depois de 24 voltas, quando me preparei para executar um *nose butter* 360° no salto final, fiquei sem força. Estava muito cansado para inclinar as partes dianteiras dos meus esquis. Mas o meu cérebro deu uma sugestão incomum: não incline. Apenas olhe. Pule, vire sua cabeça e localize a sua aterrissagem.

E foi assim que executei o meu primeiro 360°. Pulei, olhei e aterrissei. Foi um 360° completo. A manobra que eu queria aprender há cerca de quarenta anos, a manobra que tive medo de fazer há cerca de quarenta anos. Eu a executei bem, e foi totalmente acidental.

Então fiz de novo.

HEAVENLY VALLEY, 8 DE ABRIL DE 2021, SEXAGÉSIMO SEGUNDO DIA NA NEVE

Com o meu foco no *park skiing*, às vezes eu me esqueço que outra atividade acontece no resto da montanha. Pelo que entendi, ela exige roupas impermeáveis e deslizar na neve em arcos longos.

Como disse o grande profeta Too Short, "Assopre o apito."

KIRKWOOD, 10 DE ABRIL DE 2021, SEXAGÉSIMO TERCEIRO DIA NA NEVE

O meu plano era me alongar no estacionamento, ficar tranquilo até que a neve ficasse macia sob o sol e então entrar na lama da tarde. Mas Eric Arnold entrou no estacionamento assim que terminei de me alongar e perguntou "quer dar voltas no parque?"

Era demais para eu ficar tranquilo.

O nosso pelotão começou com Eric e eu, mas Ryan entrou depois do almoço e, ao longo do dia, nós nos juntamos a grupos diferentes para corridas diferentes que tinham uma coisa em comum — velocidade.

Era o último final de semana de Kirkwood, e ninguém queria desperdiçar um momento. Todo mundo estava dando o melhor de si. Como resultado, todos entraram no estado de fluxo em grupo.

Fiquei chocado com o resultado.

Apesar de entrar em estado de fluxo em grupo regularmente com Ryan, me ver nele com um bando de estranhos era uma experiência muito mais rara. Sou um introvertido com um passado marcado por lesões. Não gosto do sentimento de competição que surge nos grupos. Prefiro esquiar com Ryan, adotar uma abordagem colaborativa para progredir e implantar o gatilho mais potente do estado de fluxo em grupo: "Sim, e."

"Sim, e"[7] significa que Ryan e eu buscamos a cooperação, e não a competição. Quando disputamos jogos do tipo "sim, e", como o Caça ao Coelho, nunca tento superar o desempenho de Ryan. Em vez disso, eu me inspiro nas suas ideias e torno o nosso esqui cumulativo (acrescento ao que ele faz), e não combativo (tentar fazer mais do que ele fez).

Mas implantar o "sim, e" exige prática. Exige confiança. É necessário deixar o seu ego de lado e buscar participação igualitária em tudo que faz. Em outras palavras, é improvável que isso aconteça quando um pelotão de locais armados se reúne pela primeira vez em uma montanha como Kirkwood.

Mas foi exatamente isso que aconteceu hoje.

O destaque foi a Devil's Corral, uma área diretamente abaixo da Cirque. Nunca estive lá. Faces íngremes que se afunilam em calhas que parecem montanhas-russas entre enormes paredes de pedra. Há um ano, esse lugar me deixaria muito assustado. Hoje, esquiei ali com um pelotão de ex-profissionais e consegui me controlar. Não foi uma vitória pequena.

Mesmo que isso nunca tenha sido um objetivo declarado, para um introvertido como eu, dizer isso em voz alta parecia mais uma coisa inatingível, é por isso que treinei tanto na pré-temporada e me esforcei tanto durante esta temporada. Em qualquer montanha, há sempre um objetivo supremo: conseguir se conectar com um pelotão de locais, cair no estado de fluxo em grupo e acrescentar alguma coisa ao conjunto. Esse é o trabalho principal: Ter habilidade o suficiente para derramar a sua criatividade e coragem no esforço coletivo do grupo para que ele, em conjunto, se torne melhor.

Quando a maioria das pessoas ouviu sobre a minha aventura no Território *Gnar*, elas acharam que o desafio impossível seria aprender *park skiing*. A verdade? Aprender *park skiing* foi a coisa difícil que precisei fazer para chegar ao desafio impossível de verdade — isto é, esquecer a vergonha do meu passado e o constrangimento do meu presente pelo tempo suficiente para ser parte de um grupo.

Ou, como Eric Arnold gosta de dizer: "É necessário todo mundo."

KIRKWOOD, 11 DE ABRIL DE 2021, SEXAGÉSIMO QUARTO DIA NA NEVE

Eu estava exausto. Mesmo assim, fui para a montanha, pois precisava vê-la uma última vez.

Ryan trouxe os filhos, então demos voltas no parque e levamos o seu filho de 5 anos para sua primeira pista de grandes saltos. O garoto é talentoso, assim como o pai.

Eu não era talentoso. Estava muito cansado para fazer alguma coisa, exceto errar os meus *safety grabs*, girar mal nos 180° e cair das caixas. Precisei dar tudo de mim para conseguir esquiar de forma *steazy* uma única vez. Pouparei você dos detalhes, mas fiquei decepcionado com os resultados.

Então nós deixamos as crianças e demos uma última volta na Main Nostril, apenas para garantir que a memória do meu *T-bone* continuasse uma memória. Chegando no topo da calha, a minha exaustão começou a atrapalhar a minha percepção. Eu via terror em lugares onde não havia.

"Eu não vou assim", disse a voz da minha cabeça.

Sacudi a energia ruim, esvaziei a mente, vi a pista, arrasei na pista e quase entrei em colapso. O tanque estava vazio. Eu havia deixado tudo naquela montanha, que é como eu gosto da fazer e que, na minha opinião, é a única maneira verdadeira de honrar uma montanha.

É sempre uma troca. A montanha permite que esquie em lugares onde seres humanos não deveriam esquiar. Em troca, é preciso dar tudo de si nesses lugares, confrontar constantemente os demônios que habitam lá, superar os seus medos antigos, as ideias insignificantes sobre o seu potencial e até a noção de si mesmo. No fim, se entrar no estado de fluxo no caminho, desaparecerá completamente. No fim, se fizer a coisa certa, tudo o que sobra é a montanha.

Obrigado, Kirkwood, foi uma honra e um privilégio conhecê-la.

NORTHSTAR, 14 DE ABRIL DE 2021, SEXAGÉSIMO QUINTO DIA NA NEVE

Uma viagem final ao parque de esqui de Northstar — pelo menos essa era a teoria.

A realidade: Northstar havia demolido a maior parte do seu parque. A pista para crianças havia acabado, a pista pequena fora reduzida a dois saltos. Apenas a pista média e a pista para especialistas continuavam intactas. A para especialistas estava fora de questão. A pista média era a mesma que havia acabado comigo na minha primeira sessão de parque de esqui da temporada — e eu a evitava desde então.

Hoje eu me surpreendi. Entrei na pista média com uma ansiedade considerável, mas tive sucesso em um *latched-on safety grab* sobre todos os três saltos, depois deslizei sobre três das caixas mais longas que já tentei, e então fiz um *shifty* no último *booter*.

E isso nos leva a outra Digressão Punk Rock.

O espírito "faça você mesmo" no punk rock se tratava de usar a criatividade coletiva para criar significado e propósito diante de probabilidades ruins e sem outras perspectivas. Embora esse mesmo espírito esteja presente há muito tempo no esqui e no *snowboarding*, os parques de esqui eram a máxima inovação punk rock — pois eles permitiam que todos jogassem.

Até o surgimento dos parques de esqui, práticas a nível de especialista exigiam terreno para especialistas. Isso significava acesso a estações caras, hospedagens caras, bilhetes de teleféricos caros e outras barreiras financeiras para entrar.

Mas qualquer um em uma montanha podia construir um parque. Quase do dia para a noite, as crianças da classe trabalhadora do centro dos EUA podiam acessar os mesmos parques para especialistas que as crianças ricas da Costa Oeste. Isso impulsionou a taxa de inovação no *freestyle* e democratizou as oportunidades de sucesso. Por exemplo, Tom Wallisch,[8] o medalhista de ouro do X Games que depois se tornou comentarista, veio de Seven Springs, Pensilvânia — uma estação a três horas da casa onde passei a minha infância em Cleveland e um lugar que nunca produziu esquiadores profissionais até a chegada dos parques de esqui.

E isso termina a nossa Digressão Punk Rock.

De volta a Northstar, nós demos outra volta na pista média. Fiquei um pouco zeloso demais no último *kicker*, estirei de novo o meu flexor de quadril e isso foi o fim da diversão.

Ryan, no entanto, estava numa missão. Há três semanas, executou o seu primeiro *nose butter* 540° — no parque para crianças. Hoje, ele executava essas manobras em *kickers* para especialistas. Mesma coisa com giro zeros. Há três semanas, ele testou a manobra em *rollers* pequenos, hoje ele a executava em grandes *booters*.

Depois, no estacionamento, Ryan ainda estava animado. Eu estava deprimido demais para ficar animado. Essa era a terceira vez em duas semanas que estirava o meu flexor de quadril. É claro, na primeira vez em que visitei o parque da Northstar, tive sucesso em zero saltos e deslizei em zero caixas. Hoje, tive sucesso em todo recurso da sua pista média na minha primeira tentativa. Mesmo assim, isso não curou o meu desânimo. Eu queria mais. Mais progresso. Mais tempo para fazer mais progresso. Mais progresso para mais estado de fluxo para mais progresso ainda.

Aparentemente, um centímetro de cada vez não era rápido o suficiente para o meu ego.

FACTION

Capítulo 8

SQUAW VALLEY, 24 DE ABRIL DE 2021, SEXAGÉSIMO SEXTO DIA NA NEVE

Tirei uma semana para recuperar o meu flexor de quadril. Foi o maior período que fiquei sem esquiar desde o começo da temporada. Parecia que um pedaço da minha alma havia sido amputado.

Para piorar, o meu cérebro começou a imaginar cenários hipotéticos. E se esse machucado não sarar? E se eu não conseguir esquiar de novo nesta temporada? E se...?

Para acalmar a incerteza, entrei em contato com Fred McDaniel[1] do Centro de Performance Humana de Santa Fé, Novo México. Como terapeuta ocupacional, Fred passou 25 anos ajudando atletas lesionados a voltarem à sua melhor forma. Há cerca de uma década, restaurou a mobilidade do meu tornozelo quebrado. Desde então, ele é uma das primeiras pessoas a quem recorro quando estou lesionado.

Depois de revisar o meu programa de yoga, Fred percebeu que os meus quadríceps não recebiam a atenção que precisavam. Para piorar, talvez para compensar pelo dano do *T-bone*, meus músculos dos glúteos haviam desativado e deixaram o flexor do meu quadril fazer a maior parte do trabalho.

Isso explicava o dano.

Por sorte, a solução era bem direta. Acrescentamos seis alongamentos à minha rotina de yoga, três para os meus quadris e três para os meus flexores de quadril, junto com exercícios de reativação dos glúteos como afundos e agachamentos, e exercícios para os flexores de quadril, como afastamento de pernas com faixas elásticas. Além disso, apesar de o esqui não piorar o estiramento, eu com certeza precisaria ficar fora do parque de esqui até me recuperar.

Hoje foi o dia de testar o progresso da minha cura.

No entanto, com as estações da costa sul do Lago Tahoe fechadas, o teste exigiu uma visita à costa norte. Era hora de voltar para os meus antigos terrenos, Squaw Valley.

Eu estava nervoso. O terreno de Squaw é feroz. Eu tinha memórias ruins. Tinha anos de experiência esquiando essa montanha — mal.

Mesmo assim, havia me esforçado muito durante toda a temporada e me sentia preparado.

Eu não estava preparado. A inclinação da montanha, o tamanho das saliências, o peso das minhas memórias — tudo isso bagunçou a minha cabeça. Além disso, estava tudo congelado. Além disso, estava exageradamente lotado. Além disso, esquiei muito mal.

A única coisa boa que posso dizer sobre o dia 66: pelo menos o meu flexor de quadril aguentou.

SQUAW VALLEY, 26 DE ABRIL DE 2021, SEXAGÉSIMO SÉTIMO DIA NA NEVE

Ataque surpresa: uma nevasca de fim de primavera caiu durante a noite. A manhã trouxe ventos fortes, neve molhada e visibilidade comprometida. A maior parte do topo da montanha de Squaw estava fechada. Na parte de baixo da montanha, apenas a Red Dog e a KT-22 permaneciam abertas.

A KT foi uma experiência de quase morte. A visibilidade estava abaixo de 60 cm. Os topos das saliências eram compostos apenas de placas de gelo. A parte inferior estava uma bagunça encharcada. Isso resultou em aceleração de alta velocidade no gelo, desaceleração de alta velocidade na lama, joelhos doloridos, orgulho machucado e o desejo de sair da KT e investigar a Red Dog.

A Red Dog não estava muito melhor, mas o clima ruim afastou os turistas. Nós aproveitamos a sua ausência e demos voltas em alta velocidade em pistas vazias alisadas por máquinas, e depois pulamos de costas e demos voltas de costas em alta velocidade nessas pistas. Então as temperaturas caíram de novo e a neve molhada se tornou neve seca, e ninguém — além de Ryan, de mim e de alguns locais radicais — percebeu.

No início da tarde, havia caído neve seca o suficiente para a patrulha do esqui abrir a Red Dog Glade, uma zona diamante negro duplo que fica diretamente abaixo do teleférico da Red Dog. A Glade é uma floresta de pinheiros majestosa listrada com uma série de calhas íngremes e cheias de pedras. Olhando de baixo, as calhas parecem marcas de garras gigantescas — agora cobertas com 20 cm de neve não usada.

No meio da tarde, um outro velho amigo se juntou a mim e Ryan, Tom Day,[2] mais bem descrito como a realeza do esqui. Agora na casa dos 60 anos, Tom se mudou para Squaw Valley em 1982, como parte da primeira onda de esquiadores radicais a chamar essa montanha de lar. Ele primeiro apareceu em filmes de esqui, para depois se mudar para o outro lado da câmera e se tornar o operador de câmera principal de Warren Miller pelas três décadas seguintes. Desde *Blizzard of Ahhhs*, passando por *Steep and Deep*, até *Future Retro*, a maioria dos clássicos de esqui que imaginar, ou Tom apareceu esquiando, ou filmou, ou os dois.

Como esquiador, ele é suave, poderoso e gracioso, mas em velocidades que são difíceis de explicar. Rápido é o resumo. Tom esquia cerca de 16 km/h mais rápido do que eu e Ryan normalmente esquiamos, mas é de onde vem a sua velocidade que faz a maior diferença.

Tom vê a montanha como nenhum outro esquiador que conheço. Na nossa primeira descida juntos, esquiamos a mesma pista que eu e Ryan já havíamos esquiado três vezes. Tom esquiou quase exatamente a mesma pista, mas fez curvas a cerca de 60 cm de distância de onde fiz as minhas, em lugares que eu nunca consideraria tentar fazer curvas.

No entanto, em todas as vezes, os resultados eram mais suaves e rápidos. Muito mais rápidos. Depois de dez curvas, tudo ficou embaçado. "Dando tudo de si", como dizem.

Dar tudo nos levou direto para o estado de fluxo em grupo. Parece que a minha recém-descoberta confiança no esqui reduziu a quantidade de hormônios de estresse que produzo na companhia de esquiadores que não se chamam Ryan. Normalmente, esses hormônios me levam para longe do ponto ideal de desafio-habilidade, me roubam a habilidade de executar padrões motores automaticamente; e assim começava o ciclo da vergonha.

Mas hoje não.

Hoje, a minha experiência com o estado de fluxo em grupo em Kirkwood trouxe resultados emocionais. Hoje, Tom, Ryan e eu perseguimos uns aos outros na Red Dog Glade até os teleféricos fecharem, e pegamos o último bonde para uma descida final naquela floresta antiga, sabendo que um dia de neve nova sem multidões em Squaw Valley era quase um milagre, dizendo "obrigado" da única maneira que nós sabemos, ou seja, usando geometria rápida em velocidade máxima.

Modo Cachorro Fantasma, dança da gravidade e dando tudo de si.

SQUAW VALLEY, 27 DE ABRIL DE 2021, SEXAGÉSIMO OITAVO DIA NA NEVE

Desde que chegamos em Squaw Valley, Ryan e eu estamos na casa de Keoki Flagg. Enquanto isso, Keoki está fora da cidade, em uma missão *backcountry* anual de subir e esquiar os grandes picos das Sierras do sul.

Hoje ele dirigiu de volta à cidade para passarmos o dia juntos, sabendo que Squaw estava prestes a fechar, e sabendo que essa seria a nossa última chance para uma última dança.

Estávamos animados. Se as condições de neve seca de ontem se mantiverem e se a montanha inteira estiver aberta, este seria um grande dia.

A montanha inteira estava aberta, mas as condições não se mantiveram. Nós descobrimos gelo à prova de bala misturado com *Sierra cement*.[i] Seria um trabalho árduo e eu já estava exausto. É claro, Keoki queria esquiar no *gnar*. É claro, a vertigem se instalou rapidamente.

Tentei combatê-la. Algumas descidas constrangedoras na Granite Chief, algumas descidas desconfortáveis abaixo da Attic, e então uma surra no KT-22 — levei batidas no baço de saliências congeladas nas árvores íngremes entre West Face e a Calha 75.

Quando tudo acabou, estava muito cansado para fazer qualquer coisa além de choramingar. Ainda assim, foi divertido lembrar todo o terror que nos espera em cada canto de Squaw Valley — é um Deus nos acuda.

---

i Nome usado para designar a neve úmida e pesada nas Sierras, criada pela combinação de fortes nevascas e temperaturas próximas de zero. [N. da T.]

ALPINE MEADOWS, 1º DE MAIO DE 2021, SEXAGÉSIMO NONO DIA NA NEVE

Condições de primavera quase perfeitas. Temperaturas de 15 °C. Nós usamos suéteres. Deveríamos ter usado armadura.

ALPINE MEADOWS, 2 DE MAIO DE 2021, SEPTUAGÉSIMO DIA NA NEVE

Foi o último dia da temporada no Alpine Meadows. Os turistas haviam partido, apenas os locais continuaram. Todo mundo conhecia alguém.

Começamos esquiando rápido e continuamos. O bando cresceu. Antes do meio-dia, eu já esquiava com cinco velhos amigos, três novos e uma seleção aleatória de estranhos. Muitos corpos se movendo em alta velocidade…

No início da tarde, a temperatura estava cerca de 21 °C. O calor aumentou o derretimento da neve e a montanha ganhou vida. Nós esquiamos pistas técnicas íngremes através de penhascos expostos. Cada curva liberava um rio de lama e todos tiveram que dançar à moda irlandesa para sobreviver.

Mais uma vez, eu me encontrei entrando no estado de fluxo em grupo. Estranhamente, ao longo do último mês, esse estado compartilhado se tornou tão familiar que nem havia percebido. Então Ryan, eu e outro velho amigo, Gordon Fields, fizemos *sliding spins* 360° simultaneamente através da parede lateral de uma ravina íngreme. Então, percebi.

Ryan percebeu também. Ele viu Gordon girar e acenou com a cabeça levemente para mim. Eu conhecia aquele aceno. Sabia o que queria dizer.

Gordon estava quase com 60 anos. Ao longo da temporada, Ryan e eu esquiamos com muitos dos meus amigos que tinham essa idade ou eram mais velhos. Nenhum deles tinha experiência com *park skiing*. A maioria deles sequer havia considerado. A maioria achava, no início, que a minha busca para aprender *park skiing* era insana. Mas depois de passar um dia assistindo Ryan e eu rodopiar pela montanha, cada um deles tentou um *sliding spin* 360° por conta própria.

E então outro, e outro…

Parecia que a nossa abordagem no Território *Gnar* era viciante. Uma vez que as pessoas percebiam que havia um ponto de entrada acessível ao *park skiing* — o *sliding spin* 360° —, seu medo era substituído por curiosidade, e a dopamina se encarregava do resto. O neurotransmissor amplificava o reconhecimento de padrão, a resposta muscular de contração rápida e a disponibilidade para se arriscar. O resultado: alguém que nunca havia tentado um *sliding spin* 360° tinha sucesso ao executar um na primeira tentativa.

Nós continuamos a rodopiar pela montanha até os teleféricos fecharem, depois ficamos no estacionamento contando histórias, rindo e, claro, fazendo planos para esquiar mais. Depois, andei para a minha caminhonete e olhei para a montanha. Seriam seis meses até que eu esquiasse aqui de novo. Isso fez o meu coração doer.

Eu disse adeus à neve. Disse adeus às árvores. Disse adeus à montanha. Agradeci à neve, às árvores e à montanha por me manter seguro e me ensinar mais sobre mim mesmo do que eu conseguiria aprender sozinho. Agradeci à montanha por eliminar as minhas ideias ruins sobre os meus limites. Agradeci à neve por facilitar essa eliminação. Agradeci às árvores por me fazerem companhia ao longo do caminho.

Então entrei no meu carro, coloquei Five Finger Death Punch para tocar e fui para casa.

MONTANHA MAMMOTH, 4 DE MAIO DE 2021, SEPTUAGÉSIMO PRIMEIRO DIA NA NEVE

Ryan e eu fomos para o sul, para a Montanha Mammoth. Passaram três semanas desde a última vez que esquiamos em um parque de esqui. Nós nos sentíamos enferrujados — que é o que você não quer sentir quando vai para Mammoth.

Mammoth fica no epicentro[3] do mundo de *park skiing*. Fiel ao seu nome,[ii] a montanha possui cinco parques diferentes e mais de 150 recursos, e a maioria deles é feroz. Muitos dos vídeos de SLVSH que assisti foram filmados nela. E esse foi o verdadeiro motivo para virmos — era a hora de testar as nossas habilidades.

Mas, primeiro, precisávamos tirar a ferrugem. Decidimos ir direto ao problema, se direto significar esquiar diretamente para o parque de crianças: dois saltos pequenos e uma caixa de iniciante.

Eu tenho as minhas regras. Ryan tem as deles. Uma de suas regras envolve não fazer o que todo mundo faz — esquiar para um parque e parar no topo para estudar "teoricamente" uma pista.

---

ii Mammoth significa "gigante" em inglês. [N. da T.]

Regra do Ryan: nunca pare no topo.

Se estivesse trabalhando, explicaria essa regra com novas teorias sobre tese da mente estendida e ciclo percepção-ação. Estando na montanha, tudo o que posso dizer é: a regra do Ryan funciona.

Aqui está o porquê: se eu esquiar para um parque e parar, o meu acesso ao menu completo de *affordances* [4] declina drasticamente. Mas se eu mergulhar sem parar e ir em direção ao primeiro recurso que despertar a minha curiosidade,[5] o ritmo preservado e a dopamina liberada me dão uma chance melhor de entrar no estado de fluxo.

Hoje eu segui as regras. Entrei no parque e mirei o primeiro salto, e a voz da minha cabeça decidiu tornar as coisas interessantes.

"*Safety grab.*"

O desafio foi lançado. A voz sugeria que eu tentasse um *safety grab* pela primeira vez depois de me lesionar ao executá-lo. Tudo que posso dizer sobre essa tentativa: pelo menos não me lesionei de novo.

A primeira volta foi feia. A segunda também. Durante essas voltas, me lembrei de uma coisa que tinha esquecido durante a minha pausa de três semanas: o *park skiing* não é para os de coração fraco.

Então eu e Ryan deixamos o parque para crianças e decidimos visitar o parque principal de Mammoth, que é criativamente chamado de Parque Principal. Esqueça os de coração fraco. O Parque Principal era completamente aterrorizante.

É claro que seria assim. A Mammoth se orgulha de construir parques grandes, e esses parques sempre atraem os melhores atletas. Hoje não foi diferente. O que acontece quando uma fila de 7 *snowboarders* profissionais e 12 esquiadores profissionais usam um conjunto de 4 *booters* de 15m?

Algo que você nunca viu.

Então nós percebemos o que víamos. Estavam filmando um jogo de SLVSH no Parque Principal. Não conseguimos identificar todos os competidores a partir do teleférico, mas a assinatura de estilo do cofundador de SLVSH e medalhista de ouro Olímpico, Joss Christensen,[6] era claramente visível. Ele fazia 900º como se jogasse frisbees.

Demos uma pausa no Parque Principal e fomos dar uma volta na Trilha da Floresta, o parque médio. Estava mais lotado do que o Parque Principal, o que ajuda a explicar por que errei o meu *safety grab* no primeiro pulo e rodei mal no 180° no segundo; não dá para demorar ali porque havia um par de *snowboarders* bem atrás de mim.

Então a fila se separou e as minhas escolhas eram *rail* turbo ou bola de metal. O turbo era muita areia para o meu caminhão, mas a bola era estranha de uma maneira um tanto intrigante: 1m de diâmetro, presa em um pedestal de neve inclinado de quase 2m e pintada de *pink*. Teoricamente, esquiadores usam o pedestal como uma rampa e a bola como um objeto para quicar. Não, obrigado. Em vez disso, fiz um *shifty* a partir do lado do salto e tentei fazer um nose-bonk[iii] na bola.

Não deu certo. Mas foi legal tentar.

Na seção de saltos, Ryan fez um 360° em um *booter* de 6m, enquanto eu saltei sobre um *knuckle* e tentei fazer um *tail drag*[iv] ao descer. Foi mais um *tail tap* do que um *tail drag*, mas foi a primeira vez que tentei executar um *tail tap* em um *knuckle* grande e olá, Cachorro Fantasma.

Um estado de fluxo é algo terrível de desperdiçar — essa é outra regra. Então o que mais posso tentar? O que mais posso aprender? Eu estava faminto. Estava sedento. Além disso, estava no estado de fluxo, então tinha certeza de que era à prova de bala.

Acontece que eu não era à prova de bala — ou, mais especificamente: à prova de *snowboarder*.

O parque terminava com um mini*halfpipe*. A voz deu uma sugestão interessante: faça um *tail drag* no *lip* do tubo, então faça um *sliding spin* 360° ao descer da parede — um combo *supersteazy* se executado corretamente.

Infelizmente, perdi muita velocidade no meu *tail drag* e fui pego pelos *snowboarders* enquanto preparava o meu giro. Um bateu debaixo de mim assim que comecei a girar, e outro saltou do meu lado conforme eu pulava do *lip*. Assim, nada de combo *supersteazy*.

E a queda — essa doeu.

Então, bem-vindo à Mammoth.

MONTANHA MAMMOTH, 5 DE MAIO DE 2021, SEPTUAGÉSIMO SEGUNDO DIA NA NEVE

A intimidação continuou. O parque estava lotado. Esquiadores e *snowboarders* pulavam a cada dez segundos. Eu tinha um pequeno

iii Tocar um objeto com a ponta dianteira do esqui enquanto o esquiador está no ar. [N. da T.]

iv Manobra em que o esquiador arrasta a ponta traseira do esqui no declive ao descer. [N. da T.]

intervalo para entrar e não parar, pois era seguido por alguns dos melhores atletas do mundo.

Nas minhas primeiras três voltas, fui seguido por Eileen Gu ou tentei segui-la, um fenômeno de 18 anos de idade e a primeira novata a ganhar medalha em todas as três categorias de *freeskiing* no X Games de 2021, antes de ganhar dois ouros e uma prata nas Olimpíadas de Inverno de Pequim de 2022. Por isso, enquanto eu tentava fazer um *latched-on blunt grab* [v] sobre um pequeno platô, uma das melhores esquiadoras do mundo tentava um "*front-swap, back-swap, 400 out*" no *rail* turbo à minha direita.

Sem surpresa alguma, não consegui fazer aquele *blunt grab*.

Depois de cinco voltas no parque, percebi que não funcionaria. Eu estava com transtorno de estresse pós-traumático de *snowboarder*. Estava vendo fantasmas.

Ryan ia na direção oposta. Fez um *cork* [vi] 360° de um *booter* de 7m, e então tentou um *cork* 540° no seguinte. Quase conseguiu fazer os 540°, mas girou um pouco mal e quis tentar de novo. Dessa vez, explodiu do *lip*, girou demais e teve que se abrir como uma estrela do mar — isto é, esticar seus braços e pernas para reduzir velocidade e parar de rodar — para evitar que se machucasse.

Enquanto Ryan aterrissava sem acidentes, assistir a sua manobra de estrela do mar me deixou tão assustado que quase sujei as calças.

E, falando em calças [ou melhor, da falta delas], como era primavera na Mammoth, também vimos cinco homens adultos esquiarem de cuecas, incluindo um indivíduo muito bem bronzeado em uma tanga bronze brilhante.

Mesmo assim, apesar das tangas e da multidão, no fim do dia eu encontrei um pouco de ritmo. Fiz uma série dos melhores 180° que consegui fazer na minha pequena carreira de execução de 180°, tive sucesso ao fazer um *tail press* [vii] no *lip* do minitubo e terminei com um *sliding spin* 720° — que foi o primeiro giro duplo que fiz e talvez o mais ridículo que alguém já fez.

Mas progresso é progresso e, ridículo ou não, eu o fiz.

---

v Jogar os esquis para trás até as pontas dianteiras apontarem para o chão e as pontas traseiras apontarem para o céu, e tentar pegar uma dessas pontas. [N. da T.]

vi Uma rotação fora do eixo. [N. da T.]

vii Deslizar com as partes traseiras dos esquis sobre uma superfície. [N. da T.]

MONTANHA MAMMOTH, 8 DE MAIO DE 2021, SEPTUAGÉSIMO TERCEIRO DIA NA NEVE

Fiquei alguns dias em casa, e então voltei para Mammoth para uma missão solo de uma semana. Uma semana naquele parque para riscar o resto das manobras da minha lista.

Eu buscava um sonho que logo acabaria. As temperaturas crescentes haviam acelerado o derretimento da neve. Na minha subida de teleférico para o topo, vi que Mammoth havia desmontado a maior parte do seu parque e tirado neve de uma área para manter uma área diferente ativa por mais alguns dias. Na minha ausência, tiraram o minitubo e todos os saltos da pista média. A bola grande de metal não estava mais lá. A parede para deslizar também não. Não havia mais *hits* laterais ou caixas para iniciantes, ou algo que eu conhecia vagamente. Tudo o que restou foi uma fila longa de *rails* malvados.

Pensei naqueles *rails*, mas decidi me aquecer no parque para crianças. Estava pior do que o parque principal. As caixas não estavam mais lá. Os dois saltos eram decadentes. Eu não me importava. Apliquei a regra do Ryan e fui em direção ao primeiro salto e me preparei para o passeio com um enorme 180°.

O que descobri no meio do ar: a parte de trás do salto havia derretido. Mesmo fazendo um 180°, aterrissei em um buraco, estirei o meu joelho e perdi a confiança.

Aqueles *rails* malvados teriam que esperar.

MONTANHA MAMMOTH, 9 DE MAIO DE 2021, SEPTUAGÉSIMO QUARTO DIA NA NEVE

Acordei me sentindo velho e cansado. O meu joelho estirado estava machucado. Meu ombro que levou um *T-bone* doía. Mas a neve não duraria muito.

Decidi explorar, na esperança de que a novidade pudesse me fazer entrar no estado de fluxo, e ele pudesse melhorar o meu humor. Investiguei toda a descida da Face Lift Express, então fui para uma série de bermas encravadas na beirada mais distante da West Bowl. Ryan as havia me mostrado no início da semana. As bermas pareciam atraentes, mas ficavam na borda de um grande penhasco e o medo da vertigem me mantivera longe dali.

No entanto, ao inspecionar mais de perto, as bermas eram enormes e as minhas chances de morrer pareciam minúsculas.[7] Alto risco percebido, baixo risco real, e bem-vindo ao ponto ideal do desafio-habilidade. Além disso, aquelas bermas produziam muita força G, e a novidade daquela sensação agia como outro gatilho para o estado de fluxo. A combinação me fez entrar em estado alfa.

Já que estava lá, decidi fazer alguma coisa. Dez *rollers* foram esculpidos no lado de trás da Face Lift Express. No primeiro *roller*, eu me forcei a fazer algo que o meu corpo parou de querer fazer: inclinar-me para iniciar um *nose butter* 360°.

O resultado foi melhor do que eu esperava. Aumentei as apostas e tentei transformar o resto dos *rollers* num minipercurso *slopestyle*: dois 180° decentes, dois *nose butters* bons, e um bom e velho *spread eagle* no último *roller* para comemorar. Eu me sentia bem. Eu me sentia vivo. Mas não queria forçar demais, então saí da montanha.

Mesmo assim, comecei o dia me sentindo velho e cansado e o terminei me sentindo jovem e renovado, e isso foi outra coisa que aprendi nesta temporada. Muitas sensações[8] que classificava como "normais da idade" — ou seja, dor nos músculos, rangidas nos ossos e cansaço em geral — estão mais relacionadas com um aumento da ansiedade de desempenho do que com uma redução das habilidades físicas. Quando enfrento os meus medos e arrumo os meus pensamentos, meu corpo sempre me recompensa.

MONTANHA MAMMOTH, 10 DE MAIO DE 2021, SEPTUAGÉSIMO QUINTO DIA NA NEVE

Passei a manhã tentando adicionar estilo ao meu esqui de costas. Mas a temperatura aumentou e a neve ficou aderente. Saí da montanha correndo. Às vezes, voltar para casa inteiro é progresso suficiente.

MONTANHA MAMMOTH, 11 DE MAIO DE 2021, SEPTUAGÉSIMO SEXTO DIA NA NEVE

Will Kleidon[9] é um bom amigo e *snowboarder* com experiência em skate. Ele veio para a cidade passar o dia na neve comigo. O que mais chamou a minha atenção foi a nossa similaridade na escolha de pistas.

A maioria das pessoas prefere o centro da pista, onde há mais espaço e menos obstáculos. Mas nos anos 1990, pessoas como o Will — ou seja, *snowboarders* com experiência em skate — descobriram as bordas da trilha, onde bermas de neve compactada e paredes de neve construídas oferecem uma miríade de possibilidades para improvisação e, assim, uma entrada mais rápida para o estado de fluxo.

Will e eu passamos a manhã investigando essas bordas. Ficamos um pouco frenéticos. Em todo lugar que eu ia, Will tentava ir também. Em todo o lugar que ele decidia ir, eu já estava lá. Não é assim que as coisas funcionam normalmente.

Esquiadores ficam de frente sobre duas plataformas independentes. *Snowboarders* ficam de lado sobre uma plataforma única. Tipicamente, essas posições corporais diferentes resultam em uma variação significativa na seleção de pistas.

Por isso, me perguntei durante toda a manhã: *Será que agora penso como um snowboarder?*

De uma coisa tenho certeza, eu pensava de maneira cinestésica pela primeira vez na vida. Ao pesquisar a montanha, agora vejo um menu totalmente diferente de *affordances* — ou seja, oportunidades de ação — do que quando a temporada começou. Quando saio da montanha, essas *affordances* ficam comigo. Esses dias, adormeci enquanto o meu cérebro resolvia problemas complexos de movimento da mesma forma que, quando escrevo um livro, adormeço enquanto o meu cérebro resolve problemas complexos de criação de palavras.

No início deste projeto, um dos meus objetivos principais era aumentar as minhas oportunidades de ser criativo ao esquiar. Se eu visse um recurso interessante na montanha, queria ter a habilidade de fazer algo interessante com aquele recurso. O que eu não havia percebido é que aprender essas habilidades mudaria a minha percepção da realidade. Mas a minha incursão no *park skiing* havia recondicionado o meu cérebro e alterado as minhas *affordances.*

Eu não sou apenas um esquiador diferente; agora vejo uma montanha diferente.

MONTANHA MAMMOTH, 12 DE MAIO DE 2021, SEPTUAGÉSIMO SÉTIMO DIA NA NEVE

Às vezes, a única coisa que precisamos fazer é o que mais nos assusta. Na terapia de exposição, isso é conhecido como "inundação".[10] Na Mammoth, o que mais me assustava era a exposição.

O topo da Mammoth é uma enorme parede de pedra. Na verdade, são duas paredes separadas por um vale profundo. Para chegar lá em cima, ou é preciso ir de bonde ou no teleférico Chair 23, ambos os quais ficam sobre o vale em alturas absurdas — e esse era o meu problema.

Apesar de ter esquiado aqui há cerca de duas décadas, havia me esquecido da exposição. Quando voltei para o parque de esqui — que fica na parte de baixo da montanha —, não prestei muita atenção no topo. Mas agora, com o aumento do derretimento da neve, tudo o que sobrou no parque são *rails* gigantes e *booters* monstruosos.

Logo, decidi tentar negociar com a vertigem.

Não havia como não ficar aterrorizado no passeio de bonde para o topo, mas eu precisava manter o medo sob controle. Se me apavorasse ao subir, descer com o mundo girando seria um problema muito maior. Pior ainda, toda pista da parte de cima tinha uma projeção.

O meu problema não era esquiar a partir da projeção. O meu problema era que, antes de o esqui acontecer, precisaria me aventurar até a beirada da projeção, espreitar o vazio, e entender para onde esquiar. Com a vertigem, espreitar o vazio é sempre uma má ideia.

É aí que a regra — ver a pista, esquiar a pista — é aplicada. O movimento era a única forma de lidar com a vertigem induzida pela projeção. Eu precisava esquiar até a beirada da projeção, ver a minha pista imediatamente e começar a esquiar antes de a vertigem chegar.

É também nesse momento em que a supressão por repetição volta para a nossa história. Ao simplesmente andar no bonde e viver a experiência, a supressão por repetição reduziria minha resposta de medo na próxima vez que eu fosse. Mais cedo ou mais tarde, ela seria completamente extinguida.

Foram necessárias cinco voltas desagradáveis.

Na primeira volta, andei no bonde, fechei os meus olhos e fiz exercícios de respiração profunda para manter o meu sistema nervoso sob controle. Sempre que me sentia calmo o suficiente, abria os meus olhos por um segundo. Eu queria que o meu cérebro vivesse a exposição, mas não o suficiente para sobrecarregar o meu sistema.

Esquiei a Cornice Bowl até o fim — uma pista suave de um diamante negro. E embora a bacia realmente tenha uma projeção, ela é minúscula. Levou apenas um segundo para olhar da borda e ver a minha pista. Depois de três curvas, o meu cérebro reconheceu o movimento familiar, percebeu que estava seguro e reduziu o nível de ameaça.

Na segunda volta, mantive os meus olhos abertos no passeio de bonde sobre a montanha mais baixa, e então os fechei na subida final.

Esquiei a Cornice Bowl de novo e, dessa vez, pulei da projeção. Não era muito mais do que uma queda de quase 2m, mas aquele sentimento de voar é insuperável.

Na terceira volta, lutei contra a ansiedade usando a curiosidade.[11] Neuroquimicamente, a ansiedade e a curiosidade têm o mesmo ingrediente básico — noradrenalina —, no entanto, ficam em lados opostos do espectro emocional. Um pouco de noradrenalina nos deixa curiosos; muito nos deixa ansiosos. Mas é fácil transformar uma emoção na outra, o que nos permite usar a curiosidade para bloquear a ansiedade.

Dessa vez, quando observei a montanha do bonde, em vez de perceber todas as coisas que me assustavam, me concentrei em encontrar rotas. Qual pista parecia interessante? Quais eram os seus principais pontos de referência? Quais obstáculos teria que evitar ao descer?

A Pista Dave parecia interessante. Eu nunca havia me aventurado lá.

Mas a observação levou mais tempo do que esperava e, agora que estava lá, onde era a entrada para a Pista Dave?

Tudo que eu via era uma projeção podre e uma série de placas escrito FECHADO. Apenas uma pequena seção da pista ainda estava aberta, mas ela tinha um *rollover* [viii] cego a cerca de 30m da entrada da pista. Será que havia penhascos debaixo daquele *rollover*?

Eu estava sozinho. Estava inquieto. Fiz um acordo comigo mesmo: esquiaria os primeiros 30m devagar, e então observaria da borda do *rollover*. Se tivesse me perdido e parasse sobre um penhasco com uma queda mortal, voltaria. Se precisasse subir de volta para o bonde e esquiar o outro lado da montanha, também faria isso.

Viu, voz da minha cabeça, não precisa entrar em pânico. Temos opções.

Então esquiei 30m, olhei da saliência e ri. A pista era tranquila. Não havia penhascos com quedas mortais nem a necessidade de entrar em pânico. As curvas eram fluidas e divertidas. Tão divertidas, na verdade, que decidi esquiar ali outra vez.

Na quinta volta, no passeio de bonde, olhei para o cenário, amei a vista e não senti uma pontada de medo. A supressão por repetição estava funcionando.

Então, no muito mais vertiginoso Chair 23, repeti o processo. Dessa vez, só foram necessárias três voltas. Além disso, descobri que

viii Pequena projeção da montanha que a divide em duas partes com ângulos de inclinação diferentes. [N. da T.]

as calhas Drop Out — que ficam diretamente abaixo do Chair 23 — tinham uma das melhores curvas da montanha.

Resultado final: Steven 1; Vertigem 0. Missão cumprida.

MONTANHA MAMMOTH, 13 DE MAIO DE 2021, SEPTUAGÉSIMO OITAVO DIA NA NEVE

Estava emocionalmente exausto das voltas de extinção de medo de ontem, mas precisava ter certeza de que o morto continuava morto. Voltei para a montanha e dei uma volta em tudo que esquiei no dia anterior.

Foi então que tive certeza.

MONTANHA MAMMOTH, 14 DE MAIO DE 2021, SEPTUAGÉSIMO NONO DIA NA NEVE

A vida real tentou atacar os meus sonhos de esqui. Fiz cerca de quinze voltas — mas consegui submeter a vida real.

MONTANHA MAMMOTH, 15 DE MAIO DE 2021, OCTOGÉSIMO DIA NA NEVE

Entrei no teleférico antes das 8h, achando que havia sido uma noite quente e que talvez a neve já estivesse macia. Eu estava errado. A montanha brilhava com gelo.

Então o teleférico passou sobre o parque e percebi que havia um *rail* novo: um "turbo" no linguajar dos esquiadores, ou um *rail* com a forma de uma salsicha longa e gorda. E esse turbo parecia amigável — isso não era interessante?

Os *rails* não pareciam amigáveis há um tempo. Quase todos sobre os quais tentei deslizar nesta temporada me fizeram cair de traseiro no chão. Mas fui para Mammoth para treinar as minhas habilidades de *park skiing*, e esse turbo parecia amigável, e não era preciso falar duas vezes.

Então, passei o resto do passeio de teleférico fazendo visualizações. Como seria me aproximar do salto, pular do *lip* e aterrissar no turbo? Visualizei a aterrissagem com o peso sobre o meu pé da frente. Eu me imaginei deslizando até o fim do *rail*. Fiz a visualização três vezes e pensei: *você consegue*.

Mas eu não consegui.

Esquiei em direção ao turbo, verifiquei se a minha velocidade era exatamente a mesma que visualizara, me preparei para pular sobre o *rail* do mesmo modo que imaginara, fiquei com medo e evitei o *rail*.

Aparentemente, eu tinha um problema com a coragem. Mas coragem é essencialmente dopamina,[12] e a dopamina estava disponível. Olá, Calha Gravy.

A Calha Gravy é uma pista de um diamante negro em condições normais, mas a maior parte da neve havia derretido na sua entrada e deixado apenas uma faixa solitária entre pedras grandes. Ela estava exposta. Era *gnar*. Perfeita para o que eu precisava.

Esquiei a Calha Gravy, ganhei um pouco de coragem, voltei para o teleférico e fui em direção ao parque. Desta vez, esquiei em direção ao salto, pulei do *lip*, aterrissei de lado no turbo e — caramba — eu estava deslizando mesmo.

E então eu não estava mais.

A 60 cm do fim do turbo, o meu pé da frente deslizou para o lado, as minhas pernas se abriram, e caí de traseiro sobre o *rail*. O impacto empurrou a minha cabeça na direção do aço frio. Prova de conceito de capacetes de esqui — funcionam como prometem.

O meu corpo ficou dolorido por causa da queda. Mas não tão dolorido quanto o meu ego.

Esquiei pelo resto do parque buscando redenção. O último recurso era outro *rail* turbo um pouco maior do que o primeiro, mas sério, naquele primeiro turbo, quase deslizei o *rail* todo. Se lembrasse de manter as coxas pressionadas para dentro, eu teria conseguido chegar até o outro lado, fim de história.

Desta vez, esquiei em direção ao turbo, pulei e aterrissei no *rail*. Mas com toda a minha atenção voltada para manter as pernas juntas, me esqueci de aterrissar com o meu peso sobre o pé da frente. Em vez disso, aterrissei com o pé de trás, virei de cabeça para baixo e mais uma vez caí de traseiro sobre o *rail*.

Não, nada de amigável nesse *rail* também.

Resultado final: *Rails* Malvados 2; Steven 0.

MONTANHA MAMMOTH, 16 DE MAIO DE 2021, OCTOGÉSIMO PRIMEIRO DIA NA NEVE

Ryan veio para a Mammoth. Eu ainda estava dolorido por causa da surra de *rails* de ontem e tinha pouco interesse em uma viagem de volta ao parque. Em vez disso, nós fomos explorar.

Depois de três voltas, vimos uma pista única de solavancos lamacentos que percorria a borda distante de um cânion deserto. As saliências apodreciam. A neve estava suja. Os penhascos eram um presságio. Se alguém quisesse fazer uma cena de esqui em um filme de terror, esse seria o lugar perfeito.

Tentamos uma primeira volta. A neve estava melhor do que esperávamos. É claro, a neve acabou na parte inferior do cânion e tivemos que subir sobre rocha vulcânica para voltar à pista principal, mas as curvas eram fluidas, e por que não tentar uma segunda volta?

Na terceira volta, esquiávamos em plena velocidade e com o coração a mil em direção a uma dimensão superior, capacidade aeróbica sendo usada ao máximo — o que era o nosso objetivo. Conforme os atletas envelhecem, muitos fogem do treinamento de alta intensidade e preferem exercícios longos e lentos. Esses exercícios lentos parecem ser menos danosos fisicamente, mas nada poderia estar mais longe da verdade.

O VO2 máximo[13, ix] é uma medida da nossa capacidade aeróbica. Durante a maior parte do último século, os cientistas acreditavam que essa capacidade reduzia 10% a cada década depois dos 25 anos, e não havia nada que pudéssemos fazer para desacelerar essa redução. Mas não tão rápido. A verdade é que o VO2 máximo é outra habilidade que usamos ou perdemos.[14] Atletas de resistência octogenários, por exemplo, mostraram possuir o VO2 máximo de pessoas saudáveis de 35 anos. O segredo para preservar essa capacidade? Realizar atividade física intensa regularmente.

Para isso, Ryan e eu fizemos oito voltas nesses solavancos, cada uma mais rápida do que a anterior. Na nona volta, os meus joelhos começaram a doer. Restando apenas cinco dias para alcançar o meu objetivo de um recorde de 86 dias na neve, não queria abusar da sorte. Eu me considerei vitorioso e saí da montanha.

---

ix É a quantidade máxima de oxigênio que o organismo de uma pessoa consegue absorver a cada respiração. É um indicador da aptidão aeróbica de um atleta. [N. da T.]

Enquanto dirigia de volta para casa, a dor se tornou um latejar e a voz da minha cabeça começou a criar catástrofes. E se essa dor for o começo do fim? Do que adianta o VO2 máximo se não conseguir usar os joelhos? E, se não conseguir usar os joelhos, não poderá esquiar; se não puder esquiar, então você será um fracassado miserável. E se não puder esquiar e continuar sendo um fracassado miserável pelo resto da sua vida miserável?

Alguns dias, não há onde se esconder.

MONTANHA MAMMOTH, 22 DE MAIO DE 2021, OCTOGÉSIMO SEGUNDO DIA NA NEVE

Tirei uma semana para descansar.

Durante essa pausa, fui para a fábrica da Moment Skis em Reno para conversar sobre outro par de esquis, os meus Wildcat 101, que funcionavam bem no parque, mas continuavam tentando me matar na montanha.

Acontece que os meus esquis foram montados muito para frente. Isso me permitia acessar apenas metade das suas bordas e nenhuma parte do ponto ideal.

As minhas botas, afirmaram os gurus da Moment, eram o maior problema. As Technicas foram projetadas para correr em montanhas grandes, não em parques. Tinham zero absorção de impacto, o que explicava a minha dor no joelho.

Mudei para um par de botas *freestyle* Dalbello. A diferença era o padrão de flexibilidade e a postura. No lugar da inclinação para frente que as minhas botas antigas precisavam para se comportarem bem, as novas permitiram uma posição corporal mais neutra e livre. Também possuíam absorção de impacto embutida, para que eu não saísse daquela posição neutra a cada solavanco. Essencialmente, tudo isso significa que passei a maior parte da minha temporada aprendendo *park skiing* com o equipamento errado.

Hoje, com o equipamento certo, voltei para a Mammoth em uma missão solo. As botas novas, os esquis reajustados, o corpo curado — após o meu teste de produto de catorze voltas, estava animado com as possibilidades.

A vitória verdadeira era que os meus joelhos não doeram. Eu viveria para esquiar mais um dia. Assim, saí da montanha antes que os meus joelhos mudassem de ideia.

MONTANHA MAMMOTH, 24 DE MAIO DE 2021, OCTOGÉSIMO TERCEIRO DIA NA NEVE

A neve desaparecia. O parque de esqui já era. Ryan e eu passamos a manhã tentando ser criativos com os resquícios. Ao longo do caminho, comecei a fazer *blunt grabs* — isto é, jogar os meus esquis para trás até as pontas dianteiras apontarem para o chão e as pontas traseiras apontarem para o céu, e então tentar pegar uma das pontas.

Estudos dizem que estar aberto a novas experiências[15] é um dos traços de personalidade essenciais para determinar a qualidade da segunda metade da nossa vida. Eu estava muito aberto à experiência de um *blunt grab*.

Não ajudou. Parecia que eu não conseguia executá-lo.

Não demorou para desistir e voltar a praticar *safety grabs*. Um *safety grab* é como fazer um pulo de caixa de 1m e uma remada com uma mão segurando um haltere de 11 kg ao mesmo tempo. Por isso, depois de 22 voltas, eu me deixei cair ao lado da montanha e não me mexi por um tempo — mas estava muito aberto à experiência de me mexer.

MONTANHA MAMMOTH, 25 DE MAIO DE 2021, OCTOGÉSIMO QUARTO DIA NA NEVE

Hoje foi a nossa terceira tentativa de filmar na Mammoth. Hoje também foi o meu aniversário de 54 anos. Nenhum dos dois foi de acordo com o planejado. Apontar uma câmera na minha direção continua sendo a forma mais fácil de me fazer sair do estado de fluxo. Aniversários sempre me lembram da morte.

Decidi deixar esses problemas de lado e colocar toda a minha energia no maior 180° da minha temporada inteira. Foi enorme. Foi *steazy*. Infelizmente, a câmera não funcionou, então não há nenhuma prova de que "isso" aconteceu.

E, como resultado, os meus joelhos começaram a doer novamente. Além disso — já mencionei? —, aniversários sempre me lembram da morte.

MONTANHA MAMMOTH, 26 DE MAIO DE 2021, OCTOGÉSIMO QUINTO DIA NA NEVE

Foi o meu último dia em Mammoth e o meu octogésimo quinto dia na neve. Restava um dia para o meu ousado objetivo de 86 dias.

Sem incluir um possível retorno ao Monte Hood no verão, este era o fim da minha temporada. O teleférico abriu às 7h30. Estava vestido, alongado, alimentado, hidratado e subindo às 7h31.

Os meus joelhos ainda doíam, mas mesmo assim, esquiei 27 voltas. Em algumas dessas voltas, esquiei de costas com a melhor forma que tive em toda a temporada. Parecia um pouco de desfecho. Mas ainda havia pouca coisa concluída.

O meu *park skiing* ainda precisava de atenção. É claro, aprendi dezoito das vinte manobras da minha lista, mas ainda havia muita coisa a aprender. E a minha lista de pistas parecia um trabalho ainda em progresso. Embora eu tenha esquiado todas as pistas da lista, com exceção da Calha Pencil, nenhuma delas parecia uma pista grande mais. As pistas grandes eram as que eu ainda não havia esquiado. Apenas em Kirkwood, havia meia dúzia de possibilidades: Carnell's, Pipeline, Boulevard, a Handrail, Once is Enough — só escrever esses nomes me faz tremer de medo.

Parte do meu problema era a natureza viciante do progresso e o seu hábito sorrateiro de mudar o objetivo para garantir que a torneira do estado de fluxo nunca se seque. Na verdade, tudo isso era a natureza viciante do progresso e sua maneira sorrateira de mudar o objetivo — mas conhecer os fatos não apaziguou as emoções.

A pior parte era a incerteza. Os meus joelhos ainda eram um problema. Será que a dor iria embora quando parasse de esquiar? Será que era exaustão? Será que era algo pior? Mais uma vez, a voz da minha cabeça encontrou a pior opção.

Durante cada segundo da viagem para casa, a voz achou opções cada vez piores.

Capítulo 9

NORTE DE NEVADA, 1º DE JUNHO DE 2021

Hoje foi o primeiro sábado em sete meses em que eu não esquiei. O primeiro sábado desde o feriado de Ação de Graças que não acordei às 3h, escrevi por três horas, caminhei com Kiko, fiz yoga, tomei café da manhã e dirigi para a montanha. Hoje, não fui o primeiro no teleférico. Hoje, não joguei geometria rápida. Hoje, não saí da cama.

NORTE DE NEVADA, 3 DE JUNHO DE 2021

Previsão do tempo: nuvens pesadas e mau humor.

Passou uma semana desde que esquiei pela última vez. Sem o acesso ao estado de fluxo regular que a montanha fornece, a voz da minha cabeça passou o dia me perguntando "e se?" E se eu precisasse fazer uma cirurgia no joelho? E se a cirurgia levasse a uma maior degeneração? E se essa temporada fosse o fim da minha carreira no *park skiing*?

Para compensar, me dediquei à recuperação — yoga, saunas, caminhadas longas, muitos suplementos. Eu precisava que o meu joelho desinchasse para poder avaliar a extensão do dano. Precisava que o meu corpo parasse de ficar dolorido para poder ir à academia e avaliar o meu nível de condicionamento.

Hoje, apesar de o inchaço no meu joelho continuar, o meu corpo estava menos dolorido — então fiz um pequeno experimento na academia. Queria saber se os meus ombros, costas e peito haviam perdido ou ganhado músculo durante a temporada.

Durante os últimos sete meses, em um esforço para preservar toda a minha energia para o esqui, parei de levantar peso. A energia extra fez uma diferença notável na montanha, mas isso era uma espada de dois gumes.

A força diminui com o envelhecimento. Enquanto os músculos permanecerem ativos, o tecido restante pode compensar, mas é outra situação em que nós usamos ou perdemos.[1] Se perdi muita força na parte superior do corpo por não levantar peso nesta temporada, a minha abordagem de condicionamento não seria sustentável no longo prazo. Isso significava que a próxima temporada exigiria um compromisso de esquiar menos e levantar mais peso.

Mas os resultados me surpreenderam. Apesar do rompimento do meu manguito rotador no início da temporada, eu conseguia levantar de 2 kg a 4 kg a mais em todos os meus principais exercícios de ombro. As minhas costas e braços também estavam fortes. A conta da minha flexão de braços na barra fixa estava igual a antes da temporada, e a minha conta de mergulhos estava até um pouco mais alta.

O meu peitoral foi o único grupo muscular principal que perdeu força, mas isso tinha uma explicação diferente. A maior parte do dano do *T-bone* foi no peitoral superior e no ombro inferior, e o medo de lesionar novamente me deixou hesitante no supino. Se a experiência for um bom guia, quando o meu medo de me lesionar diminuir, a força que faltava voltaria.

Isso significava que, para metade do meu corpo, a minha abordagem Território *Gnar* havia funcionado. É claro, a metade superior do meu corpo não era a metade com a qual eu me preocupava, mas era mais uma prova de que enfrentar desafios físicos difíceis mais tarde na vida não era tão impossível quanto muitos acreditam. Também era prova de que eu poderia buscar isso novamente na próxima temporada. Isso era uma boa notícia.

Mas isso não fez nada para mudar a previsão do tempo. Esquiei sem parar por quase sete meses. Havia me viciado no progresso e no acesso regular ao estado de fluxo que o progresso fornecia. Agora que parei de esquiar, havia pouco estado de fluxo, nada de progresso e muitas questões da variedade "e se?"

Por isso, até que se diga o contrário, a previsão: nuvens pesadas e mau humor.

MONTANHAS PINE NUT, 6 DE JUNHO DE 2021

Decidi reintroduzir as subidas com colete de peso. Comecei suave: uma subida de 40 minutos com um colete de 5 kg. Os meus joelhos estavam bons. O meu humor melhorou. Talvez não precise de cirurgia. Talvez a minha carreira no *park skiing* não estivesse chegando a uma parada brusca. Talvez eu pudesse mudar a previsão do tempo.

Mas isso é muito talvez.

MONTANHAS PINE NUT, 7 DE JUNHO DE 2021

Hoje, aumentei a aposta e usei um colete de 9 kg para fazer uma subida de uma hora. Subi o maior pico da região e as minhas pernas aguentaram bem. Mas ao descer, senti uma pontada no meu joelho direito. Depois, uma no esquerdo. Em seguida, uma dor que se espalhava lentamente nos dois.

Quando cheguei em casa, estava com muita dor. A única boa notícia era que o inchaço havia diminuído o suficiente durante a minha pausa para que eu pudesse usar essa nova dor para encontrar o problema. Antes, era um desconforto geral na articulação. Agora eu sabia a fonte da dor, o que significava que podia pedir ajuda.

Liguei para Fred McDaniel de novo. Fizemos uma chamada de vídeo e falamos sobre dor e sensação. Depois ele me assistiu andar, agachar e coisas assim. Fred tinha um diagnóstico provisório. Ele ia ao encontro do meu próprio diagnóstico provisório. É claro, um ultrassom ou uma ressonância magnética descobririam a verdade, mas eu gostava de aprimorar as minhas habilidades de autodiagnóstico. Além disso, se a verdade fosse da variedade *você precisa de cirurgia*, ainda não estava pronto para lidar com ela.

Mesmo assim, nós dois estávamos certos das nossas conclusões. Havia um tendão patelar inflamado no meu joelho direito, ou o que é conhecido como "joelho de saltador".[2]

O joelho de saltador é o resultado de, bem, muitos saltos. Mais especificamente, a minha dor no joelho era resultado de um treinamento inadequado na pré-temporada e muito uso durante a temporada. Antes dela, eu não havia feito movimentos dinâmicos específicos do esporte de forma suficiente, como saltos sobre caixas, pois acreditei que as minhas subidas com colete de peso seriam o suficiente. Durante a temporada, saltei muito e me recuperei pouco, resultado do meu objetivo de resistência de 86 dias, que conflitava com o meu objetivo dinâmico de aprender *park skiing*.

Depois veio o *T-bone*. O dano nas costas e no ombro parecia sobrecarregar os meus flexores de quadril. Para compensar, os meus joelhos receberam uma carga maior de esforço e então o dano real começou a acumular. Finalmente, caí de costas naquele buraco em Mammoth. Isso não ajudou nem um pouco o meu tendão patelar. Pior, estirou os ligamentos colaterais mediais nos meus dois joelhos.

A tendinite patelar é dolorosa, mas não enfraquece a articulação. Se conseguir diminuir a inflamação e fortalecer os músculos que a rodeiam, é tratável no longo prazo. Os ligamentos colaterais mediais eram a maior preocupação. Eu estirara esses ligamentos e agora havia fluidos nos estiramentos, o que causava dor e instabilidade. Se conseguisse reduzir a inflamação, o fluido seria drenado e, pelo menos teoricamente, eu conseguiria estabilizar as articulações com exercícios.

Mas nada disso aconteceria rápido.

Fred me deu uma seleção de exercícios de baixo impacto para começar a reconstruir os músculos que rodeiam os meus joelhos. Nós conversamos sobre formas de tratar a dor e a inflamação. Ele descreveu pesquisas inovadoras e novas teorias da neuropsicologia. Eu me vi entrando numa conhecida toca do coelho — daquelas cobertas por óleo de cobra e curas milagrosas.

Encerrei a chamada sabendo o que aquela ligação significava. Já havia decidido que a melhor forma de progredir no esqui durante o período fora de temporada era passar um tempo no parque de trampolim. Um trampolim me permitiria praticar os meus *grabs*, *flips* e giros. Mas o trampolim não fazia bem para os joelhos, nem o skate ou o *mountain bike*.

Aquela ligação significava que todas as atividades com alto estado de fluxo que eu havia planejado usar como substitutas do esqui ainda não eram permitidas. Isso significava, pelo menos por enquanto, que eu não tinha como me proteger contra a voz da minha cabeça.

"Boa sorte, cara", disse a voz. "Você vai precisar."

NORTE DE NEVADA, 15 DE JUNHO DE 2021

Levei Kiko para subir a montanha. Os meus joelhos ainda doíam. O meu humor ainda doía. E sem o esqui para reiniciar o meu cérebro, eu era forçado a confrontar a verdade.

O problema não era apenas os meus joelhos. Uma ansiedade aterrorizante havia tomado conta dos meus dias. Estava irritado, frustrado e carrancudo. Não havia nada de estranho em nada disso — esse era o verdadeiro problema.

Nos últimos sete meses, dediquei tudo de mim no esqui. Criei uma série de objetivos que a maioria das pessoas achava absurdo, e eu os considerava improváveis. As vinte manobras da minha lista de manobras e as dezoito pistas da minha lista de pistas somaram ao desafio físico mais difícil ao qual já me submeti.

No entanto, esquiei todas aquelas pistas e aprendi a maioria daquelas manobras. Também alcancei o meu objetivo inicial de cinquenta dias na neve e fiquei a um dia do meu ousado objetivo de 86 dias. Se os meus joelhos sarassem e eu conseguisse ir para o Monte Hood antes de a neve acabar, isso também entraria para a conta.

Em outras palavras, em todos os sentidos, exceto joelhos doloridos, o meu experimento Território *Gnar* havia sido um sucesso. Mas fiz tudo isso e pouca coisa mudou. Eu ainda era eu. Ainda era a mesma pessoa que começou esta jornada. As mesmas frustrações mesquinhas. As mesmas ansiedades superficiais. O mesmo temperamento difícil. Por que eu estava surpreso?

A maioria de nós chega nos 50 achando que a caverna ficou menor. Na verdade, o que diminui é o nosso *mindset*. Estamos em uma prisão que nós mesmos construímos. Quando descobrimos que podemos continuar a aprender mais tarde na vida,[3] esse *mindset* muda. A caverna se esvai.

Isso muda tudo.

O exemplo mais famoso dessa mudança vem do "Estudo Anti-Horário" da psicóloga de Harvard Ellen Langer, em que um grupo de homens de 80 anos fingiu — por cinco dias seguidos — ser vinte anos mais novo. Isso mudou o *mindset* deles e melhorou muito o seu humor. A maior mudança foi física. Os participantes que fingiram ser mais novos ficaram mais novos. Sua visão, audição, memória, forma de andar, postura, força de aperto, flexibilidade das articulações e destreza manual melhoraram. O resultado mais louco? Os sintomas de artrite diminuíram tanto que sua altura e o comprimento dos dedos aumentaram, pois os participantes conseguiram esticar as articulações novamente.

Em outras palavras: envelhecer é um fato da vida. Ser velho é um *mindset*.[4]

E esse era o verdadeiro problema com os meus joelhos. Se não conseguisse curá-los rápido, eu voltaria à prisão do *mindset* — onde estaria preso ao mesmo eu por muito tempo.

NORTE DE NEVADA, 20 DE JUNHO DE 2021

Meus joelhos melhoraram. Meus joelhos pioraram. Meus joelhos melhoraram. Meus joelhos pioraram. A incerteza estava me deixando louco.

Hoje, decidi resolver o mistério. Era o dia do ultrassom. Também decidi ser mais agressivo com o meu tratamento. Mas eu sabia o que isso significava e não gostei da ideia. Isso significava: óleo de cobra e curas milagrosas, aí vou eu.

Ao longo dos anos, investiguei um alfabeto de tratamentos. Acupressão, acupuntura, hormônios bioidênticos, trabalho corporal, quiropraxia, tratamentos de laser gelado, tratamento de laser quente, medicina funcional, hormônio de crescimento humano, estimulação com microcorrente, reequilíbrio da microflora, medicina regenerativa, cirurgia, suplementos — uma lista sem fim.

A maior parte dessas coisas não funcionou. Algumas funcionaram por um tempo. Algumas funcionaram muito devagar. Algumas funcionaram apenas nas terças-feiras. Outras, apenas nas quintas-feiras. Algumas — bem, sempre foram uma porcaria. Como resultado, agora tenho uma única regra para avaliar tratamentos: gosto de coisas que funcionam como o gelo.[5]

O gelo funciona. Ele funciona para todos, todas as vezes e da mesma forma. Confiável e pode ser repetido por qualquer um. O frio entorpece a dor e reduz a inflamação. Sem ciência misteriosa. Sem pó de fada quântica.

E isso nos leva à medicina regenerativa, que é um termo geral para tratamentos que substituem ou regeneram células, tecidos e órgãos. Os tratamentos geralmente começam com um ultrassom — para visualizar a lesão — seguido de injeções. O que está sendo injetado? Esta resposta mudou ao longo dos anos.

A primeira vez que experimentei a medicina regenerativa[6] foi no início dos anos 2000, quando me recuperava da doença de Lyme.

Passei dois anos injetando de tudo, de vitamina B12 a hormônios bioidênticos, até hormônio de crescimento. O veredito: não era gelo.

Foi apenas uma década depois que dei outra chance à medicina regenerativa. Uma necessidade desesperada de curar um manguito rotador torcido me levou de volta.

Ao longo dos anos, sofri quatro rupturas do manguito rotador. Nas duas primeiras, segui a rota tradicional — injeções de cortisona e cirurgia. Cada uma levou um ano e meio muito doloroso para curar. Na terceira vez, um amigo sugeriu a próxima inovação da medicina regenerativa, também conhecida como terapia de plasma rico em plaquetas[7] (PRP).

A versão resumida: parecido com gelo.

A versão completa: seu sangue é retirado, e então depositado em uma centrífuga. A rotação remove os glóbulos vermelhos e deixa plaquetas. Outra centrífuga concentra essas plaquetas em uma pequena quantidade de plasma. Esse plasma rico em plaquetas é então reinjetado no local da ferida. O soro contém altas concentrações de mecanismos de reparo de tecidos do próprio corpo — no total, cerca de trinta fatores de crescimento e citocinas —, o que estimula a cura sem precisar de cirurgia.

Fiquei impressionado. Antes do tratamento, não conseguia levantar o braço acima da minha cabeça. No ultrassom, o rompimento do manguito rotador tinha 2,5 cm de comprimento. Então fiz dois tratamentos de PRP. Duas semanas depois do segundo tratamento, eu levantava pesos acima da cabeça na academia sem nenhuma dor. Duas semanas depois, um segundo ultrassom mostrou que o rompimento havia diminuído para menos de 1 cm.

Esses resultados eram bons demais para ser verdade. Depois, presumi que tive sorte. Um raio não cai no mesmo lugar duas vezes.

Então, um ano mais tarde, rompi o meu outro manguito rotador, tentei PRP de novo e tive os mesmos resultados. O veredito: igual ao gelo.

Para os meus joelhos, o plano era PRP. Mas usar um ultrassom para guiar injeções é tão arte quanto ciência, e o meu médico de PRP voltou ao Novo México. Como agora eu estava em Nevada, precisava de alguém por perto com o mesmo nível de habilidade.

Eu liguei para o *biohacker*[i] e guru de condicionamento Ben Greenfield. Ben sugeriu que eu usasse a última versão da medicina regenerativa: células-tronco. Ele também sugeriu que visitasse o Dr. Matt Cook[8] em São José, Califórnia, visto que era o melhor diagnosticador de ultrassom que já conheceu, e um mago das células-tronco.

Mais uma vez, aparentemente, eu veria o mago.

CAMPBELL, CALIFÓRNIA, 23 DE JUNHO DE 2021

Fui de carro a Campbell, Califórnia, para me consultar com o Dr. Cook. Começamos com um ultrassom. Eu estava assustado. Era o momento da verdade. Estava prestes a descobrir se precisava de cirurgia, se a minha jornada para aprender *park skiing* havia chegado a uma parada brusca. Achei que vomitaria.

O ultrassom mostrou que Fred e eu estávamos certos em nosso diagnóstico — um tendão patelar inflamado e dois ligamentos colaterais mediais superdistendidos. Não vomitei. Não precisava de cirurgia. A minha carreira no *park skiing* não havia chegado a uma parada brusca.

Ou foi o que disse o Dr. Cook.

O tratamento era uma série de injeções. Primeiro, uma matriz placentária foi injetada no meu joelho. A matriz age como uma esponja e suga o excesso de fluido, estabiliza a articulação e fornece uma base para um novo tecido ser construído.

Depois, exossomos[9] são injetados. Os exossomos são o que as células-tronco liberam: bolhas de gordura em nano escala que contêm RNA mensageiro para fabricar proteínas e microRNA para regular a expressão do gene. Essencialmente, atingido o sucesso nessa etapa, os exossomos reparam o corpo e recrutam outras células para ajudarem a reparar o corpo — ou essa é a teoria.

Na prática, depois que o Dr. Cook acabou de tratar os meus joelhos, disse quatro palavras que não faziam nenhum sentido: "Agora levante-se e ande."

"Levantar e o quê?"

"Ande", repetiu. "A dor deve ter sumido e a articulação deve estar estável. Só vai melhorar ao longo dos próximos nove meses, conforme o joelho regenerar o tecido, mas você deve sentir a diferença imediatamente."

---

i Profissional que lida com o *biohacking*, ciência que usa a tecnologia e a biologia para que o ser humano consiga elevar o seu desempenho ao nível máximo. [N. da T.]

"Isso é besteira", falei.

Em toda a minha história de lesões, nenhum tratamento funcionou imediatamente. É claro, já consegui alívio rápido da dor, mas a estabilidade levou meses, às vezes anos. Saí da mesa e comecei a andar.

"Caramba", falei.

A dor havia sumido e os meus joelhos estavam estáveis. Quer dizer, muito estáveis. Muito estáveis para ser efeito placebo. Eles não estavam estáveis assim há décadas.

Igual ao gelo.

NORTE DE NEVADA, 28 DE JUNHO DE 2021

Fui para a academia pela primeira vez depois do tratamento. Foi um teste crucial. Desde o fim da temporada, eu não estava conseguindo levantar muito peso com as minhas pernas, nem tentar agachamentos de nenhum tipo. Hoje, levantei grandes pesos e fiz agachamentos.

Ainda estável. Ainda sem dor. Ainda igual ao gelo.

NORTE DE NEVADA, 5 DE JULHO DE 2021

Na semana seguinte, continuei com os exercícios, fui para a academia e fiz subidas com colete de peso entre viagens. As subidas eram o maior teste, pois se aproximavam mais das forças dinâmicas envolvidas no esqui.

Há uma semana, usei um colete de 5 kg e subi por 30 minutos. Há três dias, um colete de 9 kg e uma subida de 90 minutos. Há dois dias, 13 kg por uma hora. Hoje, depois de acordar sem dor e com muita estabilidade, liguei para Ryan.

"Quer ir para o Monte Hood?", perguntei.

"Você acha que ainda tem neve lá?"

"Para ser exato, 416m", respondi. "Pelo menos é o que diz no site deles."

"Você acha que os seus joelhos estão prontos para esquiar?"

"Eu acho que há 416m de neve para responder a essa pergunta."

MONTE HOOD, 20 DE JULHO DE 2021, OCTOGÉSIMO SEXTO DIA NA NEVE

Os teleféricos de Monte Hood começavam a funcionar às 9h30. Nós subimos a montanha às 9h31. Eu estava ansioso. Parecia que todo o meu experimento Território *Gnar* dependia do que aconteceria em seguida. Parecia que o meu futuro como esquiador de *park skiing* dependia do que aconteceria em seguida. Parecia que eu não entrava no estado de fluxo há séculos.

Nosso plano era ir devagar e sempre. Esquiar no parque de esqui para deixar as nossas mochilas, e então ir para o teleférico principal para dar algumas voltas de aquecimento. Mas precisávamos passar pelo parque para voltar ao teleférico...

"É hora do show", disse a voz da minha cabeça.

"Sai daqui", respondi.

Mesmo assim, tentei fazer um 50-50 em uma caixa *dancer*. Quando funcionou, tentei um pequeno *straight air* [ii] de um *roller*. Depois, fiquei ambicioso e tentei um *sliding spin* 360° no *quarterpipe*. Finalmente, respirei aliviado.

Aparentemente, ainda consigo esquiar uma linha reta, saltar e girar em círculos sem que os meus joelhos entrem em colapso.

Depois, aqueles 416m de neve chegaram a um abrupto fim. Tiramos os nossos esquis e subimos um enorme leito de rocha vulcânica — tipo andar sobre a lua, uma geleira tipo aquecimento global logo acima da cabeça. No outro lado, encontramos outra faixa de neve, colocamos os nossos esquis novamente e continuamos a descer a montanha.

Levou 15 minutos para voltarmos ao teleférico. Levou três descidas para me acostumar a esquiar em velocidade de novo. Essas descidas foram pesadas. Os meus músculos estavam cansados; a minha cabeça estava cheia de falatório.

Na quarta volta, o falatório havia diminuído. Eu me inclinava nas curvas, cheio de força nos meus joelhos, e tudo estava estável.

A quinta volta foi o momento do teste real. Liberei o Ryan. Eu sabia que ele iria em busca de ar e ligaria saltos em um percurso *slopestyle* fluido. Também pensei que, se seguisse Ryan, todo aquele ar chegaria rápido demais para que a voz da minha cabeça pudesse discutir.

Ryan foi atrás de ar. Eu fui atrás do Ryan.

Há uma boa parte da teoria do aprendizado que diz que fazer pausas longas entre sessões de prática dá tempo ao cérebro para mover as informações novas da memória de curto prazo para a memória

---

ii Quando o esquiador pula de um recurso na neve e não faz nenhuma manobra. [N. da T.]

de longo prazo. Como não fiz muita pausa durante a temporada, não havia testado essa hipótese. Teoricamente, poderia significar que agora sou um esquiador melhor do que era há seis semanas, apesar de não ter esquiado nada.

Sem mais teoria.

Nas voltas seguintes, fiz todas as manobras — *nose grind*, *tail grind*, *shifty*, *tweaked safety*, 180°, *nose butter* 360° etc. — sem precisar pensar. Depois, me acalmei. Os meus joelhos estavam bem, o meu flexor de quadril estava forte, as minhas pernas ainda estavam em forma para esquiar e eu fazia essas manobras com facilidade. A minha temporada não foi uma alucinação. Eu realmente era um esquiador muito diferente do que no início da temporada. Mais importante, alcancei o meu objetivo ousado de 86 dias na neve e dobrei o meu último recorde de temporada.

"Impressionante", disse a voz da minha cabeça.

"Impressionante?", devolvi, sorrindo. "Isso é tudo que você tem a dizer?"

Ainda sorria algumas voltas depois, quando encontramos Jeremy Jones[10] no teleférico. Uma lenda do *snowboarding* e um local de Squaw Valley há muito tempo, Jeremy e eu nos conhecemos há muitos anos.

"O que faz aqui?", perguntou quando subi.

"Vim para esquiar no parque."

"Eu não sabia que você sabe *park skiing*."

"Estou aprendendo", falei. "Teoricamente, é impossível alguém com mais de 35 anos ser bom em algo novo. Então, sabe, decidi ver se consigo ser bom em algo novo na casa dos 50."

"Por quê? Espera, não me fale, eu já sei — este é mais um dos seus experimentos."

Concordei.

Jeremy sorriu. "Quantos ossos quebrou até agora?"

Como eu disse, Jeremy e eu nos conhecemos há anos.

GOVERNMENT CAMP, OREGON, 21 DE JULHO DE 2021

Tirei o dia para descansar. Os meus joelhos estavam bons. Os meus músculos estavam doloridos. Uma caminhada longa, um pouco de yoga, um banho com sais de Epsom, dedos cruzados...

MONTE HOOD, 22 DE JULHO DE 2021, OCTOGÉSIMO SÉTIMO DIA NA NEVE

Começamos tarde. O teleférico abriu às 9h30. Subimos tardiamente, às 9h32.

Na subida, fomos presenteados com o show profissional. O *booter* de 18m funcionava. Primeiro, Sammy Carlson, sete vezes medalhista do X Games fez um *bio* 1080º *safety*, depois Phil Casabon, também conhecido como B-Dog, duas vezes vencedor do X Game Real Ski fez um 720° *blunt*, depois Parker White chegou a um milhão de quilômetros por segundo, depois Bella Bacon, talvez a minha *New Schooler* [iii] favorita, com apenas 17 anos e já é uma rainha do estilo.

No topo, guardamos as nossas mochilas e começamos a nos aquecer. Na primeira volta, mexi o meu corpo. Na segunda, superei uma barreira de medo. Há dois dias, enquanto executava todas as manobras, eu não queria esquiar de costas em velocidade. Talvez fosse medo por causa do meu joelho. Talvez fosse porque passei um tempo parado. Talvez fosse a hora de resolver esse problema.

Então, esquiei de lado, virei de costas e esquiei de costas até o fim da descida, sem problema.

Na subida de teleférico, Ryan disse: "Foi o mais rápido que já vi você esquiar de costas."

"Lembra da primeira vez que me viu esquiar de costas?"

"Lembro", respondeu Ryan. "Na montanha para novatos de Kirkwood. Você não conseguia fazer curvas. Não conseguia nem virar a cabeça para ver aonde estava indo."

"Parece que foi há décadas", falei.

Ryan fez as contas. "Foi há uns seis meses."

Nas três voltas seguintes, buscamos ar. Os meus joelhos continuaram com um bom desempenho. Os meus músculos começaram a melhorar.

"Pronto para a ação?", perguntou Ryan depois.

Eu sabia o que ele queria dizer. Sabia o que estava por vir. Coloquei uma dose de Slipknot para tocar e fomos para o parque de esqui.

Esquiamos para dentro do parque. Vi os *rails* malvados, a multidão de calibre profissional, a intimidação extrema. Desliguei o Slipknot. Talvez eu não estivesse pronto.

---

iii Quem pratica o tipo de esqui New School, focado em rotações, rotações fora do eixo, invertidas etc. [N. da T.]

Olhei para a fila de saltos médios. No ano passado, fiquei muito assustado para tentar esses saltos. Na verdade, só havia tentado esquiar na fila de saltos para crianças. Não saltei bem nenhuma vez e nunca voltei para tentar novamente.

Neste ano, não havia neve suficiente para construir uma fila de saltos para crianças. Ou uma fila de saltos pequenos. Assim, hoje — pronto ou não — a vingança exigiu a fila média.

Então, pulei mal no primeiro salto, aterrissei mal no segundo e errei o tempo no meu *sliding spin* 360° no *quarterpipe* do final e executei sei lá o quê — pelo menos aquela volta havia acabado.

Na volta seguinte, encontramos Eric Arnold no topo do parque. Vê-lo novamente me lembrou do seu conselho para pular: manter o meu peso sobre a língua das minhas botas. E foi assim que fui bem nos dois primeiros *hits* da pista média.

Mais tarde, voltamos para o teleférico para dar umas voltas de relaxamento. Eu meio que me lembro de esquiar de costas muito rápido. Meio que me lembro de me inclinar e tentar arrastar a minha mão na neve. Dezesseis voltas depois...

Saímos da pista principal e fomos para uma trilha estreita de neve perto da borda da geleira. Abaixo de nós, uma série de curvas em forma de S se esgueiravam entre paredes de rocha vulcânica. Abaixo das curvas em forma de S havia um *halfpipe* estranho. Os motoristas de *Sno-Cat* [iv] usavam o trator para pegar neve da metade inferior da pista e criar a estrada fina que corria para o fim da montanha. O que restou foi o contorno de um *halfpipe*, mas em vez de duas paredes paralelas de neve, trechos enormes haviam derretido e mudado, deixando para trás duas fileiras de dentes gigantes de tubarões.

No entanto, os dentes pareciam esquiáveis. Pareciam turbulentos. Parecia que poderíamos saltar de alguns dos dentes e aterrissar em outros.

Decidi pensar grande e esperar pelo melhor, ao executar um 180° gigante para dentro do tubo antes de ter tempo de mudar de ideia. Um *grind* me levou para frente, então saltei de um dente de tubarão para outro, depois fiz um 360° em uma das paredes e aprendi uma nova manobra — parar sobre uma torre de neve solitária antes de pular em 180° para o chão.

iv Veículo de rastreamento parecido com um trator para a neve. [N. da T.]

Por fim, ainda bem, depois de seis semanas pensando se isto aconteceria de novo... olá, Cachorro Fantasma.

MONTE HOOD, 23 DE JULHO DE 2021, OCTOGÉSIMO OITAVO DIA NA NEVE

Hoje eu estava cansado, mas desculpas não seriam toleradas. Era a última dança, o fim da minha temporada. Ryan e eu fomos em busca dela. Ou tentamos. A neve lamacenta estava grudenta, as minhas pernas estavam cansadas, e o aquecimento não ajudou.

Mesmo assim, fomos ao parque.

Eu queria terminar a temporada esquiando de forma *steazy* pelos saltos médios, algo inconcebível no ano passado. Pensei em fazer uma série de 360°s, mas os *lips* estavam macios e quase todo mundo pulou mal nos giros. Resolvi fazer o padrão antigo: um *safety* no primeiro hit, um *shifty* no segundo e então um *sliding spin* 360° no *quarterpipe* do final.

Não foi mal. Mas também não foi bom.

Fiz de novo. E de novo. Seis voltas depois, esquiei de forma *steazy* uma única vez. É claro, não era muito se comparado aos outros esquiadores do parque. Mas, novamente, sou décadas mais velho do que eles e, na categoria acima dos 50, arrasei na competição.

Com os saltos fora do caminho, eu queria pelo menos uma vitória nos *rails*. Nenhum deles parecia amigável. Mas havia um tanque de propano grande no qual Ryan deslizou durante toda a manhã. Talvez eu devesse tentar deslizar sobre o tanque de propano...

"Será", perguntou a voz da minha cabeça, "que podemos terminar a temporada sem cair de traseiro sobre outro objeto de metal?"

Mesmo assim, o tanque havia despertado a minha curiosidade. Não podia me afastar agora. Isso deixaria um negócio inacabado. Poderia violar a cláusula do meu contrato de não passar mais vergonha.

E se eu tentasse pular diagonalmente sobre o tanque? Essa era uma solução criativa. Isso saciaria a minha curiosidade e protegeria o meu traseiro. Finalmente — uma ideia que fazia sentido.

Ver a pista, esquiar a pista, essa é a regra. Mas assim que decolei, a voz da minha cabeça mudou a regra.

"Faça um *tail tap* no tanque", disse a voz.

Um *tum!* com autoridade foi o que aconteceu em seguida. E ouça o que este velho diz — não dá para se cansar disso.

No entanto, eu era velho o suficiente para saber que não deveria abusar da sorte, então adeus parque, vejo você no ano que vem. Ryan e eu voltamos para o teleférico e esquiamos muito até que nenhum de nós conseguisse se mover. Depois, voltamos para o teleférico porque não conseguir se mover não parecia uma desculpa para não esquiar.

Do teleférico, percebemos o *halfpipe* de dentes de tubarão de novo. Por que não jogar um pouco de geometria rápida no fim da temporada?

A geometria rápida foi um conto de fadas. Eu estava sem gás. Na hora que esquiamos para o topo das curvas em S, as minhas pernas gritavam. Lá havia uma multidão de *snowboarders* de um lado, mas — como as minhas pernas gritavam — não prestei muita atenção. Em vez disso, como Ryan me disse depois, eu estava ocupado negociando com os meus quadríceps.

"Vamos lá, quads", ele me ouviu dizer enquanto esquiava. "Preciso de mais uma descida. Mais uma. É tudo que peço. Só mais uma..."

As negociações devem ter fracassado. Ryan me ouviu gritar e me viu investir em direção às curvas em S.

O derretimento havia piorado. A primeira berma era agora uma ponte estreita; a segunda, só na base de oração. Fui em direção à terceira berma a todo vapor e, minha nossa — aquela berma havia acabado. Havia pedra vulcânica onde eu deveria fazer uma curva.

Se estiver em dúvida, pule para fora.

Alterei a minha trajetória e mirei a berma, e usei-a como uma rampa e esperei — conforme eu pairava sobre um leito de pedra vulcânica — que teria neve do outro lado. Tinha neve. E mais *snowboarders*... como assim?

Aterrissei do lado de um enorme ajuntamento deles. Pelo menos trinta *snowboarders* no total, que incluíam algumas câmeras de filmagem. Talvez fosse um tipo de gravação de filme?

Então vi Ryan voar para fora das curvas em S e ter a mesma surpresa que tive. Vi seus olhos. Pensamos o mesmo: escapar da multidão e chegar ao *halfpipe* antes dos *snowboarders*.

Mas eles não queriam ser vencidos. No momento em que chegamos, eles chegaram. Trinta *snowboarders* subiram nos dentes de tubarão de uma só vez. Foi uma cena selvagem. Mas era a última corrida da temporada e eu queria que ela contasse.

Pulei em todo *hit* que via. Fiz todas as minhas manobras. Assim como todo mundo.

O meu momento favorito aconteceu no fundo do tubo. Fiz um *sliding spin* 360° final na parede direita e vi um trio de *snowboarders* logo atrás de mim. Três mulheres, todas no ar. Duas saltaram da parede esquerda, uma saltou da direita; cada uma estava a 1,5m do chão, os cabelos longos voando de lado para fora dos capacetes. Então girei para frente, e elas haviam partido. Mais uma memória em uma temporada cheia delas.

Mais tarde, percebi o que essa memória realmente significava: entrei em uma situação supercompetitiva e em vez de desmoronar sob pressão, usei o estresse extra para direcionar o foco e entrar no estado de fluxo em grupo.

Arquivar na pasta: caramba!

Uma das razões pela qual vim para o Território *Gnar* foi para ajustar as contas com "aqueles malditos atletas de escola" — ou seja, para tentar perdoar aqueles que me magoaram. Não havia outra escolha. Se eu quisesse aproveitar os meus últimos anos, passar por essa barreira de desenvolvimento adulto significava superar os dramas do meu passado. Não se pode lutar contra a sua biologia; você precisa perdoar a sua história.

Será que aprender *park skiing* me ajudaria a superar essa barreira? Não sei. Mas eu não tinha outras ideias.

Naquele *halfpipe*, eu me coloquei em uma situação muito competitiva, entrei no estado de fluxo em grupo e contribuí com algo na mistura. Naquele momento, eu era um daqueles atletas malditos. E a parte mais estranha: foi divertido — por que eu só soube disso agora?

Quando penso naquela memória, sempre penso o mesmo: aprendi uma linguagem nova nesta temporada. Formalmente, é a linguagem do *park skiing*, mas isso é apenas um toque moderno de uma língua antiga. A linguagem da gravidade. A linguagem da coragem. A linguagem da possibilidade.

"Os limites da minha linguagem são os limites do meu mundo", disse Ludwig Wittgenstein.[11]

É, ele estava certo.

Capítulo 10

CAMPBELL, CALIFÓRNIA, 6 DE AGOSTO DE 2021

Entrei no consultório do Dr. Matt Cook às 11h. Desta vez, levei almoço e um livro. Não há nada de rápido na medicina regenerativa — isso eu aprendi na última vez.

Desta vez, o Dr. Cook tratou novamente os meus joelhos e o meu ombro. Cinco horas depois, saí do consultório de novo. Os meus joelhos estavam bem. O meu ombro estava melhorando. E a medicina regenerativa parecia a última peça do quebra-cabeça.

Projetei a minha abordagem de um centímetro de cada vez para promover[1] aquisição de habilidades e evitar lesões catastróficas. Prova de que isso funcionou? Esquiei todas as pistas da minha lista de pistas e aprendi a maioria das manobras da minha lista de manobras. Depois disso, não precisei de cirurgia. Sucesso total. No entanto, eu não havia pensado no dano crônico que acompanha o sucesso. E é por isso que a medicina regenerativa é importante.

Se aprendi uma coisa no Território *Gnar,* foi que altos níveis de desempenho atlético são alcançáveis mais tarde na vida, no entanto, o sucesso — ou seja, a busca diária pelo sucesso — tem o seu preço. Tinha certeza de que um treinamento melhor na pré-temporada e mais recuperação durante a temporada aliviariam a maior parte daquele preço. A medicina regenerativa parecia pronta para lidar com o resto.[2]

No entanto, essa não foi a razão pela qual voltei a me consultar com o Dr. Cook. Depois da minha aventura no Monte Hood, meu corpo ainda estava ótimo. Eu não precisava de outra rodada de injeções para curar os danos da última temporada. Na verdade, queria me adiantar e me preparar para os danos da próxima temporada.

Dessa forma, o meu retorno ao consultório do Dr. Cook foi a prova máxima do meu sucesso no Território *Gnar*. Quando comecei a temporada, o *park skiing* era uma curiosidade intensa relacionada a um objetivo impossível. Bem, já consegui, me dê mais. Agora eu disputava o jogo infinito — em que o objetivo era continuar jogando.

Foi por isso que voltei ao Dr. Cook. Quando o próximo inverno começar, queria estar ainda mais forte do que estava no último inverno — também conhecido como Território *Gnar*, Parte Dois. Geometria mais rápida. Que comece o jogo.

NORTE DE NEVADA, 9 DE AGOSTO DE 2021

Acordei, escrevi por quatro horas, levei Kiko para dar uma caminhada, tomei café da manhã e fui para a academia. Em outras palavras, fiz exatamente a mesma coisa que havia feito em toda a temporada, só que ela havia acabado. O meu retorno ao Dr. Cook marcou o início da próxima temporada. A ida de hoje à academia, na verdade, foi o primeiro exercício da pré-temporada.

Quando cheguei da academia, peguei a lista de objetivos que definiu o meu experimento Território *Gnar* e estudei os resultados.

Há dezoito meses, comecei com um único objetivo: "Começar a próxima temporada como um esquiador mais forte do que eu era quando terminei a última temporada." Poucas semanas depois, decidi aprender *park skiing*. Depois, adicionei mais 46 objetivos à lista.

Dezoito desses objetivos eram pistas da minha lista de pistas. Vinte eram manobras da minha lista de manobras. Um objetivo era esquiar 50 dias nessa temporada, o que depois se tornou 86 dias. Dois objetivos eram coisas para evitar: eu não queria passar por mais nenhuma cirurgia e não queria terminar a minha temporada com nenhuma vergonha ou arrependimento. Três objetivos eram as pistas *steazy* que queria esquiar em parque para crianças, parque pequeno e parque médio, respectivamente.

Os três objetivos finais eram mais gerais: Ser capaz de me controlar no meio de um bando de esquiadores agressivos. Ser capaz de ver um recurso interessante na montanha e saber manobras suficientes para fazer algo de interessante com aquele recurso. Ser um esquiador muito diferente no fim da minha temporada de esqui em comparação com o início.

Juntos, esses 47 objetivos eram o meu critério de medição. Seria com eles que eu julgaria o sucesso ou o fracasso do meu experimento. Hoje, risquei o último item da minha lista. A minha temporada havia acabado e eu era um esquiador muito diferente.

No total, fiz 45 de 47. Os dois objetivos não alcançados eram manobras da lista. Falhei em aprender um 360° *surface swap* em uma caixa *dancer* e um *daffy butter*.

O fracasso em aprender um *surface swap* teve a ver com oportunidade. Nem Kirkwood nem Heavenly tinham uma caixa *dancer*. O plano era adiar o aprendizado dessa manobra até o fim da minha temporada, quando fui para os parques maiores em Mammoth e Monte Hood.

Duas palavras: mudança climática.

As temperaturas mais altas aumentaram o derretimento da neve, e nem Mammoth nem Monte Hood podiam manter os parques menores abertos. Quando chegamos, ambos haviam desmontado as caixas *dancer*. Fiquei sem lugar para aprender a manobra.

O meu problema com o *daffy butter* era diferente. A manobra combina um *nose butter* e um *daffy* — ou seja, saltar e jogar uma perna para a frente e outra para trás no ar. Logo, esse era o meu problema.

Apesar de ter feito *nose butters* durante toda a temporada, nunca havia feito um *daffy* antes. Não fazia ideia de como seria jogar uma perna para a frente e outra para trás, nem como deveria ser. A minha abordagem de um centímetro de cada vez exigia que eu construísse a partir de padrões motores existentes. Mas toda vez que considerei o *daffy butter*, como não sabia os movimentos básicos, não havia onde construir padrões motores. Não podia fazer um centímetro de cada vez. Acontece que o meu fracasso em executar um *daffy butter* era na verdade um sinal de que segui a regra número um: sempre siga as regras.

Eu podia viver com 45 vitórias e dois objetivos incompletos. Fui mais longe do que esperava. Segundo Ryan, fui mais longe do que ele esperava. O fato de ter esquiado 38 dias a mais do que o meu objetivo inicial de 50 dias redimiu parcialmente essas faltas. O fato de que os meus joelhos estavam fortes novamente e eu podia ir a um parque de trampolim e aprender os movimentos exigidos para realizar um *daffy butter* — para conseguir executar a manobra no primeiro dia da minha próxima temporada — era um verdadeiro bálsamo.

Entretanto, isso tudo era apenas detalhe. O mais importante: meu experimento de desempenho máximo no envelhecimento foi um sucesso absoluto. Portanto, com a chance remota de que você esteja interessado em conduzir o seu próprio experimento, nós precisamos traduzir as lições que aprendi enquanto esquiava para a linguagem de todas as atividades que não sejam esqui que as pessoas às vezes realizam — não me pergunte o porquê.

Antes de chegarmos aos princípios gerais, há algumas coisas que deve saber. E a primeira coisa é: há muita coisa que você não sabe.

O meu diário de desempenho focou o que aconteceu na montanha. Ele omitiu muito do que aconteceu em todos os outros lugares. Então, o que aconteceu?

Mais do que um pouco.

Nos últimos 18 meses, enquanto esquiei 88 dias, também lancei um livro, editei um segundo, escrevi um terceiro e quase terminei de escrever um quarto. Além disso, ajudei a dirigir o Coletivo de Pesquisa de Estado de Fluxo em meio à pandemia, dei mais de duzentos discursos e entrevistas, conduzi meia dúzia de iniciativas de pesquisa e consegui permanecer em um casamento feliz. Os meus cachorros ainda gostam de mim também.

Tudo isso importa por uma grande razão — estar ocupado não é uma desculpa.

Geralmente, o som da sirene da responsabilidade adulta é onde os nossos sonhos morrem. Nós temos um alfabeto de desculpas: não posso fazer X porque já faço Y e Z.

No entanto, realizei o meu experimento enquanto fazia XYZ, ABC e muitas outras letras. Também alcancei 45 dos meus 47 objetivos e terminei a minha temporada querendo mais. Mais importante, não fiz nada de especial. Sou um atleta ruim, com um corpo lesionado e uma agenda cheia. E quando o meu experimento começou, estava com covid e muito cansado. Então, quaisquer que sejam os seus motivos adultos para não perseguir seus sonhos, embora eu não negue a realidade desses desafios, saiba que eu também lutei contra eles e ainda consegui alcançar os meus objetivos.

E isso nos leva ao primeiro princípio geral do desempenho máximo no envelhecimento, e possivelmente o princípio mais difícil de entender: o trabalho duro funciona.

Comecei a minha temporada com uma lista de objetivos relativamente ridícula. Terminei a minha temporada com quase todos alcançados. O que aconteceu no meio? O trabalho aconteceu. Eu não tinha habilidades especiais. Não houve truque de mágica. Simplesmente esquiei todos os dias e dei o meu melhor enquanto focava um único objetivo claro: esquiar dezesseis voltas.

Na última temporada, sempre que ia para a montanha, essa era a minha meta: esquiar dezesseis voltas. Esse era o trabalho duro. Elas eram voltas boas? Voltas ruins? Pareciam boas? Aprendi uma manobra nova? Esquiei em uma pista nova? Não importava.

Dezesseis voltas era tudo o que importava.

Essa é uma das razões pelas quais foi tão importante passar por toda aquela prática de esqui. Se não passássemos por toda aquela prática de esqui, ninguém — nem mesmo eu — acreditaria que consegui alcançar o impossível apenas com dezesseis voltas de cada vez.

MONTANHAS PINE NUT, 11 DE AGOSTO DE 2021

Coloquei um colete de peso de 9 kg e levei Kiko para subir a montanha. No caminho, comecei a pensar sobre todas as coisas que fiz na última temporada que me ajudaram a alcançar os meus objetivos. Isso me levou exatamente de volta para onde eu já estava: minhas caminhadas com colete de peso.

As subidas são um exemplo do trabalho duro que funciona. Elas foram projetadas para me deixar fisicamente pronto para a minha aventura no Território *Gnar* e mentalmente pronto para maximizar o tempo no estado de fluxo durante essa aventura. Em 88 dias, quase sempre esquiei dezesseis voltas, algumas vezes terminei com mais de vinte, e geralmente entrei em estado de fluxo ao longo do caminho.

Mais do que um exemplo de trabalho duro, as caminhadas também são um exemplo de trabalho duro *inteligente*. E isso nos leva de volta aos *protocolos de empilhamento* e *soluções multiferramentas*, os próximos dois princípios gerais que precisamos examinar.

Vamos passar por um de cada vez.

Um protocolo de empilhamento é uma forma de fazer várias coisas de uma vez. Como levo Kiko para caminhar todos os dias, incluir um colete de peso a essa caminhada não adicionou nenhum tempo extra à minha agenda já cheia. Mesmo assim, essa única ação me permitiu realizar duas tarefas da minha lista de afazeres — caminhar com Kiko e treinar para a temporada de esqui — simultaneamente.

Melhor ainda, as caminhadas são um ritual já estabelecido, executado de forma automática. O único momento em que preciso pensar sobre o que farei são os cinco minutos iniciais da caminhada, quando o esforço extra é notável e a voz da minha cabeça tem muito a dizer.

Depois disso, devido à minha abordagem devagar e constante para aumentar o peso do colete e o comprimento da caminhada, eu mal notei o esforço extra. E tampouco fui destruído pelo esforço.

Também foi por isso que eu queria que a minha mente divagasse durante a caminhada. A divagação da mente era um sinal de pouco gasto de energia. Ela me protegia da minha inclinação natural de me esforçar demais. Uma vez que os níveis de energia ajudam a determinar o equilíbrio desafio-habilidade, me esforçar demais nas caminhadas matinais ameaçava minhas chances de entrar no estado de fluxo durante o resto do meu dia e a minha motivação de buscar isso de novo amanhã.

Finalmente, essas caminhadas cumpriam um item adicional da minha lista diária de afazeres. O estado de fluxo não é uma experiência binária: dentro ou fora. Ele é um ciclo de quatro etapas: luta, liberação, fluxo e recuperação. Para maximizá-lo, precisamos aumentar a nossa habilidade de nos movermos em todas as quatro etapas desse ciclo. E isso nos ajuda a explicar a ordem da minha rotina diária.

O meu dia começa com uma sessão de escrita. Uma de duas coisas acontece: a sessão é difícil e fico na luta ou acontece uma ruptura e entro em estado de fluxo. Se estou na luta, quero seguir com uma atividade de liberação, o que significa uma atividade física de baixa intensidade como caminhada, que por ocupar pouco a mente consciente, permite que o cérebro passe o problema para o subconsciente. Se eu estiver no estado de fluxo, ele precisa ser seguido de uma atividade de recuperação, como uma longa caminhada na natureza.

Por caminhar com colete de peso nas montanhas depois da minha sessão de escrita, na verdade estou executando um empilhamento triplo de tarefas — caminhar com Kiko, treinar para a temporada de esqui e uma atividade de liberação/recuperação de uma vez só.

Igualmente importante, essas caminhadas também são uma *solução multiferramentas*, o que significa que uma única ferramenta resolve vários problemas de uma só vez. Isso é importante porque qualquer aventura no Território *Gnar* envolve três conjuntos de desafios que se sobrepõem: envelhecimento saudável, desempenho máximo no envelhecimento e desempenho máximo específico do experimento.

O envelhecimento saudável exige a aplicação diária das cinco chaves das Zonas Azuis[3] para uma vida longa e feliz: se movimentar muito, desestressar regularmente, ter laços sociais robustos, comer bem e tentar viver com paixão, propósito e acesso regular ao estado de fluxo.

O desempenho máximo no envelhecimento possui quatro componentes mentais e cinco componentes físicos que também devem ser treinados regularmente: motivação, aprendizado, criatividade e estado de fluxo no aspecto mental; força, energia, flexibilidade, equilíbrio e agilidade no aspecto físico.

Em seguida, há as exigências para o desempenho máximo específico do experimento. Para mim, isso era tudo, desde aprender *park skiing* até aprender sobre o equipamento necessário e até aprender a me recuperar dos danos causados pelo *park skiing* etc.

Mas uma ferramenta — caminhadas com colete de peso — soluciona vários problemas de uma vez.

Para começar, a caminhada aumenta a força da perna, o que é exigido pelo desempenho máximo no envelhecimento. Entre os mais velhos, a força da perna[4] é o fator mais importante para a longevidade. A massa muscular da coxa está inversamente relacionada à mortalidade. Pernas fortes mantêm a funcionalidade física, impulsionam a saúde geral e os níveis de atividade social e protegem contra um assassino comum dos mais velhos:[5] escorregar, cair e quebrar um osso. Além da quebra do osso em si, a energia requerida para a cura esgota o sistema imunológico e nos deixa vulneráveis a infecções secundárias muitas vezes fatais, como a pneumonia.

Mentalmente, pernas fortes realizam um papel igualmente importante: proteção do cérebro. Em um estudo de 10 anos com mais de 300 gêmeos, todos com mais de 55 anos, pesquisadores da Kings College London[6] descobriram uma "relação de proteção surpreendente" entre grande força nas pernas e a preservação das capacidades mentais e da estrutura cerebral. Na verdade, de todos os fatores de saúde e estilo de vida examinados, a força das pernas era a variável mais importante para a manutenção da função cognitiva mais tarde na vida.

Melhor ainda, a caminhada, como todo exercício, ajuda a desestressar. O estresse produz inflamação, que é a raiz de muito do que nós chamamos de "envelhecimento".[7] Insônia, depressão, ansiedade, Alzheimer e declínio cognitivo estão relacionados ao estresse. E além desses desafios de longevidade, há as penalidades de desempenho máximo. O estresse enfraquece a motivação,[8] dificulta o aprendizado, reduz a criatividade e bloqueia o estado de fluxo.[9]

A saúde mental também é a razão pela qual as minhas caminhadas acontecem nas montanhas. Tempo na natureza[10] diminui o estresse e melhora o humor. Além disso, visões amplas aprimoram a criatividade, ambientes novos aumentam o aprendizado, e ambos são um gatilho para o estado de fluxo. Assim, minhas caminhadas na natureza são uma solução única para quatro desafios associados à saúde e longevidade e seis desafios associados ao desempenho máximo.

Mas é o colete de peso que torna essas caminhadas uma solução multiferramenta digna de aventura no Território *Gnar*. Com um colete de peso, um ritmo mais acelerado e uma caminhada mais longa, também trabalho minha força, energia, equilíbrio, agilidade e flexibilidade — todas as habilidades do tipo usar ou perder que precisamos treinar conforme envelhecemos.

No total, as minhas caminhadas com colete de peso resolveram quinze problemas diferentes de uma vez.

O meu objetivo, entretanto, não é fazer lobby para caminhadas com colete de peso. Para mim, por causa de quem sou, de como gosto de viver e muitos outros fatores individuais, essas caminhadas são um protocolo de empilhamento e uma solução multiferramentas perfeitos. Na verdade, o meu objetivo é fazer com que entenda que o desempenho máximo tardio é possível, mas há muito a ser feito. Se não trabalhar de forma inteligente, há muito a ser feito para que isso funcione.

Trabalho duro funciona. Trabalho duro e inteligente funciona ainda mais.

NORTE DE NEVADA, 14 DE AGOSTO DE 2021

A vida real voltou rugindo. A maior parte de Tahoe estava em chamas. O Incêndio Dixie queimava no norte. O Incêndio Tamarack queimava no sul. Hoje, o Incêndio Caldor começou no oeste. Vi a nuvem de fumaça surgir sobre as Sierras. Algumas de minhas melhores amigas são as árvores. O ar estava preto com as suas cinzas.

RENO, NEVADA, 15 DE AGOSTO DE 2021

Os incêndios ainda aconteciam. Eu precisava de uma distração. Eu precisava de estado de fluxo. Além disso, era hora de colocar o meu treinamento de fora da temporada em prática.

A solução para as minhas necessidades: um parque de trampolim em Reno.

Embora eu nunca estivera em um trampolim antes, achei que isso me ajudaria a resolver problemas que não consegui solucionar durante a temporada de esqui. Especificamente, praticar *grabs*, giros e saltos — ou seja, manobras muito perigosas para aprender na neve. Mas tudo isso estava a caminho.

Primeiro, eu precisava de uma melhor noção de ar.

A propriocepção é a habilidade de saber onde o corpo está no espaço e exatamente o que ele está fazendo. Em esportes como *park skiing*, a propriocepção é renomeada como "noção de ar", pois enfatiza a natureza tridimensional da atividade.

Como eu não era um esquiador de *park skiing*, comecei meu experimento com pouca noção de ar. As minhas habilidades melhoraram na primeira metade do inverno e depois estagnaram. Depois do meu incidente com o *T-bone*, o medo residual começou a atrapalhar a minha capacidade de girar no ar durante os *nose butters*. Por que só nos *nose butters*? Não faço ideia. Só sei que estava estagnado. Mas se pudesse usar o parque de trampolim para melhorar minha noção de ar[11] e reduzir meu medo, então eu poderia resolver o problema antes de o inverno chegar e começar a próxima temporada como um esquiador mais forte do que quando terminei a última temporada.

De qualquer forma, essa é a teoria.

A realidade: Ryan e eu vimos que o parque de trampolim estava cheio de crianças pequenas. Mais uma vez, eu sou pelo menos duas décadas mais velho do que todos no ambiente. Tanto faz. Acontece que essa realidade é perfeita para a minha realidade.

Minha realidade: eu estava com medo dos trampolins. Estava com medo do meu corpo não aguentar o impacto e dos meus joelhos pagarem o preço. Estava preocupado que minha tentativa de lateralizar[12] — ou seja, ir para uma atividade secundária (trampolim) para aprimorar a minha atividade primária (esqui) — não funcionaria, e que nunca conseguiria pular, girar ou fazer *grabs* com facilidade. Além disso, odeio ser ruim em algo em público. Não gosto de multidões. Eu poderia continuar, mas, a esta altura, você já entendeu.

Entretanto, essa pressão extra foi útil, mas a minha idade não. Agora eu estava com 54 anos — o que significava que "tolerância ao risco"[13] é outra habilidade do tipo usar ou perder que preciso treinar regularmente.

A tolerância ao risco diminui ao longo do tempo, que começa aos meados dos 20 anos e cai constantemente até os meados dos 60 anos, quando estagna de novo. Em qualquer aventura Território *Gnar*, isso é um problema por muitas razões.

O Território *Gnar* trata de correr atrás de grandes sonhos antes que seja tarde demais. O risco está embutido nesse esforço. O risco também é um gatilho para o estado de fluxo, e administrar o risco é algo crucial para afinar o equilíbrio desafio-habilidade, que é o gatilho mais importante para o estado de fluxo. A novidade e a imprevisibilidade também são gatilhos para esse estado, contudo, nossa tolerância a elas anda junto com a nossa tolerância ao risco.

Um problema maior: os superpoderes que vêm com o envelhecimento não são garantidos. Se quisermos diminuir o ego e aumentarmos a inteligência, a empatia e a criatividade que se tornam possíveis quanto estamos na casa dos 50, temos que superar os três obstáculos do desenvolvimento adulto — e todos eles exigem correr riscos.

Por volta dos 30 anos, temos que resolver a crise de identidade. Por volta dos 40, precisamos encontrar a "qualidade de combinação",[14] que é o alinhamento entre o que somos — nossos valores, crenças, habilidades e forças — e nossa profissão. Por volta dos 50, devemos deixar de lado os ressentimentos[15] e perdoar aqueles que erraram conosco. No entanto, mesmo se passarmos por esses portais, não conseguiremos acessar os superpoderes se não mantivermos a tolerância ao risco do outro lado.

O medo bloqueia a empatia e reduz a criatividade.[16] Pior, ele gera estresse, que causa problemas de saúde, diminui o nosso apetite por risco[17] e, consequentemente, aumenta o estresse. Se não tivermos cuidado, podemos entrar nesse ciclo de aversão ao risco e ir direto para a sepultura precoce — o que é irônico, já que a razão pela qual a maioria de nós para de assumir riscos é por medo da sepultura precoce.

Em resumo, fui ao parque de trampolim para aumentar minha tolerância ao risco, desenvolver noção de ar, aprimorar minhas habi lidades de *park skiing* e, com esperança, encontrar mais estado de fluxo. É outra solução multiferramenta — ou, mais uma vez, é a teoria.

A minha realidade se desenrolou em etapas. A primeira etapa foi a descoberta. Descobri que pular em um trampolim usa muitos músculos que eu nem sabia que existiam. Descobri o constrangimento, a exaustão e um pulo mal cronometrado — que me fez cair de queixo no trampolim e, caramba, aquilo doeu.

A segunda etapa envolveu afinar o equilíbrio desafio-habilidade — isto é, fugir do grande trampolim olímpico malvado e ir para o trampolim pequeno em que, se cair, será sobre um poço de espuma.

No caminho, a voz da minha cabeça deu uma sugestão: "Mortal de frente."

Deus me ajude... foi o meu pensamento seguinte. Ainda estava dolorido por causa do trampolim olímpico, nunca pulei sobre um poço de espuma antes e se passaram 25 anos desde que tentei dar um mortal de frente pela última vez. Não queria tentar um agora de jeito nenhum. Então tentei.

Seis tentativas depois, consegui. Objetivo definido, objetivo alcançado — olá, neuroquímica.

Depois, comecei a tentar mudar o ângulo do meu salto. Em vez de dar cambalhota, pratiquei cambalhotas de lado. Os resultados não foram muito bons, mas eu nunca havia dado um mortal fora do eixo e — olá, estado de fluxo.

Agora era hora de voltar ao trampolim olímpico e ter a minha vingança. E isso nos leva a outro princípio geral que vale a pena reiterar: estado de fluxo primeiro, risco depois.

É necessário treinar a tolerância ao risco para o desempenho máximo no envelhecimento. No entanto, como Glen Plake me ensinou, usar o risco — principalmente o risco físico — como um gatilho para o estado de fluxo é burro e perigoso. Se tiver escolha, é melhor estar no estado de fluxo e já no seu melhor desempenho antes de tentar o burro e perigoso.

Desta vez, eu e o trampolim olímpico nos demos bem. Muito bem. Entendi os movimentos básicos de um *daffy* em menos de cinco minutos. Então, fiz muitos *grabs*. Primeiro, um *mute grab*; depois um *Japan grab*; finalmente, um *stink bug grab*. O que eram todos esses *grabs*? Não importa. Tudo o que importava era: eu nunca havia executado nenhum deles antes.

Eu estava progredindo. Ainda estava no jogo.

NORTE DE NEVADA, 16 DE AGOSTO DE 2021

Dolorido. Muito dolorido. Dói. Movimentar-me dói. Dói só de pensar em me movimentar. Fiquei na cama o dia inteiro pensando em todas as manobras que posso aprender depois que a dor passar e eu poder voltar para o parque de trampolim.

É uma doença, eu sei.

NORTE DE NEVADA, 17 DE AGOSTO DE 2021

Ainda dolorido, ainda dói me mover, ainda não consigo parar de pensar em todas as manobras que quero aprender na minha próxima ida ao parque de trampolim.

E isso nos leva a Gene Cohen.[18]

Se eu estivesse trabalhando, diria que Gene Cohen é o padrinho do desempenho máximo no envelhecimento. Nos anos 1970, Cohen foi pioneiro no campo da psiquiatria geriátrica, que é o campo dedicado à saúde mental dos idosos. Se você se perguntar por que levou tanto tempo para percebermos que a saúde mental dos idosos é um assunto que precisa de estudo científico — bem, boa pergunta.

Antes da década de 1970, os cientistas pensavam no envelhecimento como um processo de apodrecimento longo, lento e inevitável. Todo mundo concordava: depressão, solidão e declínio cognitivo estavam embutidos no apodrecimento, e não havia nada que pudéssemos fazer em relação a isso.

Não tão rápido, disse Cohen.

Em 1973, quando era um jovem psiquiatra que trabalhava no Instituto Nacional de Saúde Mental dos EUA, Cohen achava que havia mais nessa história. Também sabia que a geração *boomer* era a maior geração da história norte-americana, e que começava a envelhecer. Se os efeitos da saúde mental nos adultos mais velhos não melhorassem, o impacto dos *boomers* sobre os recursos públicos seria imenso. Então, Cohen tentou convencer o seu empregador a criar um instituto de pesquisa dedicado à então ideia radical relacionada ao "envelhecimento bem-sucedido".

Funcionou.

Cohen se tornou o primeiro chefe do Centro de Envelhecimento do INSM, posição que ocupou por quase quinze anos, antes de se tornar o diretor do Instituto Nacional de Envelhecimento por mais cinco anos. Em ambos os cargos, Cohen supervisionou dois dos maiores e mais longos estudos sobre envelhecimento já conduzidos.

O que ele descobriu?

Em vez de um apodrecimento longo e lento, Cohen descobriu que os nossos últimos anos são um novo estágio do desenvolvimento adulto, em que três mudanças profundas e positivas acontecem no cérebro. Primeiro, certos genes são ativados apenas pela experiência, o que significa que o cérebro se remodela ao longo do tempo e acrescenta profundidade e sabedoria à nossa personalidade conforme entramos em nossos últimos anos. Segundo, o cérebro aprende a recrutar regiões que foram pouco utilizadas quando éramos mais novos, e isso nos ajuda a compensar o declínio cognitivo que acontece durante o envelhecimento. Terceiro, as capacidades de processamento de informações do cérebro alcançam a sua maior densidade e altura entre 60 e 80 anos, o que permite que os dois hemisférios do cérebro trabalhem juntos como nunca.

Essas mudanças neurobiológicas desbloqueiam três tipos de pensamentos que são majoritariamente inacessíveis antes dos 50 anos. Mais importante, todos os três tipos de pensamento melhoram durante o envelhecimento, desde que continuemos a cultivar a criatividade — que é o necessário para treinar estes estilos de pensamento.

1. Pensamento Relativo: Aprendemos a sintetizar melhor as visões diferentes. Aprendemos que há poucas verdades absolutas, muitas verdades relativas e que o pensamento dualista é uma tolice da juventude.

2. Pensamento Não Dualista: Aprendemos a considerar visões opostas sem julgamento. Aprendemos a ver os dois lados da mesma moeda. Aprendemos a ter empatia.

3. Pensamento Sistemático: Aprendemos a pensar no todo. Aprendemos a ver a floresta entre as árvores. Aprendemos a pensar de forma divergente.

O trabalho de Cohen mudou a discussão sobre desempenho máximo no envelhecimento. Não é mais uma questão do que podemos fazer *apesar* da nossa idade. Agora se trata do que podemos fazer *por causa* da nossa idade. Ou, como Cohen explica em *The Mature Mind*, seu livro clássico sobre o assunto: "Dúzias de novas descobertas [neurológicas] mudaram a noção de que 'não dá para ensinar novos truques a cachorros velhos'. Acontece que um cachorro velho não apenas consegue aprender bem, mas, na verdade, são melhores em muitos tipos de tarefas intelectuais do que os novos."

Em outras palavras, se o meu experimento Território *Gnar* provou alguma coisa, foi que Gene Cohen estava certo.

NORTE DE NEVADA, 20 DE AGOSTO DE 2021

Reli o meu diário de desempenho. Eu precisava de provas.

Embora tenha passado o meu ano solucionando problemas persistentes do tipo "coragem, vergonha e aqueles malditos atletas", eu não me sentia mais corajoso.

Mas sabe o que encontrei relendo o meu diário? Prova de coragem.

Quase todo dia da minha temporada, eu havia feito algo que me aterrorizava. Todos os dias, saí da minha zona de conforto, forcei o equilíbrio desafio-habilidade e, no geral, fui bem-sucedido nos meus esforços. Então pergunto de novo, por que não me sentia mais corajoso?

Eu não sabia, então liguei para a Dra. Sarah Sarkis.[19] Uma psicóloga clínica brilhante que trabalhou comigo no Coletivo de Pesquisa de Estado de Fluxo desde o começo, Sarah também é a pessoa para a qual ligo quando estou confuso.

"Estou confuso", falei quando ela atendeu.

"Conte-me mais", Sarah respondeu.

Eu contei mais. Sarah já sabia do meu experimento Território *Gnar*. Eu disse que o experimento acabara e que havia sido um sucesso absoluto. Mas não me sentia mais corajoso. Contei que reli o meu diário de desempenho e encontrei provas de coragem em todas as páginas — mas mesmo assim, eu não me sentia mais corajoso.

"Interessante", disse Sarah. "Conte-me mais."

Quando Sarah diz "interessante", parece uma entomologista observando um inseto — mas tanto faz, contei mais.

"Eu não sinto nada de diferente", contei. "Amo esquiar. Esquiei por sete meses sem parar — o que é um milagre. Alcancei os meus objetivos. O experimento foi um sucesso. Mas ainda me sinto como o mesmo eu que começou o experimento. Além disso, desde que parei de esquiar, algumas coisas doidas começaram a acontecer..."

"Eu amo coisas doidas", disse Sarah, quase ansiosa. "Conte-me mais."

Eu disse que o meu verão foi déjà-vicioso. "Todo desafio que me deixou louco o suficiente para começar o meu experimento Território *Gnar* reapareceu", expliquei. "Quer dizer, cada um deles. Um terremoto, três incêndios florestais, um surto de covid, problemas no trabalho, problemas em casa, meu corpo lesionado, o meu *burnout* retornou, eu não conseguia escrever, estava travado no estado de fluxo e tem uma parte esquisita — em vez de me desesperar, apenas lido com isso, e não há nenhuma reação emocional. Nenhuma."

Sarah começou a rir.

"Quer dizer", começou ela, "que se sente calmo quando enfrenta uma crise. Você sabe que isso se chama 'coragem,' certo? Ficar calmo quando enfrenta uma crise."

"Eu não sei", respondi. "Nunca senti nada parecido antes. Isso me assusta..."

RENO, NEVADA, 28 DE AGOSTO DE 2021

Voltei ao parque de trampolim, e sabe o que Margaret Atwood[20] disse? "Todo mundo que eu conheço é adulto. No meu caso, estou apenas disfarçando."

Sim, exatamente isso.

NORTE DE NEVADA, 29 DE AGOSTO DE 2021

Ontem, Ryan e eu testamos os esquis para trampolim pela primeira vez — isto é, esquis com fundos emborrachados projetados para trampolins. Ontem, enquanto eu os usava, tive sucesso nos meus primeiros *mute grab*, *blunt grab* e *stale fish grab*. Ontem, dirigi para casa desfrutando da glória do sucesso.

Hoje eu não consigo me mover. Parece que alguém bateu na parte inferior das minhas costas com um taco de beisebol. Hoje, mais uma vez, estou negociando com o sucesso.

Liguei para a lenda do surfe de ondas grandes Laird Hamilton[21] para falar sobre a negociação. "Passei a minha temporada de esqui fazendo as coisas mais *gnar* que já fiz", contei. "E em cerca de 99% das vezes — funcionou."

"Então qual é o problema?", perguntou Laird.

"Sucesso. Fiquei tão viciado com o sentimento de sucesso que continuei correndo atrás dele. Estraguei os meus joelhos porque toda vez que fazia algo que achava que era impossível, isso era imediatamente seguido pela pergunta: 'Ok, o que mais é possível?' Mas essa pergunta é a droga mais viciante que já encontrei."

"Sim", disse Laird.

"E o pior", continuei. "É que muitas coisas que fiz — mesmo que as tenha conseguido fazer bem — eram tão assustadoras que tive transtorno de estresse pós-traumático. Nunca tive esse tipo de sucesso antes. Eu não sabia que sucesso poderia levar ao transtorno de estresse pós-traumático."

"Sim", confirmou Laird.

"E hoje, minhas costas estão horríveis. Hoje, percebi que se quiser pular em trampolins regularmente, precisarei elevar o meu condicionamento a um nível superior. Era para o meu experimento ter acabado, mas ainda estou negociando com o sucesso."

"Sim", disse Laird.

E isso nos leva ao próximo princípio geral do desempenho máximo no envelhecimento que precisamos discutir — esteja preparado para negociar com o sucesso.

MONTANHAS SIERRA NEVADA, 1º DE SETEMBRO DE 2021

A vida real colidiu com os sonhos de esqui. O Incêndio Caldor alcançou a Estação de Esqui Sierra-at-Tahoe e ameaçava Kirkwood e Heavenly. Todas as três estações viraram as suas máquinas de fabricar neve contra as chamas. Os bombeiros trabalharam sem parar. As pessoas foram evacuadas. Plantas e animais foram deixados para trás.

Fui para a minha janela e observei o céu do meio-dia mais escuro do que o céu da meia-noite. Era como se a mudança climática comesse a minha alma. Era como um inverno nuclear. E todo o treinamento de desempenho máximo do mundo não conseguia me fazer parar de chorar como um bebê.

RENO, NEVADA, 8 DE SETEMBRO DE 2021

Voltei ao parque de trampolim. Foi a minha terceira visita. Teoricamente, agora eu tinha os fundamentos básicos suficientes de trampolim para começar a implantar a minha abordagem de um centímetro de cada vez.

O centímetro de hoje: um 180° com um *safety grab*.

Vinha pensando nessa manobra há semanas. Acho que ela precisa de cinco passos: pular, começar a girar, fazer a pegada, ver onde eu vou aterrissar e aterrissar certo. Acho que se eu conseguir aprender essa manobra antes da próxima temporada, seria uma melhoria impressionante na pré-temporada.

Também acredito que o mapa não é o território. O mapa do Território *Gnar* mostra uma terra assustadora. Sabe o que o mapa não mostra? As novas teorias de aprendizado sob a minha abordagem de um centímetro de cada vez. Os superpoderes que vêm com a idade. O impulso turbo que vem com o estado de fluxo. O potencial cada vez maior da medicina regenerativa. Mais importante, o mapa não mostra o futuro.

Quando comecei meu experimento, fiz uma pergunta que sempre faço no início de experimentos assim: "Se eu aprender isso, como a minha vida será diferente em cinco anos?"

Falo isso agora porque quando escrevi os meus objetivos — as manobras e pistas das minhas listas de manobras —, cinco anos era a minha estimativa honesta do tempo que levaria para alcançá-los. Em outras palavras, eu me conformei com o fato de que poderia ter 60 anos quando aprendesse *park skiing*.

Mas esquiar em estado de fluxo é quando eu me sinto da melhor forma neste planeta. E se eu aprendesse *park skiing*, teria um milhão de entradas no estado de fluxo a mais do que estavam disponíveis antes — que é a minha versão de um plano de aposentadoria. Por isso, executei o experimento.

Acontece que o experimento levou dezoito meses. Acontece que na minha terceira ida ao parque de trampolim, aprendi a fazer um 180º com um *safety grab*. Acontece que o mapa não é o território.

Saí do parque de trampolim obcecado com as possibilidades da minha nova manobra. Quando cheguei em casa, sabia o que fazer em seguida. Fui para o meu escritório, peguei um pedaço de papel e escrevi "Lista de Manobras 2022" no topo da página. Na primeira linha, escrevi "180° com um *safety grab*". Depois, acrescentei os três outros *grabs* que havia aprendido: *stink bug grab*, *Japan grab* e *mute grab*. Então eu pausei.

Hoje mais cedo, tentei o meu primeiro "*single truck driver*" *grab* — jogar o esqui direito para a frente do rosto, e então segurar perto da ponta dianteira. Foi assustador, mas consegui na terceira tentativa.

Agora, acrescentei o *single truck driver* à minha lista também. Depois, pensei em fazê-lo enquanto também executava um 180° — uma manobra seriamente *steazy* que me assustava imensamente.

Antes de ter tempo de mudar de ideia, escrevi 180° com um *single truck driver* na minha lista. É claro, esse objetivo pode levar cinco anos para ser alcançado. É claro, eu estaria perto dos 60 anos até lá. Mas um homem de 60 anos fazendo um 180° com um *single truck driver*... O que é mais punk rock do que isso?

Da esquerda para a direita: *Single truck driver grab, mute grab, Japan grab, stink bug grab* e *safety grab.*

SKIADDICTION

Apêndice: As Regras

No Capítulo Dez deste livro, revisamos uma série de princípios gerais que guiaram a minha aventura no Território *Gnar*. Todos eles foram importantes para o meu sucesso. Todos foram baseados em lições aprendidas no caminho. No entanto, no curso desta jornada, também segui um conjunto rígido de regras — muitas anteriores a esses princípios.

São treze no total. Originalmente, serviam para combater tendências contraproducentes e/ou fornecer diretrizes para ação em momentos de estresse extremo. Cada uma foi projetada para me manter fora do hospital e livre de arrependimentos, geralmente criadas depois da decisão oposta me levar ao hospital e/ou me encher de arrependimentos.

Em outras palavras, essas regras foram lições aprendidas da forma mais difícil.

A maioria será familiar. Muitas foram nomeadas no caminho. Algumas foram discutidas, mas não foram chamadas formalmente de regras. Qualquer que seja o caso, assim como os princípios gerais, a intenção aqui não é que você adote cegamente as minhas regras. A intenção é descobrir as suas próprias tendências contraproducentes e decisões erradas provocadas pelo estresse, e então usar essa informação para criar um conjunto rígido de regras para protegê-lo de si mesmo.

Aqui está a minha lista completa.

REGRA UM: SEMPRE SIGA AS REGRAS

As regras são inquebráveis. Para mim, a falta de opções é a melhor opção. Quero tirar a escolha de cena. Quero remover as emoções da equação. Se as minhas emoções não atrapalham o meu desempenho (veja a Regra Três), como me sinto no momento importa muito menos do que como me sinto depois, ao olhar de volta para esse momento com a sabedoria da retrospectiva.

O momento dura um instante; a retrospectiva dura uma vida inteira. Logo, a forma em que me sinto em retrospectiva, ao olhar de volta para as minhas decisões, influencia a qualidade geral da minha vida muito mais do que como me senti naquele momento. Também é por isso que "trabalho para o chefe". O chefe é a versão de mim mesmo que já possui a retrospectiva, que sempre pensa nos meus interesses no longo prazo e que usa isso tudo para criar as regras.

Na vida normal, regras ajudam. No Território *Gnar*, salvam vidas. Em situações de alto risco, o cérebro[1] se torna lógico e linear. O pensamento no curto prazo domina. A criatividade é reduzida. As escolhas são limitadas. E isso nem sempre produz os melhores resultados. No meu caso, a vertigem piora isso. Dessa forma, essa regra prioriza o progresso incremental, me protege contra decisões ruins e contra a indecisão.

Além disso, se não consegue cumprir o que diz a si mesmo, então não pode confiar em si mesmo. Confiar em si mesmo — também conhecido como autoconfiança — reflete-se em tudo, desde o viés perceptivo e os níveis de motivação intrínseca até onde o cérebro estabelece o equilíbrio desafio-habilidade.[2] Se cumprir as promessas que faz a si mesmo continuamente, a autoconfiança nunca vacila, a motivação se torna um impulso e o estado de fluxo se torna uma ocorrência regular. O resultado: você vai mais longe mais rápido e com muito menos confusão.

Mais importante, essa regra *sempre* se aplica ao estabelecimento de objetivos. Se você quebrar as promessas que faz a si mesmo consistentemente, ao definir um objetivo, o seu cérebro começará imediatamente a procurar uma desculpa fácil. Isso significa que, se não cumprir as promessas, seu cérebro aciona o modo "Desisto" antes mesmo de entrar no jogo.

O oposto também é verdade.

Se nunca quebrar uma promessa que faz a si mesmo, então quando algo se torna um objetivo — isto é, falar em voz alta ou colocar na sua lista de objetivos —, você nunca para de trabalhar para alcançá-lo. O cérebro se torna uma máquina de resolver quebra-cabeças direcionada a objetivos. Se ele souber que desistir não é uma opção, então nunca para de tentar descobrir como alcançar um objetivo, o que geralmente é necessário para alcançar objetivos.

REGRA DOIS: SE RYAN CONSEGUE, EU TAMBÉM CONSIGO, ENTÃO É MINHA OBRIGAÇÃO, OU SEJA, ENCONTRE UMA COMPANHIA DE TREINO EM QUEM POSSA CONFIAR

Essa regra trata de combater o medo e maximizar o progresso. Ela tira a tomada de decisão das minhas mãos em situações assustadoras.

Se Ryan faz algo e eu não, historicamente, eu me arrependo dessa decisão depois. Também queimo muitas calorias tentando gerar a garra e a coragem para fazer o que já deveria ter feito e o que — na vasta maioria das vezes — faço depois.

Essa regra é uma troca entre opções desagradáveis. Ao fazer o que Ryan faz, escolho lutar uma batalha curta contra o medo extremo, em vez de uma batalha longa contra a ansiedade e a vergonha.

Além disso, já que o Ryan é um esquiador um pouco melhor do que eu, segui-lo é uma forma de automaticamente forçar um pouco mais as minhas habilidades. Isso me leva para o ponto ideal do desafio-habilidade, aumenta o foco e o estado de fluxo e encurta o meu caminho para o domínio.

No entanto, essa regra exige a companhia certa de treino.

Depois de quase uma década esquiando juntos, Ryan e eu confiamos um no outro completamente. Por quê? Porque sempre fazemos de tudo para manter o outro seguro. Quando tenho vertigem, Ryan nota os sintomas antes de mim. Geralmente, ele me lembra de que a opção mais inteligente é ir embora e voltar depois — mesmo que isso signifique que ele não vai esquiar uma pista que está doido para esquiar.

Igualmente importante, Ryan e eu gostamos de aprender da mesma forma — de maneira privada, em alta velocidade e muito longe das outras pessoas. Temos estilos iguais no esqui, assim como rotinas de aquecimento, preferências de terreno, níveis de condicionamento, habilidades de esqui, tipos de corpo, tolerância ao sofrimento e gatilhos para o estado de fluxo favoritos.

Essa última parte é especialmente importante.

Ryan e eu sempre começamos a buscar o estado de fluxo aumentando gradativamente o equilíbrio desafio-habilidade: esquiar cada volta um pouco mais rápido do que a anterior. Em seguida, acrescentamos o reconhecimento de padrão e tentamos interpretar criativamente as características do terreno. Depois, recorremos à novidade e à imprevisibilidade que vêm ao explorarmos zonas novas. Finalmente, implementamos o risco, que só se torna uma opção real depois de nós dois estarmos no estado de fluxo. Essa sobreposição de preferências de gatilhos significa que nunca discordamos sobre o que faremos na montanha.

Além disso, Ryan e eu trabalhamos muito para dominar e implementar os gatilhos do estado de fluxo em grupo,[3] como familiaridade (conheço seus tiques nervosos e ele conhece os meus), participação igual (alternamos entre o líder e o seguidor), boa comunicação (tanto verbal quanto não verbal), risco compartilhado (nós nos arriscamos da mesma forma), objetivos compartilhados (nós dois queremos ser ótimos esquiadores de *park skiing*) e assim por diante.

O resultado: nos coloque juntos e o estado de fluxo será o resultado.

Por fim, uma quantidade considerável de dados mostra que manter relações interpessoais saudáveis[4] é fundamental para a longevidade. Nota pessoal: que droga, cara.

Na maior parte das vezes, gosto mais de animais do que de pessoas. Também sou introvertido e escritor, o que significa que tanto meu trabalho quanto minha sanidade demandam solidão.

Entretanto, ao esquiar com Ryan, consigo ter tempo de qualidade com uma pessoa sem ter que lutar contra as minhas tendências naturais de isolamento ou mudar a minha agenda — algo que, historicamente, estou disposto a fazer para ter tempo de qualidade com uma pessoa.

O "estado de fluxo em grupo" também é uma experiência de ligação tão poderosa que posso manter as minhas relações saudáveis em menos tempo do que geralmente é necessário — o que, sinceramente, é a única maneira pela qual eu poderia cumprir essa exigência.

REGRA TRÊS: SE RYAN CONSEGUE, EU TAMBÉM CONSIGO — A NÃO SER QUE TRÊS CRITÉRIOS ESTEJAM PRESENTES, TAMBÉM CHAMADA DE: SEJA AGRESSIVO, MAS NÃO BURRO

Um: se eu estiver sentindo medo demais, se a emoção começou a interferir no meu desempenho, especialmente se há vertigem envolvida, deixe de lado e tente novamente mais tarde.

Dois: não execute se estiver exausto. Quando começo a pular mal nos *hits* e fazer curvas fracas — dois sinais claros de exaustão —, eu não vou mais bancar o herói.

Três: meu objetivo é um aprimoramento lento e constante. No parque, Ryan é um atleta muito melhor. Ele consegue fazer muita coisa que não consigo — como executar 540°s até a lua a partir de *kickers* enormes — então, por enquanto, copiar as suas explorações lunares está fora dos limites.

Ir atrás do Ryan garante o progresso. Essas três exceções garantem que o progresso não leve a uma lesão catastrófica. Também afirmo que aprender a identificar a linha tênue entre "medo" e "medo demais"[5] foi uma das coisas mais difíceis que precisei fazer durante toda a temporada — o que explica a próxima regra.

REGRA QUATRO: VEJA A PISTA, ESQUIE A PISTA, TAMBÉM CHAMADA DE: CONFIE NA NEUROQUÍMICA

Essa regra trata de ouvir os sinais internos. É a diferença, pelo menos para mim, entre o medo e o medo demais.

Quando "vejo a pista", vejo um quebra-cabeça se encaixar e sinto a emoção neuroquímica que acompanha o reconhecimento de padrões. Esse é o sinal que eu procuro — significa que é a hora de ir.

A razão para esquiar a pista imediatamente é porque a dopamina gerada pelo reconhecimento de padrões[6] não dura muito tempo. Enquanto está presente, amplifica tudo, desde a coragem e o foco até a resposta muscular de contração rápida. Quando essa janela está aberta, tenho a melhor oportunidade para o sucesso — então preciso ir antes de a dopamina partir.

Também há variações dessa regra. Uma versão um pouco diferente é que, quando estou no estado de fluxo e a voz da minha cabeça sugere algo, devo realizar a sugestão imediatamente ou corro o risco de sair do estado de fluxo. Outra versão surge durante jogos como o Caça ao Coelho — se eu vir Ryan fazer um movimento e o meu cérebro reconhecer o padrão e eu receber o sinal para ir, então sei que posso e devo executar o mesmo padrão imediatamente.

REGRA CINCO: DESCUBRA QUEM VOCÊ É E COMO GOSTA DE APRENDER E NÃO VACILE

Seja você mesmo, especialmente quando se trata de estilos de aprendizado. Eu sou um introvertido com um longo histórico de lesões e uma abordagem lenta e constante em relação ao progresso.

Como um introvertido, quero esquiar fora de visão e longe dos outros. O meu histórico de lesões significa que priorizo estilo e substância em relação ao "só vai, cara". E a minha abordagem lenta e constante significa que, embora queira me forçar diariamente, também quero decidir quando e até onde.

É assim que aprendo melhor. Tentar aprender de outra forma é insensato. Toda chance que tenho para esquiar é um presente. Por que eu desperdiçaria esse presente me colocando em uma posição em que não maximizo todo o meu potencial?

Além disso, o desempenho máximo no envelhecimento exige que eu tente maximizar o meu potencial constantemente. "Pessoas mais velhas[7] que buscam atividades [desafiadoras] nas quais experimentam uma sensação de controle e domínio são mais saudáveis física e mentalmente do que aquelas que não o fazem", Gene Cohen explica em *The Mature Mind.*

Esse aumento de saúde vem do[8] relacionamento estreito entre o sistema nervoso e o sistema imunológico. Uma sensação de controle[9] e o sentimento de domínio são duas das emoções mais positivas possíveis. Emoções positivas aumentam[10] a produção tanto das células T, os glóbulos brancos do sangue que combatem doenças, quanto das células matadoras naturais, os glóbulos brancos maiores que miram tumores e outras células doentes.

É também por isso que o acesso estável ao estado de fluxo é importante conforme envelhecemos. O estado produz os sentimentos de domínio e controle. Ele também produz sentimentos de felicidade, significado e propósito. Dessa forma, o acesso estável ao estado de fluxo não é apenas como nós criamos uma vida que vale a pena viver — é como criamos *muito mais* vida[11] que vale a pena viver.

REGRA SEIS: REGRA DO RYAN: NUNCA PARE NO TOPO, TAMBÉM CHAMADA DE: A HESITAÇÃO NUNCA É SUA AMIGA

A hesitação abre a porta para o medo. A ansiedade produz adrenalina, que queima muitas calorias e mina os níveis de energia. Quanto mais cansado estou, pior esquio, o que aumenta as chances de me lesionar e diminui a minha chance de progresso — que é a primeira razão pela qual nunca devemos parar no topo.

A segunda razão é que parar no topo também dá à voz da minha cabeça tempo para expressar a sua opinião. Isso pode me tirar do ponto ideal do desafio-habilidade, abalar o meu foco e bloquear o estado de fluxo.

A terceira razão: não parar no topo significa esquiar em velocidades mais altas ao descer a montanha. Quando o cérebro reconhece *affordances* — isto é, oportunidades para a ação —, ele leva em conta qualidades como *momentum* e ritmo. Um corpo se movendo em velocidade tem um catálogo muito maior de possibilidades de ação para escolher e, em consequência, tem muito mais chance de entrar no estado de fluxo.

REGRA SETE: SE NÃO CONSEGUE ME ACOMPANHAR, NÃO POSSO ESQUIAR COM VOCÊ, TAMBÉM CHAMADA DE: ESTADO DE FLUXO PRIMEIRO, AMIGOS DEPOIS

Se não consegue me acompanhar, não posso esquiar com você. Não é pessoal. É psicológico. Esquiar rápido é o que faço para ter sanidade. Esquiar rápido significa que não há tempo para pensar, ou seja, sem chance para a voz da minha cabeça atrapalhar. É uma preocupação de saúde mental.

Esquiar rápido também aumenta a minha chance de entrar no estado de fluxo, o que é sempre a minha prioridade. No Coletivo de Pesquisa de Estado de Fluxo, nós geralmente destacamos a importância da "atividade de estado de fluxo primária" da pessoa, ou aquilo que você mais fez na vida e que possui uma chance maior de colocá-lo no fluxo. Para mim, é o esqui. Para você, pode ser leitura, programação, caminhada, jardinagem, surfe, paraquedismo ou surfar enquanto faz paraquedismo, também chamado de *skysurf*.

Qualquer que seja o caso, à medida que envelhecemos, as responsabilidades da vida adulta tendem a atrapalhar a nossa atividade de estado de fluxo primária. Nós deixamos de lado as "coisas de criança". Paramos de fazer as atividades que mais nos forneciam estado de fluxo. É um erro enorme — especialmente mais tarde na vida.

O estado de fluxo combate a ansiedade.[12] Quando entramos nele, os hormônios do estresse são varridos do nosso sistema e substituídos por neurotransmissores que melhoram o desempenho e o bem-estar. A ansiedade produz inflamação, que acelera o envelhecimento. No entanto, emoções positivas estimulam o sistema imunológico e atrasam o envelhecimento.[13]

O maior benefício pode ser psicológico.

Para mim, o acesso regular ao estado de fluxo exerce a mesma função da terapia — me acalma, me faz espairecer e amplia a minha perspectiva. O resultado? Eu me torno uma versão melhor de mim mesmo. Sou mais produtivo, criativo, calmo e eficiente. Saúde, felicidade e bem-estar geral aumentados. Os meus relacionamentos melhoram. A minha vida tem mais significado.

Então, sim, se não conseguir me acompanhar, eu não o esperarei. Da mesma forma, se eu não conseguir o acompanhar, não quero que me espere. Caso contrário, atrapalharemos um ao outro e bloquearemos o estado de fluxo — e não é assim que amigos devem se tratar.

REGRA OITO: EMOÇÕES SÃO FERRAMENTAS

Eu gritei muito neste livro. Usei esses gritos para explorar a raiva e gerar testosterona. Usei o hormônio para aumentar a minha energia, amplificar o foco e desenvolver o estado de fluxo.

Duas coisas são importantes aqui.

Primeiro, apesar de sua reputação masculina, a testosterona funciona da mesma maneira em todos os gêneros. Quando os seres humanos ficam irados, o corpo gera o hormônio para se preparar para a luta que está por vir. É por isso que artistas marciais, independentemente do gênero, implementam um *kiai* durante a batalha, que é a palavra japonesa para "um grito curto proferido ao realizar um movimento de ataque".

Segundo, não é apenas a testosterona que funciona dessa forma. Todos os neurotransmissores que melhoram o desempenho mencionados neste livro — dopamina, noradrenalina, serotonina, oxitocina, endorfina — estão ligados às emoções.[14]

Na Mammoth, por exemplo, usei a curiosidade para lutar contra a vertigem. Quando eu estava suspenso a 30m do chão, tentei ignorar a altura ao procurar pistas interessantes para esquiar na montanha. Apenas por procurá-las — isto é, cultivar curiosidade —, fiz com que o meu cérebro liberasse dopamina, que diminuiu a minha vertigem e aumentou tudo: foco, estado de fluxo, coragem e alegria.

Sob uma perspectiva do desempenho máximo, as emoções são ferramentas. São uma forma rápida de gerar neurotransmissores, o que oferece um caminho mais rápido em direção ao domínio. O grito, entretanto, é opcional.

REGRA NOVE: NUNCA DESPERDICE UM ESTADO DE FLUXO

O estado de fluxo amplifica a nossa capacidade de fazer as coisas, bem como a nossa capacidade de nos lembrar do que fizemos.[15] Por quê? Para que depois possamos fazê-las novamente. Isso significa que, quando estou no estado de fluxo, sempre quero me forçar, me arriscar e aprender habilidades novas.

Por razões semelhantes, quando estou no estado de fluxo, eu o protejo de todos os invasores. Para continuar nele, o córtex pré-frontal deve estar desativado. Tudo que desperta a voz da minha cabeça deve ser evitado a todo custo.

Por isso, quando esquio, desligo o celular. Sem notificações. Sem e-mails. Sem mensagens. É também por isso que odeio conversar sobre negócios, escrita ou estado de fluxo no teleférico. O meu objetivo é focar no esqui e bloquear qualquer coisa que possa quebrar esse foco.

REGRA DEZ: TREINE COMO UM PROFISSIONAL, RECUPERE-SE COMO UM PROFISSIONAL[16]

Se quiser arrasar até bater as botas, precisa treinar para a idade avançada como um atleta profissional.[17] Estudos mostram que, com um treinamento apropriado, podemos reter 70% das nossas habilidades físicas até bem mais tarde na vida. Melhor ainda, já que o cérebro descobre uma forma de compensar algumas coisas que são perdidas, nós podemos desempenhar como se tivéssemos retido uma porcentagem ainda maior dessas habilidades.

Mas é uma questão de usar ou perder.[18]

Há cinco categorias principais do desempenho atlético: força, energia, agilidade, equilíbrio e flexibilidade. Todas as cinco demandam atenção constante na idade avançada. Isso significa que não se pode pular etapas e fazer pela metade. Quando chegar aos 50,[19] se não for para frente, irá para trás.

Além disso, não é suficiente treinar como um profissional; nós também precisamos nos recuperar como profissionais. Bem-vindo ao Território *Gnar* — onde a hora da soneca é obrigatória.

Para mim, a recuperação significa nutrição de alta qualidade, hidratação constante, abundância de suplementos anti-inflamatórios, muito sono e nenhuma bebida alcoólica. Ela também exige caminhadas diárias, uma ou duas sessões diárias de yoga e um banho diário com sais de Epsom e/ou sauna infravermelha. Finalmente, também significa me beneficiar de toda a caixa de ferramentas da medicina regenerativa.

A porção de recuperação ativa desse protocolo — isto é, caminhadas longas e yoga — é especialmente importante. Uma das minhas maiores descobertas no Território *Gnar* foi quanto o meu corpo mentiu sobre a preparação física. Houve muitos dias em que acordei exausto, mas precisava caminhar com Kiko — e por que não me alongar um depois? — e, nove entre dez vezes, me senti melhor, dirigi para a montanha e excedi radicalmente as minhas expectativas.

REGRA ONZE: A GARRA É O ÚLTIMO RECURSO

A garra é um recurso limitado. Diariamente, está ligada à força de vontade, que diminui com o tempo. A nossa força de vontade é mais alta pela manhã, quando estamos descansados depois do sono. Ela decai durante o dia, conforme gastamos energia. Já que qualquer aventura no Território *Gnar* exige garra, precisamos conservar nosso combustível para quando mais precisarmos dele, e não o desperdiçar casualmente quando outras opções estão disponíveis.

Da mesma forma, no longo prazo, depender sempre da garra é uma receita para o *burnout*. Como o *burnout* é um descarrilamento completo do progresso, no Território *Gnar*, nós não resistimos a menos que tenhamos que resistir.

Quando enfrento um desafio, em vez de tentar ter garra, eu luto usando os cinco grandes motivadores intrínsecos — curiosidade, paixão, propósito, autonomia e domínio —, embora isso seja mais fácil de explicar com exemplos.

Veja o domínio. Usar o domínio como um motivador significa afinar o equilíbrio desafio-habilidade. Por exemplo, ao esquiar algumas pistas assustadoras, em vez de tentar superar o meu medo e continuar, eu lateralizo.

Agora vou para o parque de esqui para crianças — onde há menos medo e um tipo de desafio totalmente diferente.

Então eu me esforço no parque até me assustar de novo e lateralizo mais uma vez. Agora vou para a floresta para me tornar uma bola de *pinball* em alta velocidade ou para as pistas alisadas por máquinas para corridas em alta velocidade.

A natureza finita da garra também é a razão pela qual Ryan e eu passamos tanto tempo disputando jogos como Caça ao Coelho. Quando jogamos, estamos em uma zona livre de fracassos. A pressão acaba. O nível de diversão é alto. Em vez de tentar trabalhar — a abordagem de prática deliberada para o progresso —, nós seguimos nossa curiosidade e exploramos nossa paixão, ou o que pode ser mais bem descrito como *jogo deliberado*.

Como o jogo deliberado produz mais estado de fluxo do que a prática deliberada, e o estado de fluxo impulsiona as taxas de aprendizado, o jogo deliberado, na verdade, me faz ir mais longe, mais rápido, e sem esgotar o meu estoque limitado de garra.

Em resumo: trabalho duro funciona; trabalho inteligente funciona mais ainda; jogo inteligente é o que mais funciona.[20]

REGRA DOZE: SEJA PAGO PARA ENVELHECER

Há duas décadas, quando pesquisava instrumentos musicais raros e caros, aprendi que Antonio Stradivarius fabricou quase metade dos instrumentos mais valiosos da história. Isso chamou a minha atenção. Mas então, descobri um fato ainda mais estranho — dois dos violinos mais famosos de Stradivarius foram feitos aos 92 anos.

Fiquei perplexo. Tudo que eu sabia na época sobre envelhecimento — a teoria do apodrecimento longo e lento — dizia que a façanha de Stradivarius era impossível. Se as habilidades físicas declinam significativamente com o tempo, incluindo as obrigatórias para a fabricação de violinos, como a resposta muscular de contração rápida e o controle motor fino, não haveria como um homem de 92 anos fazer dois dos instrumentos musicais mais raros da história. Mais estranho ainda: ele fez isso em 1736 — isto é, muito antes do advento da medicina moderna.

O mistério de Stradivarius continuou me inquietando. Ao tentar resolver esse quebra-cabeça, a minha pesquisa me levou ao então nascente campo do desempenho máximo no envelhecimento. Lá, descobri que a resposta muscular de contração rápida e o controle motor fino são habilidades do tipo usamos ou perdemos. Como Stradivarius nunca parou de fabricar instrumentos musicais ao longo da sua vida — ele fez mais de mil no total —, essas habilidades não atrofiaram. Ou, se atrofiaram, talvez seu cérebro tenha descoberto uma forma de compensar a perda.

Mas como o cérebro dele fez isso?

O neuropsicólogo da Universidade de Nova York Elkhonon Goldberg[21] me ajudou a responder essa pergunta. Goldberg descobriu que a expertise nos torna resistentes ao declínio cognitivo. Mais especificamente, ele descobriu que as habilidades do cérebro para reconhecer e executar padrões persistem durante toda a nossa vida, mesmo diante de uma grande decadência neurológica.

Depois de ler o trabalho de Goldberg, comecei a me perguntar se outras habilidades persistem ao longo da nossa vida — que é onde este livro começou. Também foi por isso que conheci a descoberta de Gene Cohen sobre os superpoderes do envelhecimento. Unidos, esses três corpos de pesquisa — a natureza de usar ou perder das nossas habilidades físicas, a persistência das habilidades de reconhecimento e execução de padrões ao longo do tempo e o aumento de inteligência, criatividade, empatia e sabedoria que vem com a idade — solucionaram o mistério de Stradivarius.

Em outras circunstâncias, esse poderia ser o fim da minha investigação. Mas nesse mesmo período, também viajei o mundo, conheci centenas de CEOs e ajudei-os a se beneficiarem do poder da tecnologia disruptiva e da ciência de estado de fluxo para melhorarem radicalmente o desempenho organizacional. No caminho, houve muitas discussões sobre contratações, treinamentos e quais habilidades eram mais importantes no século XXI. Quase todo CEO disse a mesma coisa — criatividade e empatia eram os atributos que mais precisavam em suas empresas e que tinham a maior dificuldade de encontrar em pessoas que contratavam ou de desenvolver em quem treinavam.

Esses CEOs precisavam de criatividade para gerar inovação e ajudar as empresas a acompanhar o ritmo acelerado das mudanças do mundo. Precisavam de empatia porque o sucesso da empresa dependia do desempenho da equipe, o que exigia colaboração e cooperação e ambos são difíceis de obter sem empatia. Também sabiam que o pensamento voltado ao consumidor era um mantra do negócio do século XXI e, sem funcionários empáticos, ninguém teria a capacidade de pensar como seus consumidores.

Ao conversar com esses CEOs e ouvir sobre os seus problemas, comecei a me perguntar por que eles não contratavam adultos mais velhos. Afinal, se criatividade e inteligência (as raízes da inovação) e empatia e sabedoria (as raízes da colaboração e da cooperação) são os superpoderes do envelhecimento, esses CEOs deveriam contratar candidatos mais velhos.

Duas respostas vieram à tona: fragilidade física e aversão ao risco.

Esses CEOs não queriam contratar adultos mais velhos porque as suas capacidades físicas decrescentes levavam a mais dias doentes, menos produtividade e muita interrupção do fluxo de trabalho. Também acreditavam que os mais velhos eram muito conservadores em sua forma de pensar e avessos ao risco na sua solução de problemas, e essa combinação tendia a bloquear a inovação em vez de acelerá-la.

Mas uma coisa eu aprendi: a fragilidade, muitas vezes, é uma escolha. Se treinarmos para a velhice como atletas profissionais, poderemos compensar o declínio físico significativo e desbloquear grandes melhorias de saúde.

O mesmo serve para a aversão ao risco. Qualquer aventura em Território *Gnar* — onde você busca objetivos físicos difíceis ao forçar consistentemente o ponto ideal de desafio-habilidade e tenta ser criativo na sua abordagem — esculpirá novas redes neurais necessárias para superar o conservadorismo cauteloso que surge com o tempo.

Isso significa que, ao treinar os nossos corpos e cérebros para tirar total vantagem dos superpoderes que vêm com a idade, ganhamos acesso às mesmas habilidades que os CEOs mais querem em suas empresas. Em resumo, se fizermos a coisa certa, a multidão acima dos 50 se torna a força de trabalho dos sonhos do século XXI — isto é, ser pago para envelhecer.

REGRA TREZE: CONSIDERE O *GNAR*, TAMBÉM CHAMADA DE: ESPORTES RADICAIS COMO REMÉDIOS ANTIENVELHECIMENTO

Esportes radicais são fantásticos para a longevidade. Todos eles são atividades desafiadoras, sociais e criativas que produzem sentimentos de domínio e controle. Demandam desempenho motor fino, resposta muscular de contração rápida, força, energia, equilíbrio, agilidade, flexibilidade e tolerância ao risco — isto é, o complemento integral das habilidades do tipo usar ou perder que precisamos mais tarde na vida. Além disso, os esportes radicais estão cheios de gatilhos para o estado de fluxo.

Talvez o mais importante, os esportes radicais protegem contra o declínio cognitivo. A razão é a neurogênese, ou o nascimento de novos neurônios. Se queremos evitar o declínio cognitivo, precisamos criar novos neurônios e precisamos que eles formem novas redes — ligando memórias novas a memórias antigas e, assim, protegendo o todo contra as devastações do tempo.

Nos mais velhos, é no hipocampo que[22] a maior parte da neurogênese acontece. Essa também é a parte do cérebro responsável pela cartografia e memória de longo prazo. Ele está cheio de células de lugar, células de grade e outros neurônios que se especializam em registrar a localização.

Sob uma perspectiva evolucionista, nos lembrar de onde estávamos quando coisas importantes aconteceram é crucial para a sobrevivência. Logo, a maneira mais fácil de fazer o hipocampo gerar novos neurônios[23] é ter experiências cheias de emoções em ambientes novos e imprevisíveis — que é exatamente o que os esportes radicais proporcionam.

É por isso que cidades montanhosas são pontos de longevidade[24] de Zona Azul. O Condado de Summit, no Colorado, é a comunidade mais longeva dos Estados Unidos — onde a expectativa de vida média é dez anos a mais do que em qualquer outro lugar. Os Condados de Pitkin e Eagle são os números dois e três. Eles também estão no Colorado. Os três condados são mecas dos esportes radicais, lar de Vail, Aspen, Breckenridge, Keystone, Beavercreek, A-Basin e mais.

Então, na próxima vez que a voz da sua cabeça disser "você está muito velho para isso" — lembre-se, a voz está mentindo.

A verdade? Você está muito velho para *não* fazer isso. Esportes radicais são remédios antienvelhecimento e soluções de longevidade.

Isso significa que você precisa aprender *park skiing*? Não. Tente patinar, escalar, andar de skate, fazer paraquedismo, mergulho, *snowboarding*, espeleologia, surfe — e eu só mencionei alguns esportes radicais. Há muitas outras possibilidades.

Isso significa que precisa se esforçar tanto quanto me esforcei? Ou cair de traseiro tanto quanto caí? Sim e não.

O esforço é obrigatório, mas o objetivo não é passar dos meus limites, é passar dos seus limites. Para mim, isso significou tentar aprender *park skiing*. Para você? Cabe a você determinar.

No entanto, aquelas quedas no meu traseiro foram por minha conta. E isso por uma razão. O meu sonho era ir de iniciante absoluto a intermediário de nível baixo em uma única temporada. Foi um sonho tão louco que nem me importei em colocar na minha lista original de objetivos. Mas ao chegar no nível intermediário, pode começar a controlar o seu progresso. Uma quantidade significativa de medo e aleatoriedade são removidas da equação. É claro, você ainda cai no chão, mas é bem menos frequente.

Como um esquiador de *park skiing* intermediário de nível baixo, eu sofreria menos lesões e menos dor. Eu também teria um número quase infinito de novas maneiras de entrar no estado de fluxo fazendo minha atividade favorita no mundo. É dessa forma que não perdemos o fogo que arde dentro de nós. É assim que não nos entregamos ao cobertor aconchegante da meia-idade. É assim que não adentramos graciosamente no sono profundo. Em outras palavras, essa é a minha versão de plano de aposentadoria.

Então, você sabe, Território *Gnar*. Que comece o jogo.

SK[i] vazando.

i Steven Kotler [N. da T.]

FACTION
FACTION
FACTION

Posfácio

Sob uma perspectiva científica, *Território Gnar* documenta um estudo piloto sobre o desempenho máximo no envelhecimento. Mas foi um estudo um tanto quanto pequeno, com apenas dois participantes principais, Ryan e eu. Quando terminei de escrever o livro, meus únicos dados que demonstram que a nossa abordagem funcionaria com outras pessoas era que elas, quando esquiavam conosco, intuitivamente entravam no nosso jogo de Caça ao Coelho e geralmente aprendiam movimentos *freestyle* no caminho. Isso foi certamente tentador, mas não foi uma evidência.

Para remediar essa situação, o Coletivo de Pesquisa de Estado de Fluxo realizou um estudo maior sobre o desempenho máximo no envelhecimento no inverno de 2022. Nossos voluntários eram um grupo de dezessete adultos mais velhos, com idades entre 29 e 68 anos. Junto com duas grandes áreas de esqui, Northstar e Palisades Tahoe, os pesquisadores do CPEF usaram os princípios deste livro para ensinar os sujeitos do estudo a esquiar e fazer *snowboarding* no parque. Com uma exceção — um homem no fim de seus 40 anos que se recuperava de uma lesão grave nas costas —, nenhum dos participantes tinha experiência significativa em parques. Muitos eram completos novatos.

O objetivo do estudo não era ensinar os voluntários a fazer manobras — embora esse tenha sido um dos principais resultados. Em vez disso, o objetivo era ensiná-los a interpretar criativamente as características do terreno como um caminho mais seguro e garantido para o estado de fluxo e, por consequência, para o progresso. Para fazer isso, nós dividimos o *snowboarding* e o esqui no parque em oito movimentos fundamentais: agachar, saltar, andar de costas, executar um *slash*, um *grind*, um 180°, um 360° e um *shifty*. Passamos quatro dias na montanha. Em cada dia, usando um formato de jogo deliberado/Caça ao Coelho, os participantes aprenderam e praticaram dois desses movimentos. Todos foram instruídos a progredir gradativamente a partir de padrões motores condicionados que poderiam ser executados sem nenhuma interferência consciente e com pouco medo.

Para saber se funcionaria, filmamos as sessões de treino e avaliamos os resultados com os mesmos critérios usados para julgar competições *freestyle* pelo FIS, o órgão regulador do esqui. Nós também conduzimos longas avaliações e entrevistas pré-matrícula, avaliações e entrevistas pós-estudo, e pedimos para os voluntários realizarem duas avaliações de estado de fluxo e aprendizado por dia em cada um dos quatro dias do estudo.

Para ser sincero, os resultados foram bizarros. Nós ensinamos um monte de manobras novas a um monte de cachorros velhos. Todos os participantes fizeram um progresso verdadeiro na maioria das categorias de avaliação, também conhecidas como os critérios PAVED: progressão, amplitude, variedade, execução e dificuldade. Também notamos um aumento considerável do estado de fluxo, o que consequentemente amplificou o progresso e produziu uma mudança positiva significativa nas atitudes relacionadas ao aprendizado tardio. Depois de tudo, todos os nossos participantes haviam mudado de ideia em relação ao que queriam fazer na segunda metade da vida.

A minha história favorita do experimento foi a do meu velho amigo Adam Fisher. Agora na metade dos seus 50 anos, Adam e eu nos conhecemos há mais de duas décadas, quando ele foi o meu primeiro editor na revista *Wired*. Nós perdemos o contato nos anos seguintes, quando Adam prosseguiu para uma ótima carreira como autor, mas nos reconectamos quando eu projetei esse estudo. Adam era o voluntário perfeito: um esquiador intermediário com zero experiência no parque e uma quantidade considerável de medo. Melhor ainda, ele é uma das pessoas mais céticas que já conheci.

Após a aula do segundo dia, depois que saí, Adam, alguns dos nossos técnicos e poucos alunos foram explorar a área Chief Granite em Palisades Tahoe. Mais tarde naquele dia, ouvi um rumor de que, enquanto estava lá, Adam pulou do penhasco pela primeira vez. Pular do penhasco é um dos principais critérios de divisão entre o intermediário avançado e especialista de nível baixo. É um marco importante para os esquiadores.

Enviei um e-mail para Adam para perguntar se isso era verdade: "Soube que você pulou de um penhasco em Granite. Aposto que foi incrível. Muito progresso e você, com tão pouca fé..."

Eis o que ele respondeu:

"É verdade: Eu acho que alguém filmou aquele pulo! O sentimento quando sobrevoei as pedras foi incrível. Não fiz reconhecimento antes, só acreditei na palavra dos técnicos de que a pedra (na verdade, as muitas pedras) estavam lá e que eram puláveis "com fé". Quando olhei para baixo entre os meus esquis ao sobrevoar as pedras, soltei um grito de puro terror e êxtase combinados. Não sei se já senti isso antes. Foi maravilhoso. Estou feliz por não ter olhado o penhasco antes de pular, porque provavelmente teria desistido. Então foi muito, mas muito progresso.

E sim, eu estava um pouco cético com o estado de fluxo quando comecei. Obviamente é uma ótima premissa para um livro, e obviamente existe — mas as afirmações mais ousadas de que o estado de fluxo pode ser aproveitado na montanha e depois liberado no trabalho pareciam boas demais para ser verdade. No entanto, quando subi Belmont pela enésima vez, enquanto o resto da Equipe Geezer almoçava, tive uma epifania sobre como estruturar um manuscrito com o qual eu tinha dificuldades. E isso surgiu na minha cabeça do nada! Então o ceticismo parece nem ser um fator. Suas técnicas funcionam mesmo que eu não 'acredite' nelas.

Tudo isso é extraordinário, Kotler. Você está no caminho certo..."

Se quiser ver as filmagens desse experimento ou ler o relatório pós-experimento [em inglês], pode encontrá-los em www.gnarcountry.com.

Se quiser aprender as bases do desempenho máximo no envelhecimento sem precisar aprender a esquiar em um parque, o Coletivo de Pesquisa de Estado de Fluxo pode ajudá-lo. Nós combinamos uma década de pesquisa e todos os principais princípios neste livro para criar o *Enter the Gnar*, o nosso principal treinamento para o desempenho máximo no envelhecimento. O curso inclui um programa passo a passo pautado na ciência para ajudar qualquer pessoa — especialmente qualquer um acima dos 40 — a definir e alcançar objetivos altamente difíceis. Ele contém mais de 25 horas de conteúdo original em vídeo, treinamento de grupo em tempo real, e uma variedade de protocolos e exercícios testados em campo de batalha. Se deseja arrasar até bater as botas, *Enter the Gnar* é o lugar onde pode começar. Acesse http://www.highflowaging.com para se inscrever. Para garantir que o treinamento é perfeito para você, poderá marcar uma entrevista rápida com um membro da minha equipe.

Enquanto o *Enter the Gnar* aborda o desempenho máximo no envelhecimento, o *Zero-to-Dangerous*, nosso treinamento carro-chefe de estado de fluxo e desempenho máximo, proporciona os fundamentos necessários para elevar radicalmente o seu desempenho básico e aproveitar o estado de fluxo quando mais precisar. Dezenas de milhares de clientes através de 130 países usaram o *Zero-to-Dangerous* para aguçar o foco, amplificar a produtividade e alcançar objetivos em tempo recorde. Você ficará equipado para alcançar seus sonhos profissionais mais ousados enquanto recupera tempo, espaço e liberdade em sua vida pessoal.

Para se matricular no curso, acesse https://www.flowresearchcollective.com/zero-todangerous. Para garantir que o treinamento é perfeito para você, marque uma entrevista rápida com um membro da minha equipe.

Nota da Editora: os links e cursos oferecidos neste livro são de total responsabilidade do autor e apresentam conteúdo em inglês.

Agradecimentos

Não se pode ir para uma aventura no Território *Gnar* sem um bom time. O meu era o melhor. Este livro nunca seria possível sem minha esposa, Joy Nicholson, que lidou com tantas coisas difíceis enquanto eu esquiava; Ryan Wickes, que me manteve seguro, são e me ajudou a progredir constantemente no esqui; e Michael Wharton, que percebeu que meu diário de desempenho máximo possuía as sementes de um livro e me ajudou a transformá-lo neste livro. Eu amo vocês. Além disso, um alô para o pelotão Wickes — Angela, Kai, Cruz e Kingston — que apoiou a Ryan e a mim na aventura. Wu-Tang é para as crianças.

Na frente científica, K. Anders Ericsson me fez pensar ao longo dessas pistas. Conversas contínuas com muitos neurocientistas, psicólogos e especialistas em desempenho máximo mantiveram a chama ardendo. Obrigado pelos benefícios que vêm de seu cérebro: Michael Mannino, Mihaly Csikszentmihalyi, Sarah Sarkis, David Eagleman, Adam Gazzaley, Rebecca Rusch, Conor Murphy, Paula Rosales, Laird Hamilton, Gabby Reece, Lynsey Dyer, Andrew Huberman, Chris Malloy, Susi Mai, Rian Doris, Andrew Newberg, Kristen Ulmer, Paul Zak, Clare Sarah, Rich Diviney, Fred McDaniel, Kele McDaniel, Mark Twight e Scott Barry Kaufman. Finalmente, a equipe impressionante do Coletivo de Pesquisa de Estado de Fluxo — a todos com quem tenho sorte de trabalhar e a todos que tivemos a sorte de treinar — minha mais profunda gratidão. Vocês são *steazy* no *gnar* maluco!

Na montanha de esqui, muita gratidão e muitos outros dias de neve para Keoki Flagg, Robert Suarez, Sofia Mileti, Tom Day, Eric Arnold, Gordon Fields, Will Kleidon e Michael Wickes — todos os que fizeram essa jornada muito mais divertida. Dirk Collins, Jon Klaczkiewicz e Jimmy Chin, obrigado por aquele dia em Jackson — vocês sabem qual. Glen Plake, obrigado por Hood e por ser você. John e Dan Egan e Rob e Eric Deslauriers, obrigado pela viagem a Chamonix. O pelotão OG da área de esqui de Santa Fé, especialmente Dave Stanton, TJ Miller e Marc Braverman. Todos envolvidos no Time Geezer, Divisão Território Gnar. Finalmente, um SICKBIRD bem alto para Michael Jaquet, Micah Abrams, Jerk, Brad Holmes e o resto da equipe da Freeze.

Na frente inspiradora geral, tenho uma grande dívida com todos da SLVSH.com, especialmente Joss Christensen e Matt Walker por fazerem isso funcionar. Na frente inspiradora de esqui, muito obrigado a toda a comunidade *freestyle*, e uma reverência especial para os amigos da Armada, Faction, Moment, ON3P, Bunch, New Schoolers, Bella Bacon, Alex Hall, Adam Delorme, Eileen Gu, Tom Wallisch, Jake Carney, Henrik Harlaut, Tanner Hall, Alex Hackel, Antti Ollila, Daniel Hanka, Candide Thovex, Phil Casabon, Magnus Graner, Jake Mageau, Jespar Trajer, a equipe da Kimbo Sessions, os matadores da AUDI Nines, a New Canadian Air Force, Wayne Wong, SteepSteep e todos que estou esquecendo. Sem os seus ombros para nos levantar, nós seríamos muito mais baixos.

Eu também queria agradecer muitas outras pessoas que ajudaram muito ao longo do caminho. Dois velhos amigos — Paul Bresnick, meu agente, e Karen Rinaldi, minha editora na Harper Wave — por acreditar que Território *Gnar* era mais do que um "livro de esqui" e garantir que ele entregasse essa promessa. Anne Valentino, por equilibrar tantas coisas. Cynde Christie, Chip Hopper, Vika Viktoria, Sarah Sarkis e Krista Stryker leram rascunhos deste livro e me deram comentários fantásticos. As fotos foram tiradas por Ryan Wickes e Keoki Flagg — ótimo trabalho, cavalheiros, e muito obrigado. Além disso, Chris McCann me ajudou a melhorar as imagens para que eu pudesse publicá-las. Alex "Shugz" Dorszynski e Ben Arnst foram ótimos em treinar os voluntários de pesquisa e filmar os resultados. Obrigado a todos da Northstar e Palisades Tahoe que acreditaram no experimento Território *Gnar*. Obrigado a todos os bombeiros incansáveis que lutaram (e lutam) contra grandes probabilidades para manter nossas florestas saudáveis e as montanhas seguras.

Por último, para mamãe e papai, por todas aquelas viagens para a montanha de esqui.

Notas

Prefácio

1. https://en.wikipedia.org/wiki/Punk_rock.
2. CORDOVA, Rebekah. *DIY Punk as Education.* Charlotte, NC: Information Age Publishing, 2016 [Sem publicação no Brasil]. Veja também: VILLANUEVA, Kristine. "Defining the DIY Scene", Medium, 25 de setembro de 2017. Para uma visão geral do início da cena punk: MCCAIN, Gillian; MCNEIL, Legs. *Please Kill Me.* Nova York: Grove Press, 1996 (Obra publicada no Brasil com o título *Mate-me Por Favor*).

Introdução

1. https://theliftiereport.epicmountainrentals.com/tlr/the-10-steepest-ski-runs-in-california/.
2. Thacher Stone, "Q&A: You've Seen the Shenanigans, Now Meet the Man Behind @JerryOfTheDay", Freeskier.com, 27 de abril de 2015, https://freeskier.com/stories/youve-seen-the-shenanigans-now-meet-the-man-behind-jerryoftheday. Veja também: @jerryofhteday
3. Há um desacordo sobre sinais de terreno e ângulos de inclinação. Há também interpretações norte-americanas, europeias e japonesas. Veja: Signs of the Mountain, "What Do the Symbols on Ski Trail Signs Mean?", Signsofthemountain.com, https://signsofthemountains.com/blogs/news/what-do-the-symbols-on-ski-trail-signs-mean.
4. Enquanto os esquiadores europeus inventaram a "hop-pedal turn" para lidar com as inclinações, a maioria dos norte-americanos aprendeu a técnica "hop-and-drop", que às vezes é chamada de "hop turn", do falecido Doug Coombs. Veja BLEVINS, Jason. "Daring Fate", *Denver Post,* 10 de abril de 2006.
5. Todas as citações de Ryan Wickes neste livro são de entrevistas do autor.
6. Para uma longa discussão sobre estado de fluxo e intuição, veja: KOTLER Steven. *The Rise of Superman.* Nova York: New Harvest,

43-58, 2014 (Obra publicada no Brasil com o título *Super-Humanos: Como os Atletas Radicais Redefinem os Limites do Impossível*). Veja também: JÄRVILEHTO, L. "Intuition and Flow", *Flow Experience.* Dordecht: Springer, 95-104, 2016 [Sem publicação no Brasil]; BOLTE, A. *et al.* "Emotion and Intuition", *Psychological Science* 14, nº 5, 416-21, 2003.

7. BLEVINS, Jason, "The Day Skiing Died: Inside the Historic Day Coronavirus Forced Colorado's Ski Industry to Shutter", *Colorado Sun*, 15 de abril de 2020.
8. O SLVSH tem o seu próprio site, www.slvsh.com, mas é no seu canal do YouTube que você encontra todos os jogos: https://www.youtube.com/c/SLVSH/videos.

Capítulo 1

1. COHEN, Gene. *The Creative Age.* Nova York: Avon Books, 1-7, 2000 [Sem publicação no Brasil]. Além disso, muito do crédito do etarismo nas teorias de aprendizado tradicionais vai para Sigmund Freud, que acreditava que terapia era inútil em qualquer pessoa acima dos 50 anos. Veja: SMOLLAR, David. "Freud's Ageism Disputes; Therapy Aids Older People", *Los Angeles Times*, 26 de janeiro de 1986.
2. KIEFER, Markus; TRUMP, Natalie. "Embodiement Theory and Education", *Trends in Neuroscience and Education*, 15-20, 2020; e SHAPIRO, Lawrence; STOLZ, Steven. "Embodied Cognition and Its Significance for Education", *Theory and Research in Education* 17, nº 1, 19-39, 2020. Para uma visão geral sobre cognição incorporada, veja: NOE, Alva. *Action in Perception.* Cambridge: MIT Press, 1-35, 2006 [Sem publicação no Brasil]; CLARK, Andy. *Supersizing the Mind.* Oxford: Oxford Univerdity Press, 2011 [Sem publicação no Brasil]; WILSON, Margaret. "Six Views of Embodied Cognition", *Psychonomic Bulletin E Review I,* 9, nº 4, 625-36, 2002. Para uma visão do novo campo da cognição incorporada aplicada, veja: LEITAN, Nuwan; CHAFFEY, Lucian. "Embodied Cognition and Its Applications: A Brief Review", *Sensoria* 10, nº 1, 3-10, 2014. Para uma visão de como exercícios físicos ajudam o cérebro em envelhecimento: CHAO, Yi-Ping *et al.* "Cognitive Load of Exercise Influences Cognition and Neuroplasticity of Health Elderly", *Journal of Medical and Biological Engineering* 40, 391-99, 2020; TEIXEIRA-MACHADO, Lavinia *et al.* "Dance for Neuroplasticity", *Neuroscience & Behavioral Reviews* 96, 232-40, janeiro de 2019. Além disso, as raízes da abordagem de cognição incorporada ao aprendizado são geralmente atribuídas a GALLWEY, W. Timothy. *The Inner Game of Tennis.* Nova York: Random House, 1974 (Obra publicada no Brasil com o título *O Jogo Interior do Tênis*). Finalmente, para conhecer os benefícios dos treinamentos mentais e físicos para o cérebro,

veja: CHAINAY, Hanna; JOUBERT, Clemence. "Aging Brain: the Effect of Combined Cognitive and Physical Training on Cognition as Compared to Cognitive and Physical Training Alone – A Systematic Review", *Clinical Interventions in Aging* 13, 1267-301, 2018.

3. Para uma investigação detalhada de toda a ciência de estado de fluxo comentada neste livro, veja: KOTLER, Steven. *The Art of Impossible.* Nova York: Harper Wave, 211-68, 2021 (Obra publicada no Brasil com o título *A Arte do Impossível*). Para entender o estado de fluxo como um neuroprotetor contra o declínio cognitivo e a sua capacidade de acelerar a melhora depois de uma lesão ou diante de uma doença, veja: SATHER, Thomas *et al.* "Optimizing the Experience of Flow for Adults with Aphasia", *Topics in Language Disorders* 37, nº 1, 25-37, janeiro/março de 2017; KIM, Ji-Hoon. "Influence of Upper Extremity Funtion, Activities of Daily Living, Therapeutic Flow and Quality of Life in Stroke Patients", *Journal of Digital Convergence* 16, nº 12, 417-26; YOSHIDA, Kazuki *et al.* "Flow Experience Enhances the Effectiveness of Attentional Training: A Randomized Controlled Trial of Patients with Attention Deficits after Traumatic Brain Injury", *NeuroRehabilitation* 43, nº 2, 183-93, 2018.

4. Para uma visão geral da *network neuroscience* comentada neste livro e ideias dos "superpoderes do envelhecimento", veja: COHEN, Gene D. *The Mature Mind.* Nova York: Basic Books, 1-49, 2005 [Sem publicação no Brasil]. Para entender as primeiras interseções entre *network neuroscience* e cognição incorporada, não há livro melhor do que KELSO, J. A. Scott. *Dynamic Patterns.* Cambridge: Bradford Books, 1997 [Sem publicação no Brasil]. Para conhecer alguns dos estudos que mudaram a nossa forma de pensar sobre as possibilidades neurológicas dos adultos mais velhos, veja: ANGUERA, J. A. *et al.*, "Video Game Training enhances Cognitive Control in Older Adults", *Nature,* 4 de setembro de 2013; PARK, Denise e BISCHOF, Gerard. "The Aging Mind: Neuroplasticity in Response to Cognitive Training", *Dialogues in Clinical Neuroscience* 15, nº 1, 109-19, 2013; SMITH, Gwenn. "Aging and Neuroplasticity", *Dialogues in Clinical Neuroscience* 15, nº 1, 2013; KREBS, J. R. e HEALY, S. D. "A Larger Hippocampus Is Associated with Longer-Lasting Special Memory", *PNAS* 98, nº 12, 6941-44, 2001; LANGENECKER, S. A. e NIELSON, K. A. "Frontal Recruitment During Response Inhibition in Older Adults Replicated with MRI", *Neuroimage* 20, nº 2, 2003; COLCOMBE, S. J. *et al.* "Cardiovascular Fitness, Cortical Plasticity, and Aging", *PNAS* 101, Nº 9, 3316-21, 2004; ALVAREZ-BUYLLA, A. e GRACIA-VERDUGO, J. M. "Neurogenesis in Adult Subventricular Zone", *Journal of Neuroscience* 22, nº 3, 619-23, 2002; VERGHESE, J. *et al.* "Leisure Activities and the Risk of Dementia in the Elderly", *New England Journal of Medicine* 348, nº 25, 2508-16, 2003; e NOTTEBOHM, F. "Why Are Some Neurons Replaced in Adult

Brains?", *Journal of Neuroscience* 22, nº 3, 639-43, 2002. Para saber mais ainda sobre os superpoderes do envelhecimento, veja: NASHIRO, Kaoru *et al.* "Age-Related Difference in Brain Activity During Emotion Processing", *Gerontology* 58, nº 2, 156-63, fevereiro de 2012.

5. Michael Wharton, entrevista do autor, 2019.
6. BUETTNER, Dan. *The Blue Zones.* Washington: National Geographic Partners, 2008 (Obra publicada no Brasil com o título *Zonas Azuis: A Solução para Comer e Viver como os Povos mais Saudáveis do Planeta*). Veja também: ABUD, Thais *et al.*, "Determinants of Healthy Aging: A Systematic Review of Contemporary Literature", *Aging Clinical and Experimental Research*, 8 de fevereiro de 2022; e MORA, Francisco. "Successful Brain Aging", *Dialogues in Clinical Neuroscience*, 45-52, 1º de abril de 2022. Para ter uma visão extra os grandes benefícios dos motivadores intrínsecos nos idosos, veja: SAKAKI, Michiko *et al.* "Curiosity in Old Age: A Possible Key to Achieving Adaptive Aging", *Neuroscience E Behavioral Reviews* 88, 106-16, maio de 2018.
7. Para uma visão geral do campo da ciência da longevidade, veja: KOTLER, Steven e DIAMANDIS, Peter. *The Future is Faster Than You Think.* Nova York: Simon & Schuster, 169-79, 2020 (Obra publicada no Brasil com o título *Abundância: O Futuro é Melhor do que Você Imagina*). Para um exame muito mais detalhado, veja: SINCLAIR, David. *Lifespan.* Nova York: Atria Books, 2019 (Obra publicada no Brasil com o título *Tempo de Vida: Por que Envelhecemos – e por que não precisamos*).
8. Foi o âncora da CNN, Fareed Zakaria, que descobriu que ganhamos cinco horas de expectativa de vida a cada dia. Ele me falou isso pela primeira vez em um evento que nós apresentamos juntos em 2015, mas também disse isso em um discurso para a Harvard Alumni Association, veja: "Text of Zakaria's Commencement Address", *Harvard Gazette,* 24 de maio de 2012.
9. GANSE, Bergita *et al.* "Linear Decrease in Athletic Performance During the Human Life Span", *Frontiers in* Physiology, 21 de agosto de 2021; MILANOVIC, Zoran *et al.* "Age-Related Decrease in Physical Activity and Functional Fitness Among Elderly Men and Women", *Clinical Interventions Aging* 8, 549-56, 21 de maio de 2018.
10. VAILLANT, George. *Aging Well.* Boston: Little Brown and Company, 40-82, 2002 [Sem publicação no Brasil]. Veja também: JESTE, Dilip e LEE, Ellen. "Emerging Empirical Science of Wisdom", *Harvard Revue of Psychiatry* 27, nº 3, 127-40, maio-junho de 2019.
11. www.flowresearchcollective.com.
12. BLAKESLEE, Sandra e BLAKESLEE, Matthew. *The Body Has a Mind of Its Own.* Nova York: Random House, 1-15, 2008 [Sem publicação no Brasil]. Além disso, quando se trata de aprender novas habilidades físicas, o laço mais importante entre posição corporal e cognição incorporada é a memória, veja: PERES, Lidia. "Can

Body Posture Influence Autobiographical Memory?", *Neuron*, 12 de maio de 2021. Embora o famoso estudo de postura corporal de Amy Cuddy tenha recebido algumas críticas, os seus princípios fundamentais se sustentaram na meta análise, veja: CARNEY, D. R. *et al.* "Power Posturing", *Psychological Science* 21, nº 10, 1363-68, 2010.

13. Para uma apresentação de Adam Delorme, veja: https://unofficialnetworks.com/2020/04/07/im-thinking-adam-delorme-might-have-the-best-style-in-skiing/.
14. Para entender a relação entre doença de Lyme, vertigem e o seu impacto no equilíbrio, veja: JOZEFOWICZ-KORCZYNSKA, Magdalena *et al.* "Vertigo and Severe Balance Instability as Symptoms of Lyme Disease – Literature Review and Case Report", *Frontiers in Neurology*, 12 de novembro de 2019.
15. Há muitos tradutores de Klingon por aí; veja: https://www.translator.eu.english/klingon/translation/.
16. Para ter uma boa visão das descobertas recentes sobre tempo de recuperação em atletas mais velhos, veja: MastersAthlete.com.au, "We've Proved It – Older Athletes Do Take Longer to Recover", 8 de março de 2017. Para saber sobre ideias mais atuais sobre recuperação, principalmente das noções de "usar ou perder" destacadas neste livro, veja: FELL, James e WILLIAMS, Dafydd. "The Effect of Aging on Skeletal-Muscle Recovery from Exercise: Possible Implications for Aging Athletes", *Journal of Aging and Physical Activity* 1, 97-115, 16 de janeiro de 2006.
17. MILJKOVIC, Natasa *et al.*, "Aging of Skeletal Muscle Fibers", *Annals of Rehabilitative Medicine* 39, nº 2, 155-62, 24 de abril de 2015, 155-62. Para uma visão das pesquisas recentes que derrubam essas ideias, veja: SEIDLER, Rachael, "Older Adults Can Learn New Motor Skills", *Behavioral Brain Research* 183, nº 1, 118-22, 1º de outubro de 2007; VOELCKER-REHAGE, Claudia, "Motor-Skill Learning in Older Adults—A Review of Studies on Age-Related Differences", *European Review of Aging and Physical Activity* 5, 5-16, 24 de janeiro de 2008. Veja também: HUNTER, Sandra; KEENAN, Kevin; PEREIRA, Hugo, "The Aging Neuromuscular System and Motor Performance", *Journal of Applied Physiology* 121, nº 4, 982-95, 1º de outubro de 2016; HAGA, Monika; LEVERSEN, Jonas; SIGMUNDSSON, Hermundur "From Children to Adults: Motor Performance Across the Life-Span", *PLoS One* 7, nº 6, 2012. Para saber mais sobre desenvolvimento muito precoce de habilidades motoras na infância, veja: HADDERS-ALGRA, Mijna. "Early Human Motor Development: From Variation to the Ability to Vary and Adapt", *Neuroscience E Biobehavioral Reviews* 90, 411-27, julho de 2018.
18. STAMFORD, Bryant, "Use Your Muscles or You'll Lose Them", *Courier Journal*, 3 de abril de 2014. Veja também: GANSE, Bergite *et al.* "Linear Decrease in Athletic Performance During the Human Life Span", *Frontiers in Physiology*, 21 de agosto de 2018; e KNECHTLE, Beat e NIKOLAIDIS, Pantelis T. "Age of Peak Performance in 50-KM

Ultramarathoners—Is It Older than in Marathoners?", *Open Access Journal of Sports Medicine* 9, 37-45, 2018.
19. FAULKNER, John *et al.* "The Aging of Elite Male Athletes: Age-Related Changes in Performance and Skeletal Muscle Structure and Function", *Clinical Journal of Sports Medicine* 18, nº 6, 501-7, novembro de 2008.
20. Referência à música "Copacabana", de Barry Manilow, veja: https://en.wikipedia.org/wiki/Copacabana_(song).

Capítulo 2

1. Uma propriedade da rede de modo padrão (RMP). Não há muitos estudos sobre a ligação entre a desativação da RMP e exercício físico, mas aqui está um dos mais profundos. RAYHAN, Rakib *et al.* "Exercise Challenge Alters Default Mode Network Dynamics in Gulf War Illness", *BMC Neuroscience* 20, nº 7, 21 de fevereiro de 2019.
2. Para um exame do estado de fluxo e aprendizado, veja: KOTLER, Steven. *The Art of Impossible.* Nova York: Harper Wave, 2021 (Obra publicada no Brasil com o título *A Arte do Impossível*). Veja também: CSIKSZENMIHALYI, Mihaly. *Applications of Flow in Human Development and Education.* Dordrecht: Springer, 2014 [Sem publicação no Brasil]. Veja também: ERHEL, Severine e JAMET, Eric. "Improving Instructions in Educational Computer Games: Exploring the Relationship Between Goal Specificity, Flow Experience and Learning Outcomes", *Computers in Human Behavior* 91, 106-14, fevereiro de 2019; BOROVAY, Lindsay *et al.* "Flow, Achievement Level, and Inquiry-Based Learning", *Journal of Advanced Academics* 30, nº 1, 74-106, 2019; RAUFELDER, Diana e SCHWEDER, Sabine. "Interest, Flow and Learning Strategies: How the Learning Context Affects the Moderating Function of Flow", *Journal of Educational Research* 114, nº 2, 196-209, 2001; NIANAUS, Manuel *et al.* "Acceptance of Game-Based Learning and Intrinsic Motivation as Predictors for Learning Success and Flow Experience", *International Journal of Serious Games* 4, nº 30, setembro de 2017. Para uma perspectiva cultural mais ampla: PEREIRA, Alanda. "Flow Theory and Learning in the Brazilian Context", *Educação e Pesquisa* 48, 2022.
3. https://www.adurosport.com.
4. Lynsey Dyer, entrevista com o autor, junho de 2020. Veja também: https://www.lynseydyer.com.
5. GRABAUSKAITE, Ainda *et al.* "Interoception and Gender", *Consciousness and Cognition* 48, 129-37, fevereiro de 2017.
6. Para uma análise completa sobre dopamina e gatilhos do estado de fluxo, veja KOTLER, Steven. *The Art of Impossible.* Nova York, Harper Wave, 233-56, 2021 (Obra publicada no Brasil com o título *A Arte do Impossível*). Para saber mais sobre dopamina e risco, veja: CELSI, Richard *et al.* "An Exploration of High-Risk Leisure

Consumption Through Skydiving", *Journal of Consumer Research* 20, nº 1, 1-23, 2013. Para saber mais sobre novidade e incerteza: TENG, C. "Who Are Likely to Experience Flow?", *Personality and Individual Differences* 50, nº 6, 863-68, 2011.

7. BEIK, Meysam e FAZELI, Davoud. "The Effect of Learner-Adapted Practice Schedule and Task Similarity on Motivation and Motor Learning in Older Adults", *Psychology of Sport and Exercise* 54, maio de 2021; RUEDA-DELGADO, Laura *et al.* "Age-Related Differences in Neural Spectral Power during Motor Learning", *Neurobiology of Aging* 77, 44-57, maio de 2019. Um detalhe interessante: embora cérebros mais velhos e mais jovens possam aprender no mesmo ritmo, a consolidação das habilidades leva mais tempo em pessoas mais velhas, que é outra razão pela qual adultos mais velhos precisam ir devagar para ir rápido. Veja: BERGHUIS, K. *et al.*, "Age-Related Changes in Brain Deactivation but Not Activation for Motor Learning", *NeuroImage* 186, nº 1, 358-68, 1º de fevereiro de 2019. Para uma visão da ideia de que adultos mais velhos têm maiores cargas de medo inconsciente, veja: KNIGHT, Bob e LEE, Lewina. "Attentional Bias for Threat in Older Adults", *Psychology of Aging* 24, nº 3, 741-47, setembro de 2009.

8. Para entender como a ansiedade pode bloquear o estado de fluxo: RAKEI, Amy *et al.*, "Flow in Contemporary Musicians", *PLoS One,* 25 de março de 2022. Veja também: EEK, Frida, FRIDEN, Cecilia, RANO, Jacqueline. "Effects of Acute Psychological Stress on Athletic Performance in Elite Male Swimmers", *Journal of Sports Medicine and Physical Fitness* 59, nº 6, junho de 2019; SCHWABE, Lars e VOGEL, Susanne, "Learning and Memory Under Stress", *NPJ Science of Learning* 1, 29 de junho de 2006. Para conhecer a relação entre estresse e estado de fluxo, veja a literatura sobre o equilíbrio desafio-habilidade, que é geralmente descrito como o gatilho mais importante do estado de fluxo. KOTLER, Steven. *The Art of Impossible.* Nova York: Harper Wave, 2021 (Obra publicada no Brasil com o título *A Arte do Impossível*). Veja também: KOTLER, Steven. *The Rise of Superman.* Nova York: New Harvest, 75-90, 2016 (Obra publicada no Brasil com o título *Super-Humanos: Como os Atletas Radicais Redefinem os Limites do Impossível*); e CSIKSZENTMIHALYI, Mihaly. *Flow and the Foundations of Positive Psychology.* Dordrecht: Springer, 232, 2014 [Sem publicação no Brasil].

9. @hharlaut; veja também: http://www.xgames.com/athletes/3015422/henrik-harlaut.

10. ZALACHORAS, Joannis *et al.*, "Opposite Effects of Stress on Effortful Motivation in High and Low Anxiety Are Mediated by CRHRI in the VTA", *Science Advances* 8, nº 12, 23 de março de 2022.

11. LATHAN, Gary e LOCKE, Edwin. *Goal Setting.* Nova Jersey: Prentice Hall, 10–26, 1984 [Sem publicação no Brasil]. Veja também KOTLER,

Steven. *The Art of Impossible.* Nova York: Harper Wave, 55–64, 2021 (Obra publicada no Brasil com o título *A Arte do Impossível*).

12. pCORBETTA, Maurizio, "Control of Goal-Directed and Stimulus--Driven Attention in the Brain", *Nature Neuroscience News* 3, 201-15, 1º de março de 2002. Veja também: JIANG, Yuhong. "Habitual Versus Goal-Driven Attention", *Cortex* 102, 107–20, meio de 2018. Em relação ao medo: VAGNONI, Eleonora *et al.*, "Threat Modulates Perception of Looming Visual Stimuli", *Current Biology* 22, nº 19, 826-27, 9 de outubro 2012; e ZAMAN, J. *et al.*, "Probing the Role of Perception in Fear Generalization", *Scientific Reports*, 11 de julho 2019.
13. Para uma análise de *freeskiing* e de manobras de *freeskiing*, veja o vídeo "Introduction to Freestyle" em www.gnarcountry.com.
14. *Slopestyle*, segundo as Olimpíadas: https://olympics.com/en/news/all--you-need-to-know-about-freestyle-skiing.
15. Para uma descrição de como executar um 50–50 e todas as outras manobras deste livro, veja: https://skiaddiction.com.
16. Para uma visão da agora extinta revista *Freeze*, veja a sua página do Facebook: https://www.facebook.com/freezemagazine/.
17. https://en.wikipedia.org/wiki/Punk_zine.
18. Para entender como a indústria musical *mainstream* não gostava do punk rock, veja também: ROBBINS, Ira, "Left of the Dial", *Redbull Music Academy Daily*, 11 de abril de 2015. Para entender a transição do punk para a *new wave*, veja: https://indie-mag.com/2019/05/new-wave-history/.
19. CATEFORIS, Theodore. *Are We Not New Wave.* Ann Arbor: University of Michigan Press, 2011 [Sem publicação no Brasil]
20. GAFFNEY, Robb. *Squallywood.* Sacramento: West Bridge Publishing, 2003.
21. https://theliftiereport.epicmountainrentals.com/tlr/the-10-steepest--ski-runs-in-california/. Veja também: CAMPBELL, Stu, "The Devil's Half-Dozen", *Ski Resort Life,* 2 de fevereiro de 2004.
22. Por que nós temos direção não natural? Porque os seres humanos têm lados dominantes. Veja: "Science Buddies, Side-Dominant Science", *Scientific American*, 7 de fevereiro de 2013.
23. Greg Stump. *Blizzard of Ahhhs*, Greg Stump Productions, 1988. Para uma ótima sessão de perguntas e respostas com os principais membros do elenco, veja: https://www.youtube.com/watch?v=c2rInB8ydO4.
24. HODGETTS, Rob, "Blizzard of Ahhhs: Punk Antiheroes Launched Skiing's Extreme Generation", *CNN*, 17 de dezembro de 2018.
25. Para ler a melhor pesquisa sobre dopamina e exploração: PANKSEPP, Jaak. *Affective Neuroscience.* Oxford: Oxford University Press, 144–63, 1998 [Sem publicação no Brasil]. Veja também: COSTA, V. D. *et al.* "Dopamine Modulates Novelty-Seeking Behavior During Decision Making", *Behavioral Neuroscience* 128, nº 5, 556–66, 2014.

26. Embora eu não comente isso no livro, parece haver um impacto direto da vergonha sobre o desempenho atlético, veja: RICE, Simon *et al.* "Athlete Experiences of Guilt and Shame", *Frontiers in Psychology*, 29 de abril de 2021.
27. GIBSON, James. *The Ecological Approach to Visual Perception.* New Jersey: Lawrence Erlbaum Associates Publishers, 133–35, 1979 [Sem publicação no Brasil].

Capítulo 3

1. HJEMDAL, Odin *et al.* "The Relationship Between Resilience and Levels of Anxiety, Depression and Obsessive-Compulsive Disorder in Adolescents", *Clinical Psychology and Psychotherapy* 18, nº 4, 314–21, julho-agosto de 2011.
2. https://olympicbootworks.com.
3. SCHULTZ, Nora. "Thoughts of Mortality Fuel the Desire for Retail Therapy", *New Scientist* 198, nº 2658, 12, maio de 2008.
4. NIETZSCHE, Friedrich. *Beyond Good and Evil.* Nova York: Vintage, 89, 1989 (Obra publicada no Brasil com o título *Além do Bem e do Mal*).
5. ENGESER, Sefan e RHEINBERG, Falko. "Flow, Performance and Moderators of Challenge-Skill Balance", *Motivation and Emotion* 10, nº 1007, 2008. Veja também: GARCIA, William F. *et al.* "Dispositional Flow and Performance in Brazilian Triathletes", *Frontiers in Psychology*, 20 de setembro de 2019. Finalmente, mais explicações sobre o encolhimento do equilíbrio desafio-habilidade podem ser encontradas na reserva cognitiva, veja: STEFFENER, Jason e STERN, Yaakov. "Exploring the Neural Basis of Cognitive Reserve in Aging", *Molecular Basis of Disease* 1822, nº 3, 467–73, março de 2012.
6. STOSSEL, Scott. "The Relationship Between Performance and Anxiety", *Harvard Business Review*, 6 de janeiro de 2014; e FULLAGAR, Clive, KNIGHT, Patrick, SOVERN, Heather. "Challenge/Skill Balance, Flow, and Performance Anxiety", *Applied Psychology: An International Review* 62, nº 2, 236–59, 2013.
7. https://fitnessvolt.com/german-volume-training/.
8. https://www.marktwight.com.
9. https://www.mikehorn.com.

Capítulo 4

1. LACHAPELLE, Dolores. *Deep Powder Snow.* Durango: Kivaki Press, 32–33, 1993 [Sem publicação no Brasil].
2. O salto vertical mais alto ainda está em discussão. Para conhecer a contribuição de Michael Jordan, veja: FUJITA, Scott. "Michael Jordan Vertical Jump", ScottFujita.com, 8 de fevereiro de 2022.
3. https://en.wikipedia.org/wiki/Long_jump.

4. Barclay, "The 10 Most Challenging Ski Resorts in the United States", *The Unofficial Network*, 10 de agosto de 2015.
5. Para uma análise completa sobre definição de objetivos, veja: KOTLER, Steven. *The Art of Impossible.* New York: Harper Wave, 55–64, 2021 (Obra publicada no Brasil com o título *A Arte do Impossível*).
6. LL Cool J, "The Debt", *NCIS Los Angeles*, 2011.
7. Para entender por que o mimetismo aprimora o aprendizado: SULLIVAN, Jaclynn. "Learning and Embodied Cognition", *Psychology Learning & Teaching* 17, nº 2, 128–43, 2018; IONESCU, Thea e VASC, Dermina. "Embodied Cognition: Challenges for Psychology and Education", *Procedia: Science and Behavioral Sciences* 128, 275–80, 2014. Para saber mais sobre neurônios-espelho e codificação preditiva, veja: FRISTON, Karl, FRITH, Chris e KILNER, James. "Predictive Coding", *Cognitive Processing* 8, 159–66, 2007; e LAGO-RODRIGUEZ, Angel *et al.* "The Role of Mirror Neurons in Observational Motor Learning", *European Journal of Human Movement* 32, 82–103, 2014.
8. NIEUWENHUYS, Arne e OUDEJANS, Raul. "Anxiety and Perceptual Motor Performance", *Psychological Research* 76, nº 6, 747–59, 2012; VAN GAAL, Simon *et al.* Unconscious Activation of the Prefrontal No-Go Network", *Journal of Neuroscience* 30, nº 11, 4143-50, 17 de março de 2010.
9. JACKSON, Chris e LAWTY-JONES, Michele. "Explaining the Overlap Between Personality and Learning Style", *Personality and Individual Differences* 20, nº 3, 293–300, 1996; HEINSTRÖM, Jessica. "Personality Effects on Learning", em SEEL, N. M. Seel. *Encyclopedia of the Sciences of Learning.* Boston: Springer, 2012 [Sem publicação no Brasil]. Veja também: RAUFELDER, Diana e SCHWEDER, Sabine. "Interest, Flow and Learning Strategies: How the Learning Context Affects the Moderating Function of Flow", *Journal of Education Research* 114, nº 2, 196-209, 23 de março de 2020.
10. WEAVER, Janelle. "Motor Learning Unfolds Over Different Timescales in Distinct Neural Systems", *PLoS Biology* 13, nº 12, dezembro de 2015; FITTS, Paul e POSNER, Michael. *Human Performance.* Oxford: Brooks/Cole, 1967 [Sem publicação no Brasil].
11. MAYEHAUSER, Lisa *et al.* Neural Repetition Suppression", *Frontiers in Human Psychology*, 17 de abril de 2014.
12. EAGLEMAN, David *et al.* "Predictability Engenders More Efficient Neural Responses", *Nature*, 3 de fevereiro de 2009.
13. FEDUREK Pawel *et al.* "The Relationship Between Testosterone and Long-Distance Calling in Wild Chimpanzees", *Behavioral Ecology and Sociobiology* 70, nº 5, maio de 2016; e GOLDEY, Katherine, STEIGER, Jeffrey, VAN ANDERS, Sari. "Effects of Gendered Behavior on Testosterone in Men and Women", *PNAS* 112, nº 45, 13805-10, 26 de outubro de 2015.

14. A teoria do esquema tem uma história colorida dentro do campo do aprendizado motor, veja: SCHMIDT, Richard. "Motor Schema Theory After 27 Years", *Research Quarterly for Exercise and Sport* 74, nº 4, 366–75, 2003.

Capítulo 5

1. Snowledge Team, "Northstar Top to Bottom: Devan Peeters Greases 25 Features in 3 Minutes", Snowledge.com, 26 de maio de 2017. Veja: https://www.snowledge.co/blog/northstar-terrain-parks/.
2. Para ter uma visão da Dedos e muitas outras pistas mencionadas neste livro: https://snowbrains.com/scratching-the-technical-itch-kirkwood/.
3. DI DOMENICO, Stefano e RYAN, Richard. "The Emerging Neuroscience of Intrinsic Motivation", *Frontiers in Human Neuroscience*, 24 de março de 2017. Veja também: BERKMAN, Elliot. "The Neuroscience of Goals and Behavior Change", *Consult Psychology Journal* 70, nº 1, 28–44, março de 2018.
4. HARBER, Sutton, "Endorphins and Exercise", *Sports Medicine* 1, nº 2, 154-71, março de 1984; e VUCKOVIC, Sonja *et al.* "Cannabinoids and Pain", *Frontiers in Pharmacology* 9, 2018.
5. KOTLER, Steven. *The Rise of Superman.* Nova York: New Harvest, 66–67, 2014 (Obra publicada no Brasil com o título *Super-Humanos: Como os Atletas Radicais Redefinem os Limites do Impossível*). Veja também: FUSS, Johannes *et al.* "A Runner's High Depends on Cannabinoid Receptors in Mice", *PNAS* 112, nº 42, 5 de outubro de 2015; DIETRICH, Arne e MCDANIEL, William. "Endocannabinoids and Exercise", *British Journal of Sports Medicine* 38, 536–41, 2004.
6. ERICSSON, K. "Deliberate Practice and the Acquisition and Maintenance of Expert Performance in Medicine and Related Domains", *Academic Medicine* 79, nº 10, 70-81, outubro de 2004.
7. ERICSSON, K. "The Influence of Experience and Deliberate Practice on the Development of Superior Expert Performance", *The Cambridge Handbook of Expertise and Expert Performance.* Cambridge: Cambridge University Press, 685–705, 2006 [Sem publicação no Brasil].
8. https://www.theartofimpossible.com.
9. Para um exame técnico dos gatilhos do estão de fluxo em grupo, veja: DAVIS, Orin e VAN DEN HOUT, Jef. *Team Flow.* Nova York: Springer, 2019 [Sem publicação no Brasil]. Para uma visão mais geral, veja: SAWYER, Keith. *Group Genius.* Nova York: Basic Books, 2007 [Sem publicação no Brasil]; e para conhecer todos os gatilhos, veja: KOTLER, Steven. *The Art of Impossible.* Nova York: Harper Wave, 233–56, 2021 (Obra publicada no Brasil com o título *A Arte do Impossível*).
10. Para ter uma visão geral do estado de fluxo em grupo, veja: SAWYER, Keith. *Group Genius.* Nova York: Basic Books, 2007 [Sem publicação no Brasil] e KOTLER, Steven. *The Rise of Superman.* Nova York: New Harvest, 127–49, 2014 (Obra publicada no Brasil com o título *Super-Humanos: Como os Atletas Radicais Redefinem os Limites do Impossível*).

11. https://www.u2.com/lyrics/111.
12. Para ler um artigo muito bom que aborda o papel da dopamina e desempenho em frente a um público, veja: Peachy Essay, "Theater Performance and Media Result of Neurochemistry Changes in the Brain", Peachyessay.com,10 de janeiro 2021. Para uma descrição mais técnica: ADACHI, Roy, CHIB, Vikram, O'DOHERTY, John. "Neural Substrates of Social Fascination Effects on Incentive-Based Performance", *Social Cognitive and Affective Neuroscience* 13, nº 4, 391–403, abril de 2018.
13. BANICH, Marie e FLORESCO, Stan. "Reward Systems, Cognition, and Emotion: Introduction to the Special Issue", *Cognitive, Affective, & Behavioral Neuroscience*, 409–14, 23 de maio de 2019.
14. CANNON, Walter. *Bodily Changes in Pain, Hunger, Fear and Rage*. Nova York: Appleton, Century, Crofts, 1929 [Sem publicação no Brasil].
15. DEYOUNG, Colin. "The Neuromodulator of Exploration: A Unifying Theory of the Role of Dopamine in Personality", *Frontiers of Human Neuroscience*, 14 de novembro de 2013.
16. Andrew Huberman fala sobre a relação entre visão e medo na internet. As duas discussões que eu mais gosto são a conversa com *Scientific American* (Jessica Wapner, "Vision and Breathing May Be the Secret to Surviving 2020", *Scientific American*, 16 de novembro de 2020) e com o ex-comandante SEAL da Marinha Rich Diviney, juntamente com o coletivo de Pesquisa de Estado de Fluxo, https://www.flowresearchcollective.com/radio/6.
17. SOMANI, Parul. "Mindsets: Q&A with Dr. Alia Crum, Stanford Psychology", ParulSomani.com, 31 de dezembro de 2019.
18. A maioria das primeiras pesquisas sobre *mindset* foi conduzida por Ellen Langer, psicóloga de Harvard. Para ter uma ótima visão sobre o resumo do seu trabalho, incluindo o seu estudo mais famoso, "estudo anti-horário", veja: LANGER, Ellen. *Counterclockwise: Mindful Health and the Power of Possibility*. Nova York: Random House, 2009 [sem publicação no Brasil].
19. ATCHLEY, Robert. "Ohio Longitudinal Study on Aging and Retirement, 1975–1995", https://doi.org/10.7910/DVN/XL2ZTO, Harvard Dataverse, V1.
20. Para ter uma apresentação ampla da relação entre dopamina e comportamento compulsivo, incluindo o sucesso, veja: LINDEN, David. *The Compass of Pleasure*. Nova York: Viking, 2011 [Sem publicação no Brasil].

Capítulo 6

1. KOTLER, Steven. *The Art of Impossible*. Nova York: Harper Wave, 17-97, 2021 (Obra publicada no Brasil com o título *A Arte do Impossível*).
2. Ibid.
3. Para ter uma visão geral do sistema endocanabinoide e estresse, veja: WYROFSKY, Ryan *et al.* "Endocannabinoids, Stress Signa-

ling, and the Locus Coeruleus-Norepinephrine System", *Neurobiology of Stress*, 11 de novembro de 2019. Para ver uma pesquisa recente: EARLENBAUGH, Emily. "New Research Reveals Why Cannabis Helps PTSD Sufferers", *Forbes*, 17 de setembro de 2020. Para ter uma visão da ciência: BONN-MILLER, Marcel *et al.* "The Short-Term Impact of Three Smoked Cannabis Preparations Versus Placebo on PTSD Symptoms", *PLoS One*, 17 de março de 2021; RABINAK, Christine *et al.* "Cannabinoid Facilitation of Fear Extinction Memory Recall in Humans", *Neuropharmacology* 64, 396-402, 2013; MAYO, Leah *et al.* "Targeting the Endocannabinoid System in the Treatment of Post-Traumatic Stress Disorder", *Biological Psychiatry* 91, nº 3, 262-72, fevereiro de 2022.

4. O impacto do estado de fluxo sobre o significado é bem documentado. Falo muito sobre isso em *A Arte do Impossível,* mas se quiser ter uma visão detalhada sobre estado de fluxo e seu impacto no desenvolvimento humano, veja: CSIKSZENTMIHALYI, Mihaly. *Applications of Flow in Human Development and Education*. Nova York: Springer, 14–18, 31, 83, 2014 [Sem publicação no Brasil].
5. FUGATE, Jennifer *et al.* "The Role of Embodied Cognition in Transforming Learning", *International Journal of School and Education Psychology*, 2018.
6. GILES, Grace *et al.* "When Anger Motivates", *Frontiers in Psychology*, 5 de agosto de 2020.
7. BAUMEISTER, Roy. *Willpower*. Nova York: Penguin, 2012 [Sem publicação no Brasil].

Capítulo 7

1. A literatura sobre aprendizado e jogos é considerável. Para ver uma boa análise: LIU, Claire *et al.* "Neuroscience and Learning Through Play: A Review of the Evidence", LEGO Foundation, novembro de 2017. A Fundação LEGO publicou um excelente resumo desse trabalho e mais, *Learning Through Play: A Review of the Evidence*, que está disponível aqui: https://cms.learningthroughplay.com/media/0vvjvscx/learningthroughplay_areview_summary.pdf. Para ter uma visão da neurobiologia do jogo: PANKSEPP, Jaak e SIVIY, Stephen. "In Search of the Neurobiological Substrates for Social Playfulness in Mammalian Brains", *Neuroscience & Biobehavioral Reviews* 35, nº 9, 1821-30, outubro de 2011. Veja também: PROYER, Rene. "The Well-Being of Playful Adults", *European Journal of Humour Research* 1, nº 1, 2013; e BARNETT, Lyn e MAGNUSON, Cale. "The Playful Advantage", *Leisure Sciences* 35, nº 2, 129-44, 2013. Por último, BROWN, Stuart. *Play*. New York: Avery, 2008 [Sem publicação no Brasil] continua sendo um ótimo livro sobre todo o assunto.
2. Para entender como o *mindset* impacta o aprendizado motor em adultos: WULF, Gabriele *et al.* "Altering Mindset Can Enhance

Motor Learning in Older Adults", *Psychology and Learning* 27, nº 1, 14-21, 2012.

3. https://www.imdb.com/title/tt0190332/.
4. https://www.gallerykeoki.com.
5. BENSON, Herbert e DUSEK, Jeffery. "Mind-Body Medicine", *Minnesota Medicine* 92, nº 5, 47-50, maio de 2009; DUSEK, Jeffery *et al.* "Association Between Oxygen Consumption and Nitric Oxide Production During the Relaxation Response", *Medical Science Monitoring* 12, nº 1, janeiro de 2006. Veja também: KOTLER, Steven. *The Art of Impossible*. Nova York: Harper Wave, 257-68, 2021 (Obra publicada no Brasil com o título *A Arte do Impossível*).
6. A melhor análise de como o cérebro age em momentos de improviso pode ser encontrada em BEEMAN, Mark e KOUNIOS, John. *The Eureka Factor*. Londres: Windmill Books, 2015 [Sem publicação no Brasil]. Como esse trabalho se relaciona diretamente com o estado de fluxo é explicado no livro *A Arte do Impossível*, 175-90.
7. O psicólogo Keith Sawyer fez todas as primeiras pesquisas sobre o "sim, e" como um gatilho para o estado de fluxo. SAWYER, Keith. *Group Genius*. Nova York: Basic Books, 2007 [Sem publicação no Brasil]. Para ter uma visão detalhada de como o estado de fluxo em grupo impacta o desempenho atlético, veja: KOTLER, Steven. *The Rise of Superman*. Nova York: New Harvest, 129-48, 2014 (Obra publicada no Brasil com o título *Super-Humanos: Como os Atletas Radicais Redefinem os Limites do Impossível*).
8. Megan Michelson, "Tom Wallisch", *The Ski Journal*, veja: https://www.theskijournal.com/exclusive/tom-wallisch/.

Capítulo 8

1. https://www.humanperformancecenter.com. Além disso, Fred McDaniel e sua esposa, Kele, coescreveram o melhor guia sobre flexibilidade para ciclistas. Na minha experiência, também ajuda no esqui e em todos os outros esportes radicais. Pesquise seu site. Veja também: HEIL, Nick. "Reprogramming Your Fitness Brain", *Outside*, 5 de outubro de 2009.
2. SnowBrains fez um ótimo episódio de podcast com Tom Day não muito tempo depois de Tom ter ganhado o seu Emmy. Veja: https://snowbrains.sounder.fm/episode/tom-day. Veja também a IMDB para encontrar a filmografia completa: https://www.imdb.com/name/nm2497471/.
3. https://www.mammothmountain.com/unbound-terrain-parks.
4. GIBSON, James. *The Ecological Approach to Visual Perception*. Nova Jersey: Lawrence Erlbaum Associates, 147, 1986. Também é importante saber que Gibson publicou a sua teoria original de *affordances* em 1979, que mudou ao longo do tempo. Para conhecer uma análise mais recente, veja: JENKINS, Harold. "Gibson's Affordances", *Journal of Scientific Psychology*, dezembro de 2008. Para entender

como as *affordances* impactam atletas, veja: FAJEN, Brett, RILEY, Michael e TURVEY, Michael. "Information, Affordances, and the Control of Action in Sport", *International Journal of Sport Psychology* 40, nº 1, novembro de 2008. Para uma visão de como as *affordances* impactam o aprendizado em esportes radicais e de aventura, veja: HACQUES, Guillaume, KOMAR, John e SEIFERT, Ludovic. "The Ecological Dynamics Framework: An Innovative Approach to Performance in Extreme Environments", *International Journal of Environmental Research and Public Health* 19, nº 5, fevereiro de 2022.

5. Para entender a curiosidade como um motivador e a sua relação com o estado de fluxo, veja: DI DOMENICO, Stefano e RYAN, Richard. "The Emerging Neuroscience of Intrinsic Motivation", *Frontiers of Human Neuroscience*, 24 de março de 2017.
6. @joss. Veja tanmbém: https://www.teamusa.org/Athletes/CH/Joss-Christensen.
7. Embora a literatura sobre reconhecimento de padrões e detecção de ameaças seja enorme, ela se torna pequena quando você tenta entender como o cérebro rebaixa uma ameaça. Aqui, quando o meu cérebro percebeu que as bermas eram enormes e as minhas chances de morrer eram pequenas, foi um momento de surpresa agradável, o que é considerado um resultado melhor do que esperado na literatura de codificação preditiva. Para entender como isso funciona, veja: BERNS, Greg *et al.* "Predictability Modulates Human Brain Response to Reward", *Journal of Neuroscience* 21, nº 8, 2793-98, 15 e abril de 2001.
8. Tecnicamente, quando a ansiedade de desempenho aumenta ao longo do tempo ela pode produzir "hiperestimulação de resposta ao estresse", o que impacta diretamente a rigidez muscular, dor e fadiga. Para ter uma visão geral veja: https://www.anxietycentre.com/anxiety-disorders/symptoms/hyperstimulation/.
9. Will Kleidon é o CEO da Ojai Energetics. Especialista em cannabis e sistema endocanabinoide. A rádio do Coletivo de Pesquisa do Estado de Fluxo recebeu a mim, o futurista Jason Silva e Will Kleidon para uma ótima discussão sobre a relação entre estado de fluxo, cannabis e criatividade. Veja https://flowresearchcollectiveradio.podbean.com/e/16/.
10. Para uma análise da dessensibilização sistemática, que é o termo técnico da abordagem que adotei para superar a vertigem em Mammoth, veja: MCLEOD, Saul. "Systematic Desensitization as a Counter-Conditioning Process", *Simple Psychology*, www.simplepsychology.org. Também descrevo essa abordagem em *A Arte do Impossível*, 83-89.
11. Ao usar curiosidade e animação para neutralizar a ansiedade, chamamos de "reformulação" ou "reavaliação ansiosa". Para ver uma ótima análise de pesquisa recente, veja: KHAZAN, Olga. "Can Three Words Turn Anxiety into Success", *The Atlantic*, 23 de março de 2016.
12. Andrew Huberman, entrevista com o autor, 2020. A descoberta da relação entre coragem e dopamina veio do laboratório do Dr. Andrew

Huberman em Standford. Veja também: GOLDMAN, Bruce. "Scientists Find Fear, Courage Switches in the Brain", *Stanford Medicine*, May 2, 2018.

13. STULBERG, Brad. "Endurance Guru Joe Friel Says You Can Still Be Fast After 50", *Outside*, 4 de março de 2015.
14. GIANG, Vivian. "You Can Teach Yourself to Be a Risk-Taker", BBC, 6 de junho de 2017.
15. SUTTIE, Jill. "What Neuroscience Can Teach Us About Aging Better", *Greater Good*, 20 de janeiro de 2020. Veja também: GREGORY, Tess *et al.* "Openness to Experience, Intelligence, and Successful Aging", *Personality and Individual Differences* 48, nº 8, 859-99, junho de 2010.

Capítulo 9

1. BAMMAN, Marcas, HUNTER, Gary, MCCARTHY, John. "Effects of Resistance Training on Older Adults", *Sports Medicine* 34, nº 5, 329-48, 2004.
2. Para ter uma visão geral do joelho de saltador no esqui *freestyle*, veja: "Fucking Patellar Tendonitis", at New Schoolers, https://www.newschoolers.com/forum/thread/755856/Fucking-Patellar-Tendonitis.
3. Para ter uma visão geral do impacto do aprendizado mais tarde na vida sobre a saúde mental e física, veja COHEN, Gene, *The Mature Mind*. Nova York: Basic Books, 2005 [Sem publicação no Brasil].
4. LANGER, Ellen. *Counterclockwise: Mindful Health and the Power of Possibility*. Nova York: Random House, 2009 [Sem publicação no Brasil].
5. Sim, agora há uma polêmica gigante sobre gelo. Há uma velha guarda que acredita em seus poderes de cura, e os mais novos que acreditam que reduzir a inflamação depois de uma lesão (que é o que o gelo faz) desacelera e às vezes bloqueia a recuperação. Você pode encontrar muita informação na internet se pesquisar "o debate do gelo". Eu tendo para o lado pró-gelo, porque a evidência antigelo ainda é menos do que convincente.
6. Se quiser conhecer o início da história da medicina regenerativa, falei sobre o assunto no *LA Weekly*. O artigo foi reimpresso em KOTLER, Steven. *Tomorrowland*. Nova York: New Harvest, 183-200, 2015 [Sem publicação no Brasil].
7. A terapia de PRP também é polêmica. Para ter uma visão favorável das evidências recentes, veja: EVERTS, Peter *et al.* "Platelet-Rich Plasma: New Performance Understandings and Therapeutic Considerations in 2020", *International Journal of Molecular Science* 21, nº 20, outubro de 2020. Para ver uma análise minuciosamente condenável das evidências, veja: PATERSON, Kade. "Cutting Through the Hype on Platelet-Rich Plasma", *Pursuit*, Universidade de Melbourne, 13 de janeiro de 2022. Pessoalmente, acredito que o verdadeiro problema

não é com a terapia em si, mas com a habilidade que o médico deve ter para realizar as injeções. Até onde eu sei, ver um ultrassom e usar essa imagem para guiar uma injeção é mais arte do que ciência. Além disso, achei a terapia de PRP útil para tratar lesões no ombro, semiútil para tratar lesões nas costas e inútil para tratar lesões no tornozelo. Eu não estou sozinho. Ao conversar com outros atletas sobre terapia de PRP, geralmente ouvirá histórias com resultados diferentes.

8. O Dr. Matt Cook tem um podcast, que é um ótimo lugar para começar se quiser entender a sua abordagem em relação à medicina regenerativa: https://bioresetpodcast.com.
9. Como tudo na medicina regenerativa, exossomas são polêmicos, mas há muita evidência para o nível de eficácia que experimentei. Veja: PHINNEY, Donald e PITTENGER, Mark. "Concise Review: MSC-Derived Exosomes for Cell-Free Therapy", *Stem Cell Express*, 7 de março de 2017. Veja também: WEI, Wumei *et al.* "Mesenchymal Stem Cell-Derived Exosomes", *Frontiers in Pharmacology*, 25 de janeiro de 2021.
10. @jeremyjones. Jones também fundou a excelente organização Protect Our Winters para lutar contra as mudanças climáticas, veja: https://protectourwinters.org.
11. Ludwig Wittgenstein. *Tractatus Logico-Philisophicus*. Nova York: Harcourt, Brace, 68, 1933 (Obra publicada no Brasil com o mesmo título).

Capítulo 10

1. Na minha experiência, o protocolo de um centímetro de cada vez que sustenta o meu experimento Território *Gnar* ajuda a reduzir lesões catastróficas, mas não as impede (como o meu incidente com o *T-bone* ilustrou muito bem). Além disso, quando falo em catastrófico, me refiro a qualquer coisa que exige cirurgia para curar. Há também uma categoria muito pior — lesão permanente ou o tipo de lesão que cirurgias não conseguem curar. Com tudo isso, eu quero dizer que a minha abordagem é perigosa e pode resultar em lesões graves e até a morte. Aja com cautela.
2. A crença de que a medicina regenerativa está pronta para lidar com lesões crônicas é apenas minha e é inteiramente baseada na minha experiência pessoal. Eu fui bem-sucedido ao usá-la para tratar meus joelhos (ligamentos colaterais mediais distendidos e tendinite patelar), ombros (rompimentos do manguito rotador) e problemas nas costas (artrite). Você terá o mesmo resultado? Honestamente, não faço ideia. Também vale a pena destacar que a medicina regenerativa ainda não é coberta por seguros e seus custos são extremamente altos. A boa notícia é que as evidências do seu sucesso continuam crescendo e o tratamento está se tornando mais popular — logo, os custos estão começando a diminuir. Além disso, embora eu tenha focado nos exossomos, há tratamentos menos caros disponíveis com peptídeos. Eles também são novos e polêmi-

cos, mas as evidências da capacidade dos peptídeos regenerarem tecidos e órgãos também estão crescendo. Veja STUPP, Samuel e WEBBER, Matthew. "Emerging Peptide Nanomedicine to Regenerate Tissues and Organs", *Journal of International Medicine* 267, nº 1, 71-88, janeiro de 2010.

3. BUETTNER, Dan. *The Blue Zones.* Washington: National Geographic Partners, 2008 (Obra publicada no Brasil com o título *Zonas Azuis: A Solução para Comer e Viver como os Povos mais Saudáveis do Planeta*).
4. NEWMAN, Anne *et al.* "Strength, but Not Muscle Mass, Is Associated with Mortality in Health, Aging and Body Composition Study Cohort", *Journals of Gerontology* 61, nº 1, 72-77, janeiro de 2006). Veja também: GARCIA-HERMOSO, Antonio *et al.* "Muscular Strength as a Predictor of All-Cause Mortality in an Apparently Healthy Population", *Archives of Physical and Medical Rehabilitation* 99, nº 10, outubro de 2018.
5. The Endocrine Society, "Broken Bones Among Older People Increase Risk of Death for Up to 10 Years: Femur, Pelvic Fractures Pose Similar Risk as Hip Fractures", *ScienceDaily*, 19 de julho de 2018.
6. STEVES, Claire *et al.* "Kicking Back Cognitive Ageing: Leg Power Predicts Cognitive Ageing After Ten Years in Older Female Twins", *Gerontology* 62, nº 2, 138-49, 2016.
7. FABBRI, Elise e FERRUCCI, Luigi. "Inflammaging: Chronic Inflammation in Aging, Cardiovascular Disease, and Frailty", *Nature Reviews Cardiology* 15, 505-22, 2018; CHUNG, Hae *et al.* "Redefining Chronic Inflammation in Aging and Age-Related Diseases", *Aging and Disease* 10, nº 2, 367-82, abril de 2019; LAVRESTSKY, Helen e NEWHOUSE, Paul. "Stress, Inflammation and Aging", *American Journal of Geriatric Psychiatry* 20, nº 9, 729-33, setembro de 2012. Veja também: JUSTICE, Nicholas. "The Relationship Between Stress and Alzheimer's Disease", *Neurobiology of Stress*, 21 de abril de 2018.
8. BURGENO, Lauren, HOLLON, Nick, PHILIPS, Paul. "Stress Effects on the Neural Substructures of Motivated Behavior", *Nature Neuroscience* 18, nº 10, 1405-12, outubro de 2015.
9. A relação entre estresse e estado de fluxo é complicada. O lugar mais óbvio onde ela aparece é na regulação do equilíbrio desafio-habilidade, em que muita ansiedade tira a pessoa do equilíbrio e faz com que alcançar o estado de fluxo se torne muito mais difícil. Veja KOTLER, Steven. *The Art of Impossible.* Nova York: Harper Wave, 257-68, 2021 (Obra publicada no Brasil com o título *A Arte do Impossível*). Além disso, o estudo sobre como o estresse bloqueia a criatividade é minuciosamente explorado em BEEMAN, Mark e KOUNIOS, John. *The Eureka Factor.* Londres: Windmill Books, 2015 [Sem publicação no Brasil].
10. A relação entre tempo na natureza e saúde mental é tão bem estabelecida que há um campo inteiro de pesquisa dedicado a entendê-la, veja: AKCELIK, G, BERMAN, M, STIER, A. "Environmental

Neuroscience", *American Psychologist* 74, nº 9, 1039-52, 2019. Além disso, agora há metanálises que descobriram qual "dose de tempo" (ou seja, tempo gasto ao ar livre) produz os maiores benefícios para a saúde mental. Para ter uma visão detalhada, veja MEREDITH, Genevieve *et al.* "Minimum Time Dose in Nature to Positively Impact the Mental Health of College-Aged Students, and How to Measure It: A Scoping Review", *Frontiers in Psychology*, 14 de janeiro de 2020. Finalmente, para entender a relação entre atividades ao ar livre e saúde em adultos mais velhos, veja: KERR, Jacqueline *et al.* "The Relationship Between Outdoor Activity and Health in Older Adults Using GPS", *International Journal of Environmental Research and Public Health* 9, nº 12, 4615-25, 2012.

11. AMAN, Joshua *et al.* "The Effectiveness of Proprioceptive Training for Improving Motor Function: A Systematic Review", *Frontiers in Human Neuroscience*, 28 de janeiro de 2015. Veja também: HEROLD, Fabian *et al.* "Thinking While Moving or Moving While Thinking—Concepts of Motor-Cognitive Training for Cognitive Performance Enhancement", *Frontiers in Aging and Neuroscience*, 6 de agosto de 2018.
12. Para entender sobre lateralização e aquisição de habilidades, veja: KOTLER Steven. *The Rise of Superman.* Nova York: New Harvest, 123-26, 2014 (Obra publicada no Brasil com o título *Super-Humanos: Como os Atletas Radicais Redefinem os Limites do Impossível*).
13. DOHMEN, Thomas *et al.* "Identifying the Effect of Age on Willingness to Take Risks", *CEPR*, 21 de janeiro de 2018.
14. Para conhecer a melhor descrição sobre qualidade de combinação, veja: EPSTEIN, David. *Range.* Nova York: Riverhead Books, 128, 2019 (Obra publicada no Brasil com o título *Por que os generalistas vencem em um mundo de especialistas*).
15. LOPEZ, Javier *et al.* "Forgiveness Interventions for Older Adults", *Journal of Clinical Medicine* 10, nº 9, maio de 2021. Veja também: AJROUCH, K., ANTONUCCI, E., WEBSTER, N. "Towards Positive Aging: Links Between Forgiveness and Health", *OBM Geriatrics* 4, nº 2, 118, 2020.
16. Para entender a relação entre medo e empatia, veja: TODD, Andrew *et al.* "Anxious and Egocentric", *Journal of Experimental Psychology: General* 144, nº 2, 374-91, abril de 2015. Para entender a relação entre medo e criatividade, veja BEEMAN, Mark e KOUNIOS, John. The Eureka Factor. Londres: Windmill Books, 115-19, 2015 [Sem publicação no Brasil].
17. DELGADO, Mauricio e PORCELLI, Anthony. "Acute Stress Modulates Risk Taking in Financial Decision Making", *Psychological Science* 20, nº 3, março de 2009. Veja também LIGHTHALL, Nichole e MATHER, Mara. "Both Risk and Reward Are Processed Di-

ﬀerently in Decisions Made Under Stress", *Current Directions in Psychological Science* 21, nº 2, 26 de março de 2012.

18. COHEN, Gene. *The Creative Age*. Nova York: Avon Books, 2000 [Sem publicação no Brasil]; COHEN, Gene. *The Mature Mind*. Nova York: Basic Books, 2005 [Sem publicação no Brasil]. COHEN, Gene. "The Creativity and Aging Study", George Washington University, 2006.
19. Entrevista do autor com Sarah Sarkis, junho de 2021. Veja também: https://drsarahsarkis.com. Para ver a entrevista da rádio do Coletivo de Pesquisa do Estado de Fluxo com a Dra. Sarkis, acesse: https://drsarahsarkis.com/2020/12/28/rethinking-cognitive-bias-and-the-unconscious-the-frc-podcast-episode/.
20. Estou parafraseando aqui, a citação verdadeira é: "Todo mundo da minha idade é um adulto, enquanto eu estou meramente disfarçando." ATWOOD, Margaret. *Cat's Eye*. Nova York: Anchor, 15, 1998 (Obra publicada no Brasil com o título *Olho de Gato*).
21. Entrevista do autor com Laird Hamilton, junho de 2021.

Apêndice: As Regras

1. YU, Rongjun. "Stress Potentiates Decision Biases", *Neurobiology of Stress* 3, 83-95, junho de 2016. Veja também: WAKE, Sean *et al.* "The Influence of Fear on Risk-Taking", *Cognition and Emotion* 34, nº 6, 2020.
2. JACKSON, Susan. "Factors Influencing the Occurrence of Flow State in Elite Athletes", *Journal of Applied Sport Psychology* 7, nº 2, 138-66, 1995; e JACKSON, Susan *et al.* "Psychological Correlates of Flow in Sport", *Journal of Sport and Exercise Psychology* 20, nº 4, 358-78, 1998. Veja também: CHAVEZ, Edward. "Flow in Sport: a Study of College Athletes", *Imagination, Cognition and Personality* 28, nº 1, 69-91, 21 de janeiro de 2009; KOEHN, Stefan. "Pre-Performance Confidence as a Predictor of Flow State", *Medicine and Science in Tennis* 17, nº 1, 16-21, fevereiro de 2012.
3. DAVIS, Orin e VAN DEN HOUT, Jef. *Team Flow*. Nova York: Springer, 31-49, 2019 [Sem publicação no Brasil]. Veja também: SAWYER, Keith. "What Mel Brooks Can Teach Us About 'Group Flow,'" *Greater Good Magazine*, 24 de janeiro de 2012.
4. HARMON, Katherine. "Social Ties Boost Survival by 50 Percent", *Scientific American*, 28 de julho de 2010. Veja também: YANK, Claire *et al.* "Social Relationships and Physiological Determinants of Longevity Across Human Life Span", *PNAS* 113, nº 3, 578-83, 19 de janeiro de 2016. Para entender a relação entre o estado de fluxo e estabelecimento de laços sociais, veja: KEELER, Jason *et al.* "The Neurochemistry and Social Flow of Singing: Bonding and Oxytocin", *Frontiers in Human Neuroscience*, 25 de setembro de 2015.
5. Para entender a relação complicada entre medo e medo demais, veja: VAN DIEST, Ilse. "Interoception, Conditioning and Fear",

Psychophysiology 56, nº 8, agosto de 2019. Para entender a relação entre medo consciente e inconsciente e interocepção: MACDONALD, Kai. "Interoceptive Cues: When Gut Feelings Point to Anxiety", *Current Psychiatry* 6, nº 11, novembro de 2007.

6. GEPSHTEIN, Sergei *et al.* "Dopamine Function and the Efficiency of Human Movement", *Journal of Cognitive Neuroscience* 26, nº 3, 645-57, março de 2014. Para ter uma visão de como a dopamina amplifica os fatores psicológicos e físicos, veja DAVIDSON, Pat. "Central Fatigue and the Role of Neurotransmitters on Reduced Work Output", Simplifaster.com, https://simplifaster.com/articles/central-fatigue-role-neurotransmitters-reduced-work-output/.
7. COHEN, Gene. *The Mature Mind.* Nova York: Basic Books, 27, 2005 [Sem publicação no Brasil]. Veja também: University of Toronto, "Old Brains Can Learn New Tricks", *Science Daily*, 25 de outubro de 1999.
8. HONG, Joanna *et al.* "The Positive Influence of Sense of Control on Physical, Behavioral, and Psychosocial Health in Older Adults", *Preventative Medicine* 149, agosto de 2021.
9. LANGER, Ellen e RODIN, Judith. "The Effect of Choice and Enhanced Personal Responsibility for the Aged: A Field Experiment in an Institutional Setting", *Journal of Personality and Social Psychology* 34, nº 2, 191-98, setembro de 1976.
10. D'ACQUISTO, Fulvio. "Affective Immunology", *Dialogues in Clinical Neuroscience* 19, nº 1, 9-19, 19 de março de 2017. Veja também: EASTERLING, B. *et al.* "Psychosocial Modulation of Cytokine-induced Natural Killer Cell Activity in Older Adults", *Psychosomatic Medicine* 58, nº 3, 264-72, maio-junho de 1996.
11. Para ter uma visão dos detalhes relacionados a bem-estar e satisfação geral na vida, veja: CSIKSZENTMIHALYI, Mihaly. *Applications of Flow in Human Development and Education.* Nova York: Springer, 2014 [Sem publicação no Brasil]. Outro ótimo recurso é SELIGMAN, Martin. *Authentic Happiness.* Nova York: Free Press, 2002 (Obra publicada no Brasil com o título *Felicidade Autêntica*).
12. A pesquisa sobre a relação inversa entre estado de fluxo e ansiedade remonta a BENSON, Herbert. *The Breakout Principle.* Nova York: Scribner, 2003 [Sem publicação no Brasil]. Para conhecer um estudo mais atual, veja: US Pain Foundation, "How Flow State and the Nervous System Interact", USPainFoundation.org, 28 de julho de 2021. Além disso, para conhecer a minha experiência de como o estado de fluxo pode reiniciar o sistema nervoso e impulsionar o sistema imunológico, veja: KOTLER, Steven. *West of Jesus.* Nova York: Bloomsbury, 2006 [Sem publicação no Brasil].
13. Para ter uma visão geral do impacto do estado de fluxo sobre o envelhecimento saudável, veja: BAUTISTA, Miguel. "Flow State, Exercise and Healthy Aging", *The Conversation*, 13 de abril de 2022.

14. Para entender a relação entre emoções e neuroquímica, veja: PANKSEPP, Jaak. *Affective Neuroscience.* Oxford: Oxford University Press, 1998 [Sem publicação no Brasil], e BARRETT, Lisa. *How Emotions Are Made.* Boston: Mariner Books, 2018 [Sem publicação no Brasil].
15. SCHMIDT, Jennifer. "Flow in Education", *Education,* 2010. BERKA, Chris *et al.* "EEG Correlates of Task Engagement and Mental Workload in Vigilance, Learning, and Memory Tasks", *Aviation, Space, and Environmental Medicine* 78, nº 5, B231-44, 2007. Veja também: CSIKSZENTMIHALYI, Mihaly e RATHUNDE, Kevin. "Middle School Students' Motivation and Quality of Experience: A Comparison of Montessori and Traditional School Environments", *American Journal of Education* 111, nº 3, 341-71, 2007; CRAIG, S. *et al.* "Affect and Learning: an Exploratory Look into the Role of Affect in Learning with Autotutor", *Journal of Educational Media* 29, nº 3, 241-50, outubro de 2004. Finalmente, veja: CSIKSZENTMIHALYI, Mihaly e JACKSON, Susan. *Flow in Sport: The Keys to Optimal Experiences and Performances.* Champaign, IL: Human Kinetics, 65-68, 1999 [Sem publicação no Brasil].
16. ARGUS, Christos, DRILLER, Matthew, REABURN, Peter. "Age--Related Changes in Performance and Recovery Kinetics in Masters Athletes: A Narrative Review", *Journal of Aging and Physical Activity* 24, nº 1, janeiro de 2016. Para ter uma visão geral de dicas de treinamento e recuperação de atletas mais velhos, veja BENSON, Eric, "How Pro Athletes Like LeBron James and Tom Brady Are Playing Longer (and Better) Than Ever", Men's Journal.com, https://www.mensjournal.com/sports/how-todays-ageless-pros-arereaching--athletic-immortality/.
17. MCKENDRY, James *et al.* "Comparable Rates of Integrated Myofibrillar Protein Synthesis Between Endurance-Trained Master Athletes and Untrained Older individuals", *Frontiers in Physiology,* 30 de agosto de 2019. Para entender o lado cognitivo, veja: BISCHOF, Gerard e PARK, Denise. "The Aging Mind: Neuroplasticity in Response to Cognitive Training", *Dialogues in Clinical Neuroscience* 12, nº 1, 109-19, abril de 2022. Finalmente, para conhecer os benefícios de treinar corpo e mente juntos, veja: CHAINAY, Hanna e JOUBERT, Clemence. Aging Brain: The Effort of Combined Cognitive and Physical Training on Cognition as Compared to Cognitive and Physical Training Alone—A Systematic Review", *Clinical Interventions in Aging* 13, 1267-1301, 20 de julho de 2018.
18. DASCOMBE, Ben e REABURN, Peter. "Endurance Performance in Masters Athletes", *European Review of Aging and Physical Activity* 5, 31-42, 2008; GRIES, Kevin e TRAPPE, Scott. "The Aging Athlete: Paradigm of Healthy Aging", *International Journal of Sports Medicine* 1055, nº 10, 4 de fevereiro de 2022. Para ter uma visão geral de desempenho de elite e envelhecimento, veja BERCOVICI,

Jeff. *Play On*. Boston: Mariner Books, 2018 [Sem publicação no Brasil]; AKKARI, Amanda *et al.* "Greater Progression of Athletic Performance in Older Masters Athletes", *Age and Aging* 44, nº 4, julho de 2015; HEIL, Nick. "Age Is Irrelevant When It Comes to Fitness", *Outside*, 21 de agosto de 2015. Para ter uma visão geral de protocolos baseados na ciência para atletas mais velhos, veja: HOOLIHAN, Charlie. "Training Techniques for High Performance Masters Athletes", Ideafit.com, 14 de outubro de 2009.

19. BARRONIAN, Abigail. "Here's How to Get Stronger after 50", *Outside*, 12 de julho de 2018.
20. JACHIMOWICZ, Jon *et al.* "Why Grit Requires Perseverance and Passion to Positively Predict Performance", *Psychological and Cognitive Sciences* 115, nº 40, 17 de setembro de 2018. Veja também: PALIS, Ana e QUIROS, Peter. "Adult Learning Principles and Presentation Pearls", *Middle East African Journal of Ophthalmology* 21, nº 2, 114-22, abril-junho de 2014.
21. GOLDBERG, Elkhonon. *The Wisdom Paradox*. Nova York: Gotham Books, 2005 [Sem publicação no Brasil]. Veja também: JESTE, Dilip *et al.* "The New Science of Practical Wisdom", *Perspectives in Biological Medicine* 62, nº 2, 216-36, 2019. Muito do pensamento de Goldberg sobre como o reconhecimento de padrões protege contra o declínio cognitivo vem do estudo da reserva cognitiva; veja STEFFENER, Jason e STERN, Yaakov. "Exploring the Neural Basis of Cognitive Reserve in Aging", *BBA: Molecular Basis of Disease* 1822, nº 3, 467-73, março de 2021.
22. Para saber mais sobre a neurogênese no hipocampo humano adulto, veja: SPALDING, K. *et al.* "Dynamics of Hippocampal Neurogenesis in Adult Humans", *Cell* 153. 1219-27, 2015; e ERIKSSON P. *et al.* "Neurogenesis in the Adult Human Hippocampus", *Nature Medicine* 4, 1313-17, 1998; KNOTH, Rolf *et al.* "Murine Features of Neurogenesis in the Human Hippocampus Across the Lifespan from 0 to 100 Years", *PLoS One* 5, nº 1, 2010; KUMAR, Ashutosh *et al.* "Adult Neurogenesis in Humans: A Review of Basic Concepts, History, Current Research, and Clinical Implications", *Innovations in Clinical Neuroscience* 16, nºs 5–6, 1º de maio de 2019.
23. Para entender a relação entre memória, emoção e localização, veja: STETKA, Bret. "Our Brain Is Better at Remembering Where to Find Brownies than Cherry Tomatoes", *Scientific American*, 8 de outubro de 2020; CEPELEWICZ, Jordana. "The Brain Maps Out Ideas and Memories Like Spaces", *Quanta*, 14 de janeiro de 2019. Veja também: BERNTSEN, Dorthe, RUBIN, David, TALARICO, Jennifer. "Positive Emotions Enhance Recall of Peripheral Details", *Cognition and* Emotion 23, nº 2, 380-98, 24 de fevereiro de 2009. Para entender como isso aprimora o cérebro em envelhecimento, veja: MORA, Francisco. "Successful Brain Aging: Plasticity, Environmental Enrichment,

and Lifestyle", *Dialogues in Clinical Neuroscience* 15, nº 1, 45-52, 1 º de abril de 2022.

24. DUTTA, Deepan. "The Longevity Project/Part 1", *Summit Daily*, 28 de fevereiro de 2018; e DUTTA, Deepan. "The Longevity Project/ Part 2", *Vail Daily*, 13 de fevereiro de 2018. Veja também: https://en.wikipedia.org/wiki/List_of_U.S._counties_with_longest_life_expectancy.

Sobre o Autor

STEVEN KOTLER é um jornalista premiado, autor de best-sellers e diretor executivo do Coletivo de Pesquisa de Estado de Fluxo. É um dos maiores especialistas do mundo em desempenho humano. É também o autor de dez best-sellers (entre catorze livros), incluindo os do *New York Times: A Arte do Impossível; Super-humanos: Como os Atletas Radicais Redefinem os Limites do Impossível*; *Abundância: O Futuro é Melhor do que Você Imagina;* e *Bold*. O seu trabalho já foi indicado a dois Prêmios Pulitzer, traduzido para mais de cinquenta idiomas e apareceu em mais de cem publicações, incluindo *New York Times Magazine*, *Wall Street Journal*, *Atlantic*, *Wired* e *Time*. Juntamente com sua esposa, a autora Joy Nicholson, é o cofundador do Rancho de Chihuahuas, um santuário de cuidados para cães.

Índice

A

B

C

D

E

F

G

H

I

T

U

V

W

Z